Harald Kaiser

Felix Magath

Gegensätzliches

Harald Kaiser

Felix Magath

Gegensätzliches

VERLAG DIE WERKSTATT

Bibliografische Information der Deutschen Nationalbibliothek:
Die Deutsche Nationalbibliothek verzeichnet diese Publikation
in der Deutschen Nationalbibliografie; detaillierte bibliografische
Daten sind im Internet über http://dnb.d-nb.de abrufbar.

Auch als E-Book erhältlich: ISBN 978-3-7307-0677-0

3. Auflage 2024

Siekerwall 21, D-33602 Bielefeld
www.werkstatt-verlag.de

Coverfoto: Thorsten Doerk, www.thorstend-photography.de
Lektorat: Andreas Beune
Satz und Gestaltung: Die Werkstatt Medien-Produktion GmbH, Göttingen
Druck und Bindung: CPI, Leck

ISBN 978-3-7307-0633-6

Inhaltsverzeichnis

Nilkheim / TV 1860 Aschaffenburg
1953–1972

„Ein Foto, unscharf, verschwommen. Wann immer ich an meine früheste Kindheit zurückdenke, sehe ich dieses Bild vor mir, schwarz-weiß, kleinformatig und quadratisch, an den Rändern gezackt: In einem Wohnzimmer schießt ein kleiner Junge, vielleicht ein Jahr alt, einen weißen Plastikball gegen die Wand.

Ich habe es nicht mehr, dieses Foto, ja, ich weiß nicht einmal sicher, ob es je existiert hat. So glaube ich mich also nur zu erinnern, dass meine Mutter mich geknipst hat, damals, Mitte der 1950er Jahre, mit einem Ball am linken Fuß in unserer Wohnung im Aschaffenburger Ortsteil Nilkheim, dort, wo ich am 26. Juli 1953 als Wolfgang Felix Magath geboren wurde.“

Gut acht Jahre zuvor hatte der Zweite Weltkrieg geendet. Zwar war das Deutschland der frühen 50er ein anderes Land als das nationalsozialistische Deutsche Reich, doch auch die Bundesrepublik litt unter der unheilvollen Vergangenheit – auch und vor allem im Sport. Bei den Olympischen Spielen 1948 in London blieb die junge Nation ebenso draußen vor der Tür wie bei der Fußball-Weltmeisterschaft 1950 in Brasilien. Der Elf des Ausrichters hätte im letzten Spiel der Finalrunde gegen den südamerikanischen

Rivalen Uruguay ein Unentschieden genügt, um sich erstmals zum Weltmeister zu küren, doch die ganz in Weiß angetretenen Brasilianer unterlagen vor mehr als 200.000 Zuschauern im Stadion Maracana von Rio de Janeiro trotz einer 1:0-Führung mit 1:2. Nie mehr danach lief die Selecao in weißer Spielkleidung auf.

Bei den Sommerspielen 1952 in Helsinki hatte die ausschließlich aus Sportlern der Bundesrepublik gebildete deutsche Olympiamannschaft – die Führung der DDR hatte sich gegen den vom Internationalen Olympischen Komitee geforderten Auftritt als Gesamtdeutschland gesperrt – immerhin 24 Medaillen, doch keine einzige aus Gold errungen. Im Medaillenspiegel bedeuteten 7 Silber- und 17 Bronzemedaillen Rang 28, unmittelbar hinter – Luxemburg.

Felix Magath war elf Monate und acht Tage alt, als sich dies alles mit einem Schlag änderte – nein, mit einem Tor.

Geschätzte 50 Millionen Deutsche saßen am 4. Juli 1954 vor den Radios und den wenigen Fernsehern im Land, um das Endspiel der Weltmeisterschaft in der Schweiz mitzuerleben, und hörten in der 84. Minute des Finales gegen die zuvor rund vier Jahre lang ungeschlagene ungarische Wunderelf, wie „Rahn aus dem Hintergrund" schießen müsste, „Rahn schießt – Tor! Tor! Tor! Tor!" Die legendären Jubelschreie des Reporters Herbert Zimmermann klangen wie eine Befreiung. Das „Wunder von Bern" half den Deutschen dabei, ein neues, gesundes Selbstwertgefühl zu entwickeln, und es veränderte das Denken der Menschen – auch in den Ländern, deren Männer noch ein Jahrzehnt zuvor auf der anderen Seite gekämpft hatten. Ein Land im Aufbruch. „Seien wir ehrlich", sagte Weltmeistertrainer Sepp Herberger später einmal, „bis dahin nahm kaum einer ein Stück Brot von uns. Nun waren wir wenigstens im Fußball wieder wer, und dies wirkte über den Sport hinaus."

„Zum Zeitpunkt dieses nie erwarteten Erfolgs lebte ich mit meiner Mutter Helene in Nilkheim. Wie viele unserer Nachbarn war auch sie gegen Ende des Krieges von der schnell gen Westen vorrückenden russischen Armee aus Ostpreußen vertrieben worden und schließlich in der weitläufigen Siedlung des Aschaffenburger Vororts gelandet. Hier, im Ulmenweg, stand – und steht – das schmucklose Eckhaus, in dessen Erdgeschoss zwei Parteien wohnten: Links Familie Kreuz, Vater, Mutter und drei Kinder, rechts meine Mutter und ich, dazu meine Großmutter und ab 1955 mein als einer der letzten deutschen Soldaten aus russischer Kriegsgefangenschaft entlassener Onkel Max. Wenig später gesellten sich Max' neue Partnerin mit ihren zwei kleinen Kindern hinzu und noch einmal kurz darauf ein gemeinsames drittes Kind. Wenn ich richtig rechne, teilten sich meine Mutter und ich die 60 Quadratmeter gegen Ende der 50er Jahre also mit drei Erwachsenen und drei Kindern."

Gegenüber der Wohnung im Ulmenweg lag der Fußballplatz des 1949 gegründeten VfR Nilkheim, ein paar Meter weiter das Wirtshaus „Brezel", dahinter nur grüne Wiesen, kahle Felder und Hunderte von Obstbäumen.

„Meine Mutter arbeitete zunächst als Verkäuferin bei der US Army, später als Angestellte der American-Express-Bank in Aschaffenburg, wo sie sich Anfang der 1950er Jahre in einen Militärpolizisten namens Felix verliebte; im Juli 1953 erblickte ich das Licht der Welt. Mein Vater, ein 24-jähriger Mann aus Puerto Rico mit spanischen Urgroßeltern, am ganzen Körper tief gebräunt, leistete seinen Militärdienst wie mehr als 10.000 anderer Besatzungssoldaten in Aschaffenburg ab und wohnte in einer Kaserne zwischen der Würzburger und der Schweinheimer Straße. Seine Zeit in

Deutschland endete im Winter 1954, und auf die Frage, ob ihm meine Mutter mit mir, dem gemeinsamen Sohn, in seine karibische Heimat folgen wolle, sagte sie ‚nein'. Als mutige, selbstbewusste Frau führte sie ihr eigenständiges Leben, und natürlich wollte sie auch meine Großmutter nicht allein in Nilkheim zurücklassen.

Mein Vater verließ Deutschland mit einer Kuckucksuhr im Koffer. Er schätzte unser Land, das Respektvolle, Verbindliche. Noch später erinnerte er sich gern daran, dass ‚hier alle Menschen so freundlich sind und die Männer beim Grüßen den Hut ziehen'. Kindheitserinnerungen an ihn habe ich keine. Ich war 14, als ich mir von meiner Mutter seine Adresse geben ließ und mich dazu durchrang, ihm einen Brief zu schreiben, obwohl ich Schreiben hasse – in der Schule haben mich die Aufsätze gekillt. Mein Vater antwortete prompt, und schon kurz darauf besuchte er uns in Aschaffenburg, wohnte jedoch nicht bei uns, sondern in einem Hotel. Auch an diese Tage mit ihm kann ich mich kaum erinnern; ich weiß nur noch, dass sich meine Mutter, die so gut wie nie Alkohol trank, vor lauter Nervosität ein, zwei Gläser Federweißer einschenkte, als er vom Aschaffenburger Bahnhof aus anrief. Nach einer Woche brach er wieder auf und lud mich ein, seine Heimat kennenzulernen. So habe ich ihn im Jahr darauf erstmals zu Hause auf Saint Croix, der größten der amerikanischen Jungferninseln, besucht; allein, ohne meine Mutter, weil er dort längst mit einer anderen Frau namens Helen lebte.

Ich flog also nach Puerto Rico, fuhr dann vom Flughafen zum Hafen und von dort ging's mit dem Wasserflugzeug nach Saint Croix. Mein Vater arbeitete bei der Finanzverwaltung, er spielte sehr gut und gerne Gitarre und sang dabei mit. Mit Fußball hatte er nichts am Hut. Keine Ahnung also, wem ich mein Talent zu verdanken habe. Dass das Umfeld, in dem du aufwächst, offenbar häufig eine größere Rolle spielt als die

Vererbung, sehe ich nun auch an meinem eigenen Sohn Leonard – der kann richtig gut schreiben …

1977 reiste ich nach der Bundesliga-Saison mit der Nationalmannschaft zu vier Spielen nach Südamerika. Nach dem vierten und letzten Spiel gegen Mexiko in Mexiko-Stadt flog ich erstmals in meiner Zeit als Fußballprofi zu meinem Vater; von da an besuchte ich ihn jedes Jahr in der Sommerpause und manchmal auch im Winter. Ich wohnte immer direkt bei ihm, erst auf Saint Croix, später in einem Haus in der Hauptstadt San Juan, danach in einem schönen Haus mit Pool und einer kleinen Mangofarm in Coamo, seinem Geburtsort im Süden Puerto Ricos. Von einem meiner Urlaube gibt es ein Foto mit vier oder fünf anderen Männern und Frauen, auf dem ich mit meinen 1,72 Metern alle anderen überrage – eine echte Rarität. Vermutlich habe ich den Brasilianer Josué 2007 in Wolfsburg auch deshalb verpflichtet, damit ich auf dem Trainingsplatz endlich einmal nicht der Kleinste bin.

Unsere Treffen in der Weihnachtszeit empfand ich stets als etwas seltsam, vor allem wegen der Musik. Es ist nun mal nicht meine Sache, bei hochsommerlichen Temperaturen um die 30 Grad, am Strand zu liegen und Jingle Bells zu hören oder zur Musik des großen einheimischen Helden José Feliciano zu tanzen. Ich sprach zunächst nur wenig Englisch, mein Vater kein Deutsch, und so hat es lange gedauert, bis zwischen uns so etwas wie Nähe entstand.

Ich habe zwei Halbschwestern. Cecy, die ältere der beiden, lebt in New York, die jüngere, Mary, nach wie vor auf Puerto Rico. Wir haben uns viele Jahre regelmäßig gesehen – immer, wenn ich meinen Vater besuchte, flog ich von München aus zuerst nach New York, oder wir versammelten uns alle bei ihm auf Puerto Rico. Der Tod meines Vaters im März 2012 traf mich sehr. Es war mir eine Herzensangelegenheit, auf meinen Erbteil zu verzichten und meinen Halbschwestern sein Haus zu überlassen. Mittlerweile ist der Kontakt zu ihnen etwas eingeschlafen, sicher auch deshalb, weil ich meinen Urlaub seither nicht mehr in der Karibik verbracht habe.

Hier Deutschland und Europa, dort Puerto Rico: Schon in meiner Jugendzeit habe ich zwei völlig unterschiedliche Welten kennengelernt, und ich konnte mir lange Zeit auch sehr gut vorstellen, meine Zelte in der Karibik aufzuschlagen. In Nilkheim und später in Aschaffenburg gab mir meine Mutter ein schön gepflegtes Zuhause – das Gefühl von Heimat habe ich dort allerdings nie empfunden, ich hatte keine innere Verbindung zu meiner Umgebung. Einen wirklichen Bezug habe ich nur zu einigen Freunden, die auch in meinem späteren Leben und teilweise bis heute eine wichtige Rolle spielen. Tugenden wie Disziplin, Fleiß und Ehrlichkeit, wie sie mir meine Mutter vorlebte, schätze ich nach wie vor, aber auch von der Karibik und der Lebensart der Menschen dort fühle ich mich angezogen, nicht nur, weil der Flamenco Beach auf der Insel Culebra für mich zu den schönsten Stränden der Welt zählt.

Obwohl ich immer diszipliniert und akribisch gearbeitet habe, bin ich im Grunde ein Künstler. Ich schreibe mir nie etwas auf, keine Daten, keine Termine, ich bin komplett unorganisiert und chaotisch, und ich brauche den Fußball, weil dort alles klar strukturiert ist. Innerhalb der klaren Regeln und Grenzen dieses Sports konnte ich zunächst als Spieler und später als Trainer meine Stärke, die Kreativität, ausspielen.

Mein Leben wäre mit Sicherheit anders verlaufen, wenn mein Vater bei uns gewohnt hätte. Meine Mutter hätte nicht von früh acht bis neun Uhr abends arbeiten müssen, sondern darüber wachen können, ob ihr Sohn am Nachmittag über seinen Schulbüchern sitzt oder mit Freunden auf einer der nahen Wiesen einem mehr oder wenigen runden Ball hinter-

herjagt. Ich hätte sicher bessere Schulnoten bekommen, ob ich aber auch ein großer Fußballspieler geworden wäre?

So habe ich den Tag über allein gelebt, erst recht, nachdem meine Großmutter 1959 starb. Meinen Geburtstag haben wir nie größer gefeiert, und plötzlich gab es sogar Heiligabende, an denen meine Mutter den ganzen Tag lang für uns beide arbeitete; erst am Abend konnten wir eine Stunde lang zu zweit zusammensitzen. Angst vor dem Alleinsein habe ich nie empfunden, und auch das Gefühl, etwas verpasst zu haben, kenne ich nicht. Ich hatte eine wunderbare, glückliche Kindheit, eine, die mich für mein Leben geprägt hat und die Erklärung liefert, warum ich bin, wie ich bin. Ich war den ganzen Tag über allein und konnte machen, was ich wollte. Fernseher und Telefon gab's nicht bei uns, und so entwickelte sich der Fußballplatz von gegenüber zu meinem Wohnzimmer. Wenn dort nichts zusammenging, streifte ich allein über die Wiesen und Felder, sammelte Himbeeren und Brombeeren und pflückte Äpfel, Birnen und Pflaumen von den Bäumen – so, wie's halt normal war damals. Ich genoss eine unendliche Freiheit.

1959 wurde ich in der Aschaffenburger Brentano-Schule eingeschult. Am Nachmittag kümmerten sich nun katholische Schwestern in einem Knabenhort am Stadtring um mich, den evangelisch Getauften, und meine Hausaufgaben. Trotz ihrer Strenge habe ich, glaube ich, keinen bleibenden Schaden davongetragen aus jener Zeit. Die einzig negativen Erinnerungen an meine sechs Hortjahre kreisen um das Mittagessen: Wir mussten immer alles aufessen, und wenn man wie ich keinen Spinat mochte, saß man so lange am Tisch, bis der Teller doch irgendwann leer war. Heute esse ich gerne Spinat.

Abends brachte mich der Bus nach Nilkheim zurück. Wenn ich ihn verpasste, lief ich zu Fuß. Lang erschien mir die Strecke von rund sechs Kilometern nie, weil mich dabei immer der gleiche Gedanke antrieb: Es geht um alles, du läufst für Deutschland! Meine Gegner aus den USA, England oder Frankreich verfolgten mich unerbittlich, doch, Überraschung, ich konnte meinen Vorsprung stets ins Ziel im Ulmenweg retten und, oft mit allerletzter Kraft, Gold für Deutschland holen.

Kurz vor meinem siebten Geburtstag schloss ich mich dem VfR Nilkheim an. Eine eigene Juniorenmannschaft eines Jahrgangs konnte der kleine Verein so kurz nach dem Krieg nicht bieten; aus zwei, drei Handvoll Jungen zwischen sieben und zwölf Jahren wurde flugs eine zweite Schülermannschaft gebildet, die ausschließlich Freundschaftsspiele bestritt. Ich musste vom ersten Tag an allein zurechtkommen. Es gab niemanden, der mich mit dem Auto zum Training fuhr und zum Glück auch keinen, der mir vom Spielfeldrand aus erzählen wollte, wie ich Fußball spielen sollte. Ich mischte von Anfang an mit im Kreis der um drei, vier oder fünf Jahre älteren Mitspieler, und fiel nicht ab, im Gegenteil. Meine ersten eigenen Fußballschuhe, ‚Uwe Seeler' von adidas, die mir meine Mutter an Weihnachten 1960 schön verpackt unter den Christbaum legte, gerieten wohlweislich ein paar Nummern zu groß, damit ich sie länger tragen konnte. Drei, vier Jahre lang mussten die Stiefel halten, am Schluss hat sich mein großer Zeh schon leicht gebogen, weil er vorne anstieß.

Ein klassisches Vorbild hatte ich nie, auch wenn ich einen Fußballspieler bewunderte. Nicht Fritz Walter oder Max Morlock, nicht Wolfgang Overath und auch nicht Helmut Haller, Deutschlands große Mittelfeldstrategen der ersten Nachkriegsjahrzehnte, sondern – Ernst Kreuz, den ältesten Sohn unserer Nachbarn im Ulmenweg."

Ernsts Vater, der im Sudetenland geborene Arnost Kreuz, hatte bei der Weltmeisterschaft 1938 in Frankreich zum Aufgebot der

Tschechoslowakei gezählt, das dort für Furore sorgte; er stand in der Mannschaft, die erst durch ein 1:2 im Wiederholungsspiel des Viertelfinales gegen Brasilien ausschied. Ab Mitte der 1950er Jahre dann führte Kreuz, wie Helene Magath gegen Kriegsende ausgesiedelt, im Ulmenweg ein Lebensmittelgeschäft. Sein hoch aufgeschossener Sohn Ernst, knapp 13 Jahre älter als Felix, spielte seit der C-Jugend bei der Aschaffenburger Viktoria und lenkte dank seiner exzellenten Balltechnik und seiner Torgefährlichkeit im offensiven Mittelfeld bald die Aufmerksamkeit der DFB-Trainer auf sich. Auch, nachdem er im März 1959 beim 3:0 gegen Österreich in Coburg erstmals in die deutsche A-Jugendnationalmannschaft berufen wurde, trainierte er mehrmals die Woche zusätzlich auf dem Fußballplatz gegenüber dem Wohnhaus im Ulmenweg.

„Ernst, ein Linksfuß mit einem schönen Hammer, drosch den Ball immer wieder aufs Tor. Ich stellte mich dahinter und sammelte die Kugel, wann immer sie am Kasten vorbeiflog, wieder ein. Anfangs trug ich sie, bald schoss ich sie zurück – so kam ich zum Fußball.

Als Ernst 1960 von der Frankfurter Eintracht verpflichtet wurde, verloren wir uns aus den Augen. Doch wie das Leben so spielt, sahen wir uns wieder, als ich 1976 nach Hamburg ging: Dort hatte sich auch die Familie Kreuz nach Ernsts Wechsel von der Eintracht zum HSV 1962 niedergelassen, und Vater Arnost hatte das Restaurant ‚Lindenhof' auf unserem Trainingsgelände am Ochsenzoll gepachtet. Bei der großen Abschiedsfeier für Uwe Seeler im August 2022 im Volksparkstadion haben wir uns nach langer Zeit wieder einmal getroffen und über die alten Zeiten geplaudert. Das Wiedersehen mit dem Mann, in dem ich lange so etwas wie einen großer Bruder sah, hat mich sehr berührt.

Ich selbst habe lange nicht daran geglaubt, dass auch ich einmal Fußballprofi werden könnte. Noch 1969 lehnte ich das

Angebot des als Deutscher Meister aus der Bundesliga abgestiegenen 1. FC Nürnberg für einen Wechsel in dessen Jugendinternat ab, weil mir der Schritt zu groß erschien. Inzwischen weiß ich, dass sich die Menschen oft selbst begrenzen, weil sie sich zu wenig zutrauen, und ich behaupte sogar, dass jeder normale junge Fußballer Bundesliga-Spieler werden kann, wenn er es wirklich will. In meiner Karriere als Trainer habe ich stets versucht, meinen Spielern diese Erkenntnis zu vermitteln."

1962 zog Magath mit seiner Mutter von Nilkheim in eine neu gebaute Mietwohnung in Aschaffenburg. Er wechselte auf die Realschule, Fachrichtung Wirtschaft, wo er neben den Hauptfächern Deutsch, Mathematik und Wirtschaftskunde auch Stenografie und das Zehnfingersystem auf der Schreibmaschine erlernte, und trat dem kleinen TV 1860 bei, der sich schnell zu seinem großen sozialen Rückhalt entwickelte. Hier lernte er die Menschen kennen, die Freunde, die ihn sein ganzes Leben lang begleiteten – bis heute.

„Drei-, viermal im Jahr fahre ich die 360 Kilometer von unserem Haus in München-Harlaching nach Aschaffenburg, treffe mich dort mit meinen früheren Mannschaftskollegen vom TV, mit denen ich 1971 die B-Klassenmeisterschaft errang – eine Meisterschaft, die ich eine Woche lang und damit ausgiebiger gefeiert habe als jede andere in meiner Karriere –, und besuche das Grab meiner Mutter. Im Mai 2020 ist der lange Zeit wichtigste Mensch in meinem Leben gestorben. Einen Tag vor ihrem 95. Geburtstag stürzte meine Mutter morgens in ihrer Wohnung und wurde ins Krankenhaus eingeliefert. Ich setzte mich sofort ins Auto, fuhr um einiges schneller, als es die Polizei erlaubt, nach Aschaffenburg, um sie noch einmal zu sehen, doch ich kam zu spät. Bis zu meinem Wechsel nach Saarbrücken hat meine Mutter im

Grunde nur für mich gelebt, und ich hätte ihr gerne noch einmal aus tiefstem Herzen gedankt.“

Da sitzen sie dann zu acht oder neunt im Aschaffenburger Traditionslokal „Schlappeseppel“, wo noch vor wenigen Jahren das bekannte Seppelsche aus der hauseigenen Brauerei floss, essen eine Bratwurst, trinken Bier aus einer Brauerei im nahen Miltenberg und schwelgen in Erinnerungen. Rainer, Magaths bester Freund aus wilden Jugendzeiten, den er noch immer „Schiller“ nennt, obwohl die langen Locken, denen Rainer einst seinen Spitznamen verdankte, längst einem soliden Kurzhaarschnitt gewichen sind. Ernst, der Polizist. Erhard, der Vertriebsmanager. Harald, der Grundschullehrer. Und Alexander Petschner, sein Trainer beim TV, „und so etwas wie mein Ziehvater“, der sehr früh das unglaubliche Talent in dem jungen Wolfgang erkannte. Wolfgang? Die neu entstandene Nähe zu seinem Vater nach dessen erstem und einzigen Besuch in Deutschland bewogen Magath Ende der 1960er Jahre dazu, den Wolfgang abzulegen und sich beim TV 1860 nur noch mit seinem zweiten Vornamen „Felix“ rufen zu lassen, dem Namen seines Vaters. Dabei blieb's bis heute.

Sie reden über ihre acht gemeinsamen Jahre, erzählen, wie sie dem jungen Felix nach dem Training regelmäßig eine Cola oder ein Bier spendierten, „weil der ja nichts hatte“, wie er nach einer feuchten Nacht in ihrem Stammlokal, dem „Freischütz“ in der Aschaffenburger Herrleinstraße, erst gegen vier oder fünf Uhr morgens nach Hause schlurfte, wie er als Jüngster der Mannschaft mit seinem schwarzen Stirnband um die langen dunklen Haare und der viel zu weiten Sporthose der Größe 7 bei einem internationalen Turnier in Schweden die Aufmerksamkeit eines jungen Mädchens erregte und des Nachts nicht allein ins Bett schlüpfte.

Alle sind sie hör- und sichtbar stolz auf den einzigen aus ihrer Mannschaft, aus ihrem Verein, der den Sprung in die große, die ganz große Fußballwelt geschafft hat und doch immer einer von ihnen geblieben ist. „Ihm ist alles gelungen, obwohl er wahrlich kein Trainingsweltmeister war“, erzählt Petschner. „Er war ein brillanter Techniker, der den Ball stundenlang hochhalten konnte“, doch im Gegensatz zur brotlosen Kunst anderer Fußballakrobaten habe Felix „immer extrem mannschaftsdienlich“ gespielt, „ihm ging es nie um sich, immer nur um die Mannschaft“. Und es sei schlicht und einfach „unglaublich, was der Bub aus sich gemacht hat“, dabei habe „alles an einem seidenen Faden“ gehangen.

Am seidenen Faden? Wohl keine Übertreibung – der sensationelle sportliche und gesellschaftliche Aufstieg des Felix M., sein Weg vom Bolzplatz in Nilkheim an die Spitze des Weltfußballs, nur dank seines Willens und seines überragenden Talents, verlief so ganz und gar nicht geradlinig.

München, Februar 2023

Wir treffen uns bei einer befreundeten Münchner Agentur. Der sympathische, helle, aber etwas kühle Konferenzraum liegt am Ende eines auf kluge Art nachlässig gestalteten Altbauflurs. Das Holz knarrt ein, die dunkelblaue Wand hinter dem hellblauen geschwungenen Biedermeiersofa, das an Loriot erinnert, wird von Kunst geschmückt. Nichts Aufwendiges, einfach geschmackvoll unaufgeregt.
Felix Magath ist ein Gegensatzpaar. Konsequenz und Klarheit ist Teil seiner „preußischen“ Herkunft, wie er es nennt. Seine Mutter stammt aus Ostpreußen, sein Vater aus Puerto Rico, und daher nimmt er seine feine Virtuosität, sein Gespür für Schwingungen. „Ich habe an meinem Vater bewundert, dass er so viel Ruhe ausgestrahlt hat. Und er hatte einen tiefen Bass. Manchmal wenn er gesungen hat, spürte ich die Klänge in meinem Bauch.“
Fast unbewegt sitzt Magath auf dem weißen Designer-Stuhl, wie er wohl zwangsläufig in Besprechungsräumen von Agenturen stehen muss. Die Hände liegen nebeneinander, zwischen ihnen ist ausreichend Platz für ein geöffnetes Buch – aber der Raum bleibt frei. Freiheit, Freiraum ist für den Menschen Magath essenziell: „Eigentlich habe ich alles getan, um mir meine persönliche Freiheit zu erhalten. Geld hilft, Erfolg auch.“
Das Klicken der Kamera ist kaum zu hören. Magath lässt sich nicht sehr gern fotografieren, das spürt man, aber er findet divenhaftes Verhalten und unnötige Eitelkeit genauso unpassend. Der andere muss seinen Job machen können – auch das zählt zum Selbstverständnis des Felix Magath.

Viktoria Aschaffenburg
1972–1974

„Ich trug die Haare schulterlang und trank auch immer mal wieder zu viel in meinen Jugendjahren. Ein Bier, noch ein Bier und noch eins: Die Aschaffenburger Nächte haben mich mit Sicherheit zwei, drei Jahre meiner Karriere gekostet. Mein Problem war und ist es bis heute, dass ich das Gefühl habe, schnell trinken zu müssen, sobald ein volles Glas vor mir steht – ob da nun Tee drin ist, Wasser, Wein oder Bier.

Mit 16 oder 17 begann ich auch noch zu rauchen. Ein paar Kumpels aus meiner Realschulklasse hatten von irgendwoher ein paar Gramm Haschisch besorgt. Jeder erhielt ein Gramm und sollte es testen, danach wollten wir einander von unseren Erfahrungen berichten. Ich trug das Zeug vier, fünf Wochen lang mit mir herum, ohne es anzurühren, dann dachte ich mir: Vielleicht rauchst du erst mal eine Zigarette, bevor du das Haschisch versuchst. So fing alles an, und ich kam von den Zigaretten nicht mehr weg. Haschisch oder andere Drogen habe ich nie probiert.

Mein erstes Geld verdiente ich durch allerlei Ferienjobs. Bei den Lenkradwerken Petri stand ich am Fließband, bei Viktoria-Transport be- und entlud ich die LKWs, und bei der Brauerei Heyland arbeitete ich als Beifahrer eines Mannes namens Susi. Wenn Susi unseren LKW geparkt hatte, musste ich den Sackkarren von der Ladefläche heben und die Bierkisten ins Restaurant, die Kneipe oder den Supermarkt transportieren, während er am Tresen saß, seinen Durst löschte und sich zum Schluss den Lieferschein quittieren ließ.

Der Fußball, das Training und die Spiele, die Mannschafts- und Schafkopfabende mit meinen Kameraden und meine Ferienjobs verschlangen viel Zeit, Zeit, die mir beim Lernen fehlte. Kein Wunder, dass sich meine schulischen Leistungen nicht im gleichen Maß entwickelten wie meine fußballerischen: In der neunten Klasse fiel ich durch. Geschichte und Erdkunde waren in Ordnung, die größten Probleme hatte ich mit Deutsch. Und so richtig Spaß hat mir die Schule in all den Jahren nicht gemacht.

Die Tatsache, dass ich eines Abends in einer Kneipe am Aschaffenburger Dalberg eine Frau namens Steffi kennenlernte, die meine erste feste Freundin wurde, veränderte erst einmal nichts; fast schon ein Wunder, dass ich die Realschule 1970 mit der Mittleren Reife in der Tasche verließ. Die Abschlussnote? Ich war zufrieden, meine Mutter weniger. Den Gedanken, anschließend an ein Gymnasium im hessischen Hanau zu wechseln, wo mir der Weg zum Abitur wesentlich leichter erschien als in Bayern, verwarf ich schnell wieder – zu häufig fand ich morgens nicht rechtzeitig aus dem Bett. Somit rückte auch mein großes Berufsziel außer Reichweite: Lange, bevor es Serien wie ‚Der Kommissar' oder ‚Tatort' gab, wollte ich Kriminalkommissar werden, Verbrechen aufklären, die Ganoven hinter Schloss und Riegel bringen. Weil ich kein Abitur hatte, musste ich umdenken; immerhin gelang es mir, wenn auch erneut nach einer einjährigen Ehrenrunde, auf einer Fachoberschule in Saarbrücken 1973 die Fachholschulreife im Zweig Wirtschaft zu erwerben.

Im bayerischen Aschaffenburg hätte ich den gleichen Abschluss vermutlich nicht geschafft. Schon damals unter-

schieden sich die einzelnen Bundesländer enorm, was die Anforderungen an die Schüler betraf, und daran hat sich, für mich absolut nicht nachvollziehbar, bis heute nichts geändert.

Natürlich hatten wir auf der Fachoberschule auch Sportunterricht, in den ersten beiden Stunden am Mittwochmorgen. Als guter Fußballspieler und Sportler glaubte ich mir die Freiheit herausnehmen zu können, nach einer langen Dienstagnacht ab und zu auszuschlafen und erst zur dritten Stunde in der Schule zu erscheinen. Im Zeugnis der 12. Klasse erhielt ich die Quittung: eine 5 in Sport.

Dass meine Schulnoten nicht ausreichen würden, um meinen Traumberuf Kriminalkommissar zu ergreifen, war mir schon zuvor klargeworden. Ich beschloss zu versuchen, mit dem Fußball Geld zu verdienen und so weit wie möglich nach oben zu kommen."

Nachdem er 1972 mit dem TV 1860 als Aufsteiger die A-Klassenmeisterschaft verpasst hatte, wechselte Magath zum großen Lokalrivalen Viktoria in die Amateurliga Hessen. Der Sprung in Deutschlands dritthöchste Spielklasse fiel ihm nicht schwer. Zwar belegte die Viktoria in der Saison 1972/73 nur Platz 13, doch wie 13 Jahre zuvor sein Nachbar Ernst Kreuz sorgte Magath, wie das Aschaffenburger *Main-Echo* schrieb, „mit seiner brillanten Technik, Lauf- und Einsatzfreude und Schusskraft auf Anhieb für Aufsehen weit über die Hessenliga hinaus". Von dem Indianergeheul, das wegen seiner langen Haare, des Stirnbands und seiner schon nach den ersten Sonnentagen gebräunten Haut hin und wieder ertönte, wenn er in einem Auswärtsspiel den Ball führte, ließ er sich nicht stören.

Im Frühjahr 1973 flatterten ihm vier Anfragen ins Haus: Von den Amateurmannschaften der Frankfurter Eintracht und der Offenbacher Kickers und von den Regionalligisten Göttingen 05 und Darmstadt 98. In Göttingen und in Darmstadt trainierte er jeweils einen Tag lang zur Probe mit, worauf ihm beide Vereine einen Vertrag anboten. Bei den 05ern hätte er monatlich 300 Mark plus Prämien verdienen können – zu wenig, wie ihm schien, um Aschaffenburg zu verlassen. In Darmstadt fühlte er sich vom ersten Augenblick an sehr wohl, wurde von der Mannschaft hervorragend aufgenommen und konnte auch Trainer Udo Klug überzeugen, nur einen nicht – sich selbst: Weil er daran zweifelte, dass er den Sprung in die erste Elf des frischgebackenen Süddeutschen Meisters schaffen würde, sagte Magath auch den 98ern ab und hängte ein zweites Jahr in der Hessenliga dran.

Souverän, mit sieben Punkten Vorsprung vor der SpVgg Bad Homburg, holte sich die Viktoria 1973/74 die Meisterschaft, Magath schraubte seine Oberligabilanz auf insgesamt 64 Spiele und 15 Tore. Seltsamerweise aber blieben neue Angebote zunächst aus. Erst eine Woche vor Ende der Transferperiode meldete sich ein Mann namens Heinz Schmidt, Spielausschussvorsitzender des 1. FC Saarbrücken, und fragte, ob er denn mal vorbeischauen dürfe in der Aschaffenburger Zweizimmerwohnung, in der Steffi und Felix mittlerweile zusammenlebten. Schon am nächsten Tag kreuzte Schmidt auf, und noch am gleichen Abend unterschrieb Magath seinen ersten Profivertrag: Einen Zweijahreskontrakt mit einem Monatsgehalt von 1.200 Mark plus einer monatlichen Leistungsprämie von 1.500 Mark. 30.000 Mark Ablöse berappten die Saarländer an die Viktoria.

Noch viel, viel wertvoller als der Vertrag und das erste Geld: Mit dem Wechsel verringerte sich die Gefahr, dass er sein großes Talent versaufen und verschleudern würde, entscheidend. „Sein großes Glück ist es gewesen, dass er 1974 aus Aschaffenburg wegging“, sagt Petschner, „sonst wäre die Wahrscheinlichkeit sehr hoch gewesen, dass er versackt.“ Und Magath fügt sechs Worte an: „Da hat er mit Sicherheit recht.“

1. FC Saarbrücken
1974–1976

1974, elf Jahre nach Gründung der Bundesliga, erhielt Fußball-Deutschland eine zweite Profiliga. Die in die Gruppen Nord und Süd unterteilte 2. Bundesliga sollte in erster Linie die wirtschaftliche Kluft zwischen Profi- und Amateurbereich verringern. Wenige Wochen vor dem Saisonauftakt wurde noch immer erbittert darum gerungen, welcher siebte Südwestklub Borussia Neunkirchen, den FC Homburg, Röchling Völklingen, den FSV Mainz 05, Wormatia Worms und den FK Pirmasens ins neue Fußballzeitalter begleitete – der 1. FC Saarbrücken oder der SV Alsenborn.

Zunächst sollte der FCS die Lizenz erhalten. Es folgten eine einstweilige Verfügung des Landgerichts Kaiserslautern und ein Urteil des Verbandssportgerichts Südwest, das wiederum Alsenborn den letzten freien Platz in der 20er-Liga zusprach. Magath wusste, dass die Antwort auf die Frage nach dem 20. Klub seine Zukunft entscheidend beeinflussen würde: Den Profivertrag beim FCS hätte er bei einer Verbannung der Saarländer ins Amateurlager zerreißen können.

Am 7. Juli stand die deutsche Nationalelf in München zum dritten Mal nach 1954 und 1966 im Endspiel einer Weltmeisterschaft. Wenige Stunden vor dem Anpfiff der Partie gegen die Niederlande in München, am Tag vor dem Trainingsauftakt in Saarbrücken, wurde Magath von einem Präsidiumsmitglied der

Aschaffenburger Viktoria am Telefon mit der Nachricht überrascht: „Die Entscheidung ist gefallen, Alsenborn spielt in der 2. Liga." Der Traum von einer Karriere als Profi schien vorerst ausgeträumt; enttäuscht warf er die gepackte Sporttasche ins Eck, fuhr nicht wie geplant am Nachmittag nach Saarbrücken, sondern sah sich das WM-Finale mit seinen Kumpels am Dalberg an. Klar, dass bei der Feier nach dem deutschen 2:1-Erfolg keine Limonade durch die siegesdurstigen Kehlen floss.

> *„Am Montagnachmittag rief mich Heinz Schmidt an: ‚Warum bist du heute Morgen nicht zu unserem Auftakttraining gekommen?' Ohne meine Antwort abzuwarten, fuhr er fort: ‚Wir sind in der 2. Bundesliga, Felix. Setz dich sofort ins Auto und komm her.' So fuhr ich am Abend noch mit einem dicken Kopf nach Saarbrücken, wo Trainer Slobodan Cendic für Dienstagmorgen einen ausgedehnten Waldlauf angesetzt hatte. Eine knappe Stunde lang quälte ich mich von Meter zu Meter, dann trollte ich mich in die Büsche, übergab mich und – rannte weiter. Ich ließ mir nichts anmerken, auch wenn ich mich hundeelend fühlte, und kam gerade noch mit dem Hauptfeld ins Ziel."*

Am 28. Juli, zwei Tage nach Magaths 21. Geburtstag, schlug sich das Bundesgericht des DFB in der Sportschule Barsinghausen letztinstanzlich auf die Seite des FCS. Während Alsenborn in den Niederungen des Amateurfußballs untertauchte und nie mehr auch nur in die Nähe des Profifußballs vordrang, stieg am Freitag, 2. August, ausgerechnet im Saarbrücker Ludwigspark das Eröffnungsspiel der neuen Klasse. 13.000 Zuschauer jubelten frenetisch, als Niko Semlitsch, Neuzugang von Kickers Offenbach, in der 18. Minute das Premierentor erzielte, das dem FCS in Magaths erstem Spiel als Fußballprofi einen 1:0-Sieg gegen Darmstadt 98 bescherte.

„Von den Neulingen rappelte sich Magath im Finale immer wieder mit technischem Geschick zu Entlastungsangriffen auf", schrieb der *kicker*, der flächendeckend über jedes Spiel berichtete, während die ARD den Auftakt wegen eines heute lächerlich anmutenden Honorarstreits um ein paar Tausend Mark pro Verein boykottierte, obwohl die neue 2. Liga insgesamt sechs Spiele auf ausdrücklichen Wunsch des Senders auf Sonntag verlegt hatte. Beim 1:1 bei Bayern Hof am zweiten Spieltag gelang Magath, noch immer mit wallendem, schulterlangem schwarzen Haar, in der 68. Minute mit einem Volleyschuss sein erstes Tor. Fortan hatte er seinen Stammplatz sicher.

Vor allem dank einer hervorragenden Kameradschaft mischte der FCS lange an der Tabellenspitze mit. Jeweils am Montagabend traf sich die gesamte Mannschaft zum Schafkopfspielen, und natürlich zwitscherten die Profis dabei auch das eine oder andere Bier, was sie dann bei den zwei harten Konditionseinheiten des Dienstags schon mal bereuten.

Zum Höhepunkt der Hinrunde entwickelte sich das Heimspiel gegen den bis dahin unbesiegten Südwestrivalen FK Pirmasens am fünften Spieltag, das der FCS 6:0 gewann; Magath steuerte das 3:0 und das 6:0 bei. Seine neue Mannschaft beschloss das Jahr 1974 auf Rang drei, einen Punkt hinter Tabellenführer Karlsruher SC, und diesen Kontakt nach oben hielt sie zunächst auch in der zweiten Halbserie: Noch nach dem 30. Spieltag trennte die Saarländer nur ein Punkt von Rang zwei. Danach aber bauten sie mehr und mehr ab, eine 0:3-Heimniederlage gegen Schlusslicht VfR Mannheim am 36. Spieltag machte die letzten Aufstiegshoffnungen zunichte.

Als Siebter schleppte sich der FCS schließlich über die Ziellinie. Der KSC schaffte den Sprung in die Bundesliga, Pirmasens als Zweiter scheiterte in den Aufstiegsspielen gegen den Nordzweiten Bayer Uerdingen mit 4:4 und 0:6. Als einziger FCS-Spieler war Magath in allen 38 Zweitligaspielen zum Einsatz gekommen; seine zwölf Saisontreffer wurden nur von einem Stürmer, dem

Jugoslawen Husnija Fazlic, um zwei Tore übertroffen. Mit ihm verstand er sich nicht nur auf dem Rasen blind – rund eineinhalb Jahrzehnte später holte er Fazlic als seinen Co-Trainer zu Werder Bremen.

In diesem ersten Jahr in der 2. Bundesliga begann er sich zum Profi zu entwickeln – auf dem Platz. Abseits des grünen Rasens gönnte er sich nach wie vor eine weniger professionelle Lebensweise; nach wie vor schmeckte ihm am Abend das Bier, nach wie vor rauchte er täglich bis zu zwei Schachteln Zigaretten.

1975/76 nahm der FCS den nächsten Anlauf zum Wiederaufstieg in die Bundesliga, zunächst jedoch ohne Magath in der Startformation. Bei der 1:3-Niederlage in der ersten DFB-Pokal-Hauptrunde beim FC Bayern wie auch in den ersten drei Punktspielen wurde er jeweils nur eingewechselt, weil er unter der Woche nicht mit seinen Mannschaftskollegen trainiert hatte: Vom 1. Juli 1975 an absolvierte er im saarländischen Bexbach seine dreimonatige Grundausbildung bei der Bundeswehr. Erst beim 1:0-Sieg bei Jahn Regensburg am vierten Spieltag lief er wieder von Beginn an auf.

Der Sommer 1975 neigte sich dem Ende zu, ein langer, harter Winter stand vor der Tür. Bundeswehrintern entspann sich ein Tauziehen zwischen den Fallschirmjägern in Saarlouis und der Sportfördergruppe in Essen, wo sich die meisten deutschen Nationalspieler versammelten, um den Jäger Magath. Bald stand fest, dass er im Februar 1976 nach Essen abkommandiert werden würde. In den Wochen vor seiner Versetzung glaubten die Ausbilder in Saarlouis noch, ihm ihre kleine Macht demonstrieren zu müssen; ungewöhnlich oft musste er Wache schieben und die Toiletten schrubben.

Der Fußball hellte diese dunkle Zeit auf. In der 2. Bundesliga blieben die Saarbrücker monatelang unbesiegt, am zehnten Spieltag eroberten sie durch einen 3:2-Sieg bei der SpVgg Fürth die Tabellenspitze. Drei Tage später bestritt Magath sein erstes Länderspiel: In der Partie der deutschen B-Nationalmannschaft gegen Rumänien am 8. Oktober 1975 im Duisburger Wedaustadion wechselte ihn Trainer Jupp Derwall in der 46. Minute beim Stand von 0:0 für den Braunschweiger Karl-Heinz Handschuh ein. Magath spielte im linken Mittelfeld, Deutschland gewann durch Tore der beiden Duisburger Ronnie Worm und Bernard Dietz mit 2:0. Abgesehen vom Ergebnis hat er keine größeren Erinnerungen an seine ersten 45 Minuten im Nationaltrikot.

Für den FCS endete am 16. Spieltag durch ein 2:3 bei Schweinfurt 05 eine stolze Serie von 14 Begegnungen ohne Niederlage; auf dünner Schneedecke erzielte der frühere Bundesliga-Torschützenkönig Lothar Emmerich nach Magaths Treffer zum 2:2 kurz vor dem Abpfiff das Siegtor für die Unterfranken. Die Saarländer ließen sich jedoch nicht aus der Bahn werfen. Am 20. Dezember 1975, dem letzten Hinrundenspieltag, stieg im Ludwigspark das Entscheidungsspiel um die Herbstmeisterschaft gegen den 1. FC Nürnberg. In der 79. Minute gelang Magath das Tor des Tages, das die *Saarbrücker Zeitung* so schilderte: „Magath erzwang mit blitzschneller Eingebung das Siegtor. Als alles einen wuchtigen Freistoß von Semlitsch erwartete, schlug er fast aus dem Stand zu. Mit viel Effet drehte sich der angeschnittene Ball neben dem Pfosten unhaltbar ins Tor."

Bei diesem zehnten Sieg im zehnten Heimspiel der Saison – bei 24:4 Toren – trat der FCS letztmals ohne Trikotwerbung an. Knapp drei Jahre nach dem Tabubruch der Braunschweiger Eintracht, die die bis dahin jungfräuliche Brust der deutschen Fußballprofis im Heimspiel gegen Schalke 04 am 24. März 1973 mit Kopf und Geweih des Jägermeister-Hirsches entweiht hatte, zog Saarbrücken nach und warb in der Rückrunde ebenfalls für den Kräuterlikör aus Wolfenbüttel.

Mit einem sensationellen 4:0 gegen den VfB Stuttgart startete der FCS am 17. Januar in die Rückrunde, wieder eröffnete Magath den Torreigen. „Der Mittelfeldmann ließ erneut Extraklasse erkennen", schrieben die Zeitungen. Was sie nicht wussten:

Während seine Mannschaft ein Spiel nach dem anderen gewann und es bei ihm hervorragend lief – am 25. Februar beim 0:1 gegen Italien in Essen wurde er zum zweiten Mal in die B-Nationalmannschaft berufen und in den zwei aufeinanderfolgenden Auswärtsspielen bei Bayern Hof (4:3) und in Pirmasens (2:0) am 21. und 22. Spieltag gingen fünf der sechs Saarbrücker Treffer auf sein Konto –, nahmen sowohl der Hamburger SV mit seinem Manager Dr. Peter Krohn als auch Fortuna Düsseldorf Kontakt zu ihm auf.

„Einen Wechsel nach Düsseldorf schloss ich schnell aus. Das große Ziel Bundesliga rückte für den FCS und mich immer näher, und nachdem ich eine treue Seele bin, wollte ich nur wegen ein paar tausend Mark mehr im Jahr nicht weg. Doch Hamburg, der große HSV? Das war schließlich nicht irgendein Verein, sondern eine richtige Hausnummer – damals jedenfalls. Ich begann zu grübeln, gleichzeitig verstärkte Krohn sein Werben um mich.

FCS oder HSV? Wochenlang zerbrach ich mir den Kopf. Am 1. April meldete die Saarbrücker Zeitung, *die Verhandlungen mit mir seien ‚weitgehend erledigt', ich würde das Angebot des Vereins wohl annehmen. In Wirklichkeit schwankte ich noch. Wenig später entschied ausgerechnet Cendic, ob nun gewollt oder nicht, das Tauziehen: Unser Trainer verpflichtete für die Saison 1976/77 einen jugoslawischen Landsmann, Jovan Acimovic von Roter Stern Belgrad, eine Nummer 10 wie ich. Ein Nationalspieler und WM-Teilnehmer von 1974 für exakt meine Position? Ich entschied mich zu gehen.*

Offiziell verkündete ich meinen Wechsel nach Norddeutschland noch nicht, scharfe Misstöne zwischen Cendic und mir überschatteten das letzte Saisonviertel. Beim 0:0 gegen Schweinfurt am 23. Mai schoss ich in der 85. Minute einen Elfmeter so schwach, dass 05-Torhüter Wolfgang Dramsch nicht anders konnte, als den Ball zu halten. ‚Felix war mit dem Kopf schon bei seinen Verhandlungen mit dem HSV', meinte unser Trainer und kündigte an, er werde mich bis zu einer endgültigen Entscheidung nicht mehr aufstellen. ‚Wenn du gehst, wirft uns das nicht um', brüllte er mich in der folgenden Spielersitzung in der Kabine an, ‚wir steigen so oder so auf.' Und auch mit seiner Einschätzung hinsichtlich meiner Zukunft hielt er nicht hinter dem Berg: ‚Du bist noch nicht reif für den HSV und wirst es sehr schwer haben, dich dort durchzusetzen.'

Vier Tage später gab Krohn meine Verpflichtung offiziell bekannt. Am Saisonende schaffte der 1. FC Saarbrücken nach zwölf Jahren Zweitklassigkeit den Wiederaufstieg in die Bundesliga und kassierte für mich eine Ablöse von 550.000 Mark. Ich war dem Verein und Cendic sehr dankbar, dass sie mich in meiner Entwicklung gefördert hatten, doch angesichts der Spannungen der letzten Saisonwochen fiel es mir nicht mehr allzu schwer, meine Zelte abzubauen und zu neuen Ufern aufzubrechen."

Hamburger SV
1976–1986

DIE ERSTE SAISON

1960 war der Hamburger SV um seinen überragenden Torjäger Uwe Seeler erstmals nach 32 Jahren wieder Deutscher Meister geworden. Genau wie andere Traditionsvereine aber hatte auch er den Aufbruch ins neue Fußball-Zeitalter, das mit der Gründung der Bundesliga 1963 eingeläutet wurde, verschlafen. Deutscher Meister im ersten Jahrzehnt der neuen Klasse wurden der 1. FC Köln, Werder Bremen, 1860 München, Eintracht Braunschweig, der 1. FC Nürnberg und zwei Emporkömmlinge namens Bayern München und Borussia Mönchengladbach. Die Hamburger? Dümpelten vorwiegend im Niemandsland herum, belegten die Ränge 6, 11, 9, 14, 13, 6, 6, 5, 10 und 14.

Erst Mitte der 1970er Jahre schaffte es der HSV, sich näher an das mittlerweile dominierende Duo Bayern und Mönchengladbach heranzupirschen, 1975/76 erreichte er mit dem Gewinn der Vizemeisterschaft hinter der Borussia seine bis dahin beste Platzierung. Mit 32 Gegentoren stellte er die beste Abwehr der Liga, doch nur 59 eigene Treffer, nicht mehr als der Tabellenelfte Hertha BSC, verhinderten den großen Wurf in der Bundesliga. Im DFB-Pokal hingegen gelang er: Durch einen 2:0-Erfolg gegen den 1. FC Kaiserslautern in Frankfurt holte sich der von Kuno Klötzer trainierte Klub zum zweiten Mal nach 1963 den Cup.

Für die Saison 1976/77 peilten Klötzer und Krohn den ersten Meistertitel zu Bundesliga-Zeiten an und machten sich daran, die Offensivkraft der Mannschaft zu stärken. Beide kannten Magath nur aus Fernsehausschnitten, Krohn nannte ihn schon mal „meine Fernsehliebe". Neben dem Mann aus Aschaffenburg lotsten sie zwei starke Angreifer, Mittelstürmer Ferdinand Keller und Linksaußen Arno Steffenhagen, an die Waterkant. Der dänische Mittelfeldspieler Ole Björnmose, seit 1971 an der Alster aktiv, konnte zum Rücktritt vom Rücktritt überredet werden, sodass sich der Kader aus einer guten Mischung aus jungen Talenten und ausgebufften Profis um Kapitän Peter Nogly zusammensetzte.

„Steffi und ich wohnten zunächst in Henstedt-Ulzburg im Norden Hamburgs, nicht allzu weit entfernt von unserem Trainingsgelände. Zwar fanden wir die neuen vier Wände nicht besonders prickelnd, doch die Hamburger Innenstadt erschien uns viel zu unübersichtlich, außerdem schreckten uns die hohen Mietpreise ab. Insgesamt habe ich mich in meinen ersten beiden Jahren beim HSV privat nicht richtig wohlgefühlt. Ich dachte des Öfteren an einen Vereinswechsel, und erst, als wir 1978 in die frei gewordene Wohnung Arno Steffenhagens in Norderstedt zogen und ich einen neuen Vertrag unterschrieb, verschwand dieses Gefühl und ich wollte nicht mehr fort."

Mit zwei kompletten Mannschaften startete der HSV in das erste Bundesliga-Jahr des Mannes aus Aschaffenburg. In einer Doppelveranstaltung zur Saisoneröffnung siegte eine „HSV-Extra" getaufte Elf gegen den japanischen Pokalsieger und Hamburger Trikotsponsor FC Hitachi Tokio mit 4:2, mit einem Tor Magaths. Die A-Mannschaft, exakt die gleichen Spieler, die gut fünf Wochen zuvor den DFB-Pokal gewonnen hatten, unterlag Manchester

United 1:3, wobei vor allem die Mittelfeldreihe mit Björnmose, Kurt Eigl und Klaus Zaczyk enttäuschte.

Noch einmal setzte Klötzer auf das Gros seiner Pokalhelden, im ersten Punktspiel gegen Borussia Dortmund. Nach der ernüchternden 3:4-Heimniederlage aber wirbelte er die Mannschaft durcheinander. Im Nordderby bei Werder Bremen am zweiten Spieltag rückten die Mittelfeldspieler Björnmose und Caspar Memering nach hinten auf die Außenverteidigerpositionen, das Mittelfeld bildeten Zaczyk, Horst Bertl und – Felix Magath. Die Begegnung endete 2:2 unentschieden und hatte doch einen großen Gewinner. „Der Ex-Saarbrücker Magath bot eine fast sensationell gute Mittelfeldpartie und wurde vor allem in der ersten Halbzeit zum Dirigenten eines schwungvollen Hamburger Angriffsspiels“, urteilte der *kicker* und verlieh dem Neuzugang die Note 1. Von jenem 21. August 1976 an durfte er sich als unumstrittener Stammspieler fühlen, erst recht, nachdem sich sein Hauptkonkurrent Eigl bei der 2:4-Niederlage in Bochum am letzten Vorrundenspieltag einen Kreuzbandriss zuzog und lange ausfiel. „Der Kurt war ein Superfußballer und ein richtig netter Kerl, doch für mich hatte seine Verletzung auch positive Auswirkungen – sie verlieh mir noch mehr Sicherheit,“ sagt Magath rückblickend.

Der Österreicher Buffy Ettmayer, 1974 im Trikot des VfB Stuttgart Schütze des 10.000. Bundesliga-Tores, spielte in seinem zweiten Jahr beim HSV aufgrund großer Gewichtsprobleme so gut wie keine Rolle mehr. Das Band zwischen ihm und dem Trainer war zerschnitten, und wenn sich Klötzer nach einer Einheit als Letzter auf die Massagebank legte, um sich behandeln zu lassen, schlich sich der Buffy schon mal hin und schüttelte ihn kräftig durch. Oder er ließ die Luft an einem Reifen des Fahrrads aus, mit dem Klötzer im Sommer zum Trainingsgelände am Ochsenzoll gestrampelt kam.

„Ich verstand mich hervorragend mit ihm; nach dem Training gingen wir öfter zu zweit in eine Eisdiele, wo er dann gleich mal zehn Kugeln Eis für uns beide bestellte. Davon fielen dann maximal drei für mich ab; von seinem Übergewicht konnte er so natürlich nichts einbüßen. Leider ist Buffy Anfang April 2023 verstorben. Ich hatte ihn noch zweimal besucht, als es ihm gesundheitlich bereits ziemlich schlecht ging; er saß im Rollstuhl und sein messerscharfer Witz blitzte kaum noch durch. Ich werde ihn auf jeden Fall als einen der besten Techniker und lustigsten Typen, die ich in meiner Fußballkarriere kennengelernt habe, in Erinnerung behalten."

Schnell erwies sich, dass der HSV im Titelkampf der Bundesliga erneut keine Rolle spielen würde. Zur Halbzeit lagen die Hanseaten mit 17:17 Punkten nur auf Rang 12, am Ende reichte es immerhin noch zum sechsten Platz, mit sechs Punkten Abstand auf den alten und neuen Meister Mönchengladbach. Magath bestritt 30 der 34 Spiele, seinen ersten Bundesliga-Treffer allerdings erzielte er erst beim 5:1 gegen den VfL Bochum am letzten Spieltag.

Die für einen offensiven Mittelfeldspieler nicht ganz unwichtigen Tore gelangen ihm im Europapokal der Pokalsieger. In der ersten Runde, gegen die Isländer von IF Keflavik, und beim 4:2 im Achtelfinalhinspiel gegen Hearts of Midlothian ließ ihn Klötzer noch auf der Bank schmoren, im Rückspiel in Schottland aber durfte er zum ersten Mal in einem Europapokalspiel ran.

„Es war ein großes, ein außergewöhnliches Erlebnis – bei unserem 4:1-Sieg in einer einzigartigen Atmosphäre schoss ich zwei Tore. Seither liebe ich den schottischen Fußball und seine Fans; die Schotten sind vielleicht nicht die besten Techniker, aber sie spielen einen ehrlichen, fairen Fußball und haben ein riesiges Kämpferherz. Umso schöner, dass ich in meinem ersten Champions-League-Spiel als Trainer, am

16. September 2003 mit dem VfB Stuttgart, ausgerechnet auf den schottischen Meister Glasgow Rangers traf. Trotz der 1:2-Niederlage im Ibrox Stadium kaufte ich mir zwölf Jahre später, 2015, bei den seinerzeit nur zweitklassigen Rangers ein größeres Aktienpaket, das bis heute schöne Gewinne abwirft.“

Im Viertelfinale übersprang der HSV die Hürde MTK-VM SK Budapest mit 1:1 und 4:1, sodass die Hamburger erstmals seit 1961, als sie im Wettbewerb der Landesmeister unglücklich im Entscheidungsspiel am FC Barcelona scheiterten, in einem europäischen Halbfinale standen. Wieder kam der Gegner aus Spanien, Tabellenführer Atletico Madrid. Das Hinspiel im Stadion Vicente Calderon wird kein Beteiligter je vergessen. Ein Spiel unter Flutlicht in einer Stimmung, die viele bis dahin nur aus dem Fernsehen kannten und die „mir Schauer über den Rücken jagte. Ich fühlte mich wie im Rausch“, erzählt Magath. Der HSV unterlag 1:3, doch Magath wurde für eine herausragende Leistung gelobt, nicht nur, weil er für das Auswärtstor sorgte, das sich als golden erweisen sollte. „Magath schwang sich mit seinen geschickten Pässen zum großen Initiator der HSV-Angriffe auf“, hieß es in der Hamburger *Fußballwoche*.

Ungeachtet des Wirbels um die Zukunft Klötzers, der sich in seinem vierten Jahr auf der Bank ständigen öffentlichen Attacken Krohns ausgesetzt sah, schafften die Hamburger es im Rückspiel 14 Tage später im Volksparkstadion, den Spieß umzudrehen. 640 überragende Sekunden zwischen der 19. und der 27. Minute reichten, um durch ein Eigentor José Luis Capóns und Treffer von Ferdinand Keller und Willi Reimann ein 3:0 herauszuschießen, das der HSV mit Glück und Geschick über die Zeit schaukelte.

Als Magath auch in seinem vierten B-Länderspiel am 26. April in Aachen gegen Belgien nicht nur wegen des Siegtreffers zum 2:1 überzeugte und, wie der *kicker* verriet, der Führungsspitze des DFB „besonders imponierte“, ließ sich Helmut Schön nicht mehr länger bitten. Er sei „ein ganz großes Talent für die Zukunft", erklärte der Bundestrainer, befreite Magath von der Impfung, zu der die deutschen B-Nationalspieler vor ihrer geplanten Amerika-Reise antreten mussten und berief ihn nachträglich in den Kader seiner A-Mannschaft für das Freundschaftsspiel gegen Jugoslawien vier Tage später.

Am 30. April 1977 in Belgrad, im Spiel zwei nach dem Rückzug Franz Beckenbauers, feierte er seinen Einstand in der Nationalelf. In der 46. Minute schickte ihn Schön für den verletzten Kölner Heinz Flohe aufs Feld, als dritten deutschen Debütanten des Tages nach dem Schalker Rolf Rüssmann und Jupp Tenhagen vom VfL Bochum. „Es war ein ganz schlechtes Spiel unserer gesamten Mannschaft", erinnert sich Magath, trotz des 2:1-Sieges nach Toren von Dieter Müller und Rainer Bonhof per Elfmeter. „Ich sah so gut wie keinen Ball." Die Presse urteilte ähnlich: „Magath vermochte die Rolle des Spielgestalters nicht auf Anhieb zu übernehmen", monierte die *Fußballwoche*.

> *„Natürlich war auch ich unzufrieden, schließlich war das Spiel wirklich weitgehend an mir vorbeigelaufen, doch für mich zählte an diesem Abend nur eins: Ich war Nationalspieler! In den Tagträumen meiner Kindheit und Jugend hatte ich mich als gefeierten Marathon-Olympiasieger, als erfolgreichen Kriminalkommissar und auch schon mal als umschwärmten Fußballprofi gesehen, niemals jedoch als Nationalspieler – daran hatte ich nicht einmal zu denken gewagt. Nach dem Abpfiff in Belgrad empfand ich riesigen Stolz, Stolz darauf, was ich allein aus eigener Kraft geschafft hatte."*

Nur elf Tage später folgte der nächste Höhepunkt: Im zweiten Europapokalfinale der Hamburger Vereinsgeschichte traf der HSV auf Titelverteidiger RSC Anderlecht. Die Belgier hatten den Pokalsiegerwettbewerb im Jahr zuvor durch einen 4:2-Sieg gegen West

Ham United nach zwei Toren ihres niederländischen Stars Rob Rensenbrink erstmals gewonnen.

Bereits zwei Tage vor dem Endspiel im Amsterdamer Olympiastadion reiste der HSV-Tross an und bereitete sich in einer Sportschule vor. Mehr Nervosität als normal verspürte Magath nicht angesichts der großen Namen wie Rensenbrink, Arie Haan oder Franky van der Elst – sein erstes Länderspiel hatte das Selbstvertrauen noch einmal gewaltig gestärkt.

Wo der HSV neun Jahre zuvor in Rotterdam Lehrgeld bezahlt und gegen die ausgebufften Profis des AC Mailand mit 0:2 verloren hatte, entwickelte sich am 11. Mai 1977 bei strömendem Regen eine rasante Partie, deren aufregendste Szenen – nach ausgeglichener Anfangsphase – sich im belgischen Strafraum abspielten. Kaltz stellte Rensenbrink kalt, was für die Hamburger Defensive mehr als die halbe Miete bedeutete. Zweimal kam Magath nach harten Tacklings im gegnerischen Sechzehner zu Fall, zweimal ließ der englische Schiedsrichter Pat Partridge weiterspielen. In der 82. Minute aber deutete er auf den Punkt, als Steffenhagen nach einem Solo über das halbe Feld am Fünfmeterraum von Ludo Coeck gefällt wurde. Volkert verwandelte den Strafstoß sicher. „Gegen den nun verzweifelt anstürmenden RSC inszenierte immer wieder Magath Konter wie Blitze", so der *kicker*, „um dann Sekunden vor dem Abpfiff mit einem Schuss aus kurzer Entfernung selbst für das 2:0, die Entscheidung, zu sorgen."

Magath hatte seinen vierten Titel gewonnen – nach dem des B-Klassenmeisters 1971 mit dem TV 1860, der Amateuroberliga-Meisterschaft 1974 mit der Viktoria und der Zweitliga-Meisterschaft 1976 mit Saarbrücken. In der Umkleidekabine herrschte ohrenbetäubender Jubel, alles brüllte und grölte durcheinander, die Champagnerkorken knallten. Spätnachts auf dem Bankett im noblen Marriott-Hotel hieß es ebenfalls „hoch die Tassen". Der eine oder andere tauchte nach den ausgiebigen Feierlichkeiten noch ins Amsterdamer Nachtleben ein, in dem sich Abwehrspieler

Horst Blankenburg, der von 1970 bis 1975 für Ajax gespielt hatte, sehr gut auskannte. Kuno Klötzer fehlte an diesem Abend die Lust an einer großen Sause, weil sein Abschied nach Saisonende längst feststand und ihn nun, nach dem größten Erfolg seiner langen Trainerkarriere, die Wehmut packte.

DIE ZWEITE SAISON

Den in der Presse gern „Ritter Kuno" genannten Klötzer hatte Magath als erfahrenen, grundsoliden, bodenständigen Arbeiter erlebt, der sehr gut zur Mannschaft passte und bei den Spielern äußerst beliebt war. Krohn aber, ein Visionär, dachte größer, er wollte aus dem HSV einen Weltklub formen. Mit Ritter Kuno an der Seitenlinie glaubte er diese Wandlung nicht vollziehen zu können, und es war sicher keine schlechte Idee, vor der Saison 1977/78 neben einem Weltstar wie dem englischen Stürmer Kevin Keegan, der für die damalige Rekordsumme von 2,3 Mio. Mark von Europapokalsieger FC Liverpool nach Hamburg wechselte, und Abwehrspieler Ivan Buljan von Hajduk Split auch einen charismatischen neuen Trainer ins Boot zu holen. Mit einem Mann wie Sven-Göran Eriksson hätte Krohns Strategie auch durchaus aufgehen können, doch für die ersten Meter des langen Wegs an die Weltspitze verpflichtete er nicht den Schweden, auch nicht Udo Lattek oder Hennes Weisweiler, sondern – Rudi Gutendorf. Krohn will die Bundesliga erstürmen und holt ausgerechnet Gutendorf!

Der als „Riegel-Rudi" bekannte Fußballlehrer hatte den Meidericher SV in der Bundesliga-Premierensaison 1963/64 dank der besten Defensive aller 16 Vereine überraschend zur Vizemeisterschaft hinter dem 1. FC Köln geführt, danach unter anderem in den USA, auf den Bermudas, in Peru, Chile, Bolivien und Spanien, auf verschiedenen karibischen Inseln und in Botswana gearbeitet. In der Saison 1976/77 hatte er als Trainer des Bundesliga-Aufsteigers Tennis Borussia – trotz des sofortigen Wiederabstiegs der Berliner – Krohns Aufmerksamkeit erregt, bald entspann sich zwischen beiden so etwas wie eine Männerfreundschaft. Während Magath mit der Nationalmannschaft auf Südamerika-Tour ging, wo er beim 2:0 gegen Uruguay auf einem so gut wie unbespielbaren Acker in Montevideo sein zweites Länderspiel bestritt – kaum besser als sein erstes –, tüftelten Manager und Trainer, von der *Bild* öffentlichkeitswirksam in Szene gesetzt und fotografiert, am Sandstrand von Sylt gemeinsam an ihrem Plan, den HSV zum ersten Titelgewinn in der Bundesliga zu führen.

Plötzlich tönte es auf dem Trainingsplatz nur noch „Très bien, Iko", weil Buljan weder Deutsch noch Englisch sprach, oder „Very good, Kevin". Doch so très bien und very good lief's nicht für den HSV. Schon nach dem 2:5-Auftaktdebakel beim MSV Duisburg, spätestens aber nach der 0:2-Heimpleite im Hamburger Stadtderby gegen Aufsteiger FC St. Pauli am sechsten Spieltag begann es zu gären zwischen dem neuen Trainer und der Mannschaft. Dass sich die älteren Spieler um Wortführer Nogly danach, wie es häufig heißt, offen gegen Gutendorf auflehnten, will Magath nicht bestätigen: „Sagen wir's so: Riegel-Rudi und der stürmische HSV, das passte einfach nicht zusammen." Zumal der als absoluter Weltstar angekündigte Keegan in fast allen Spielen wie ein Fremdkörper wirkte. Schnell liebäugelte der Engländer mit seinem vorzeitigen Abschied.

Nach zwei 1:2-Heimniederlagen im Europapokal gegen Anderlecht und am 22. Oktober im Punktspiel gegen Magaths Ex-Verein Saarbrücken traten die Risse offen zu Tage. Fünf Tage nach der Pleite gegen den FCS wurde Gutendorf entlassen, worauf auch Krohn die Brocken hinwarf. „Tollhaus HSV", titelte der *kicker*.

Mehr als zwei Monate verstrichen, bis Krohns Nachfolger feststand. Dann begab es sich – klingt wie ein Märchen, und irgendwie war es ja auch eines –, dass ein Mann namens Günter Netzer, der seine Fußballschuhe nach überragenden Erfolgen in der Nationalmannschaft, bei Borussia Mönchengladbach und Real

Madrid sowie einem Jahr beim Grasshopper Club Zürich soeben an den Nagel gehängt hatte, dem Präsidenten Paul Benthien anbot, die Hamburger Stadionzeitschrift zu verlegen. Der oberste HSVer hatte den Fußballprofi Netzer immer bewundert und sagte sofort ja; gleichzeitig betraute er ihn wie nebenbei aber auch mit der Aufgabe des Managers.

Während Netzer im Hintergrund nach einem neuen Trainer fahndete, irrlichterte die Mannschaft mit dem kurzfristig zum Chef beförderten Co-Trainer Arkoc Öczan auf der Bank durch die Saison. Dass der langjährige Bundesliga-Torhüter des HSV nicht mehr als eine Übergangslösung sein würde, wussten die Spieler vom ersten Tag an. Bis zum Saisonende jedoch durfte er weiterwerkeln, mit mäßigem Erfolg: Als Titelverteidiger schieden die Hamburger bereits in der zweiten Runde des Europapokals gegen Anderlecht aus, in der Bundesliga landeten sie mit 34:34 Punkten auf Rang zehn. Magath bestritt 33 der 34 Saisonspiele und erzielte vier Tore. Nun ja, viel Luft nach oben.

„Die Weltmeisterschaft 1978 verfolgte ich nur als Zuschauer. Natürlich wäre ich gern dabei gewesen, doch ich konnte verstehen, dass mich Bundestrainer Schön nach einer so mittelmäßigen Saison nicht in sein Aufgebot für Argentinien berief; schließlich hatte ich auch in meinen zwei Länderspielen bis dahin keine Bäume ausgerissen. Dass die deutsche Mannschaft während des Turnierverlaufs nur einen einzigen Sieg, das 6:0 gegen Mexiko in der Vorrunde, feierte und in Cordoba die legendäre 2:3-Niederlage gegen Österreich kassierte, nahm ich ohne große Gefühle zur Kenntnis. Ich freute mich für Cesar Luis Menotti, den ich als große Persönlichkeit und Spitzentrainer schätze, über den Triumph seiner Argentinier, obwohl ich fand, dass die von Ernst Happel betreuten Niederländer im Endspiel in Buenos Aires – wie schon im Finale 1974 gegen Deutsch-

land – die bessere Mannschaft waren. An einem neutralen Ort hätten sie vermutlich auch gewonnen.“

DIE DRITTE SAISON

Zurück in den Bundesliga-Alltag. Vor der Saison 1978/79 deutete nichts darauf hin, dass die erfolgreichsten Jahre in der Vereinsgeschichte des HSV unmittelbar bevorstanden, dass der HSV zu Beginn der 1980er Jahre zur, so Magath, „besten Mannschaft der Welt“ aufsteigen sollte. Doch Manager Netzer erwies sich als absoluter Glücksgriff, als Mann, der das Spiel mit dem Ball genau durchblickte. Zunächst trennte er sich, auch aufgrund der angespannten Finanzlage, von älteren Spielern wie Zaczyk, Keller, Steffenhagen und Volkert, verjüngte die Mannschaft und landete gleichzeitig einen großen Transfercoup: In letzter Sekunde schnappte er Zweitliga-Torschützenkönig Horst Hrubesch, der 1977/78 sensationelle 41 Treffer für Rot-Weiss Essen erzielt, den Bundesliga-Aufstieg in zwei Relegationsspielen gegen den 1. FC Nürnberg jedoch verpasst hatte, der Frankfurter Eintracht weg. Hrubesch hatte in Frankfurt bereits einen Vertrag unterschrieben, doch als die Eintracht sich nicht an die mündliche Absprache hielt, den Wechsel erst nach der Relegation bekanntzugeben, wollte er von den wortbrüchigen Hessen nichts mehr wissen. „Daraufhin habe ich um ihn gekämpft wie um einen Weltstar“, schrieb Netzer in seinem Vorwort zu Hrubeschs Biografie: „Vor dem eloquenten Frankfurter Trainer Dettmar Cramer habe ich Horst tagelang im Westerwald versteckt, bis die Eintracht ihn für ein Freundschaftsspiel mit einer Garantiesumme von 250.000 Mark ziehen ließ.“

Und noch einen zweiten dicken Fisch, vielleicht den dicksten überhaupt, zog der neue Manager an Land: Als Nachfolger Özcans verpflichtete er Branko Zebec. Der Jugoslawe, der mit seiner Nationalmannschaft bei den Weltmeisterschaften 1954 und 1958 jeweils erst im Viertelfinale mit 0:2 und 0:1 an Deutschland gescheitert war, hatte nach seiner aktiven Karriere eine ebenso erfolgreiche Trainerlaufbahn eingeschlagen. 1969 hatte er mit den Münchner Bayern das erste Double aus Meisterschaft und DFB-Pokal in der Geschichte der Bundesliga gewonnen, und nach Stationen beim VfB Stuttgart und Hajduk Split – die Kroaten führte er 1972/73 bis ins Halbfinale des Europapokals der Pokalsieger – aus Bundesliga-Aufsteiger Eintracht Braunschweig eine absolute Spitzenmannschaft geformt. 1976/77 hatten die Norddeutschen ihren zweiten deutschen Meistertitel nach 1967 nur um einen einzigen Punkt verpasst.

„In der Bundesliga hatte ich bis dahin Klötzer, Gutendorf und Özcan als Trainer erlebt, nun also Zebec. Vom ersten Tag an schlug der Neue mich und die gesamte Mannschaft in seinen Bann. Er sprach sehr, sehr wenig und wenn, dann grammatikalisch nicht einwandfrei, ein Deutsch, das bisweilen abenteuerlich klang. So musstest du in jedem Training, in jeder Situation hellwach sein, um nichts zu verpassen, du musstest zu jeder Sekunde mitdenken, um zu verstehen, was er meinte.

Als wir uns im Juli zum ersten Training versammelten, dachten wir an einen lockeren Aufgalopp – bei brutaler Hitze stülpte sich eine riesige Dunstglocke über die Stadt. Doch Zebec scheuchte uns volle zwei Stunden lang, es war und blieb das strapaziöseste Auftakttraining, das ich je erlebt habe. ‚Bei mir steht keiner‘, sagte er. Keine Frage, Zebec war ein Schleifer auf dem Trainingsplatz, ein Verfechter eiserner Disziplin, der uns Spieler auch in unserer Freizeit überwachte; ab und zu ließ er seinen Assistenten Aleksandar Ristic gegen 22:30 Uhr bei uns zu Hause anrufen, um sicherzustellen, dass wir uns nicht irgendwo auf St. Pauli und der Reeperbahn herumtrieben. Aber er war auch ein großer Stratege, der das Spiel mit all seinen Facetten in- und auswendig beherrschte.“

Gleich zu Beginn seiner Amtszeit vollbrachte Zebec eine weltmeisterliche Leistung: Es gelang ihm, Keegan aus dem tiefen Loch zu befreien, in das sich der Engländer im Lauf seiner ersten Saison in Hamburg vergraben hatte. Als der HSV im Dezember 1977 nach einem 1:1 im Hinspiel das Rückspiel des UEFA-Supercups gegen „seinen" FC Liverpool 0:6 verlor, hatte Keegan gedanklich endgültig mit dem HSV abgeschlossen. Seine Unlust, ja Verbitterung demonstrierte er in einem Vorbereitungsspiel auf die Rückrunde im Januar 1978 in Lübeck, als er nach einer Tätlichkeit vom Platz gestellt und für acht Wochen gesperrt wurde.

Zebec wusste, was zu tun war: Er schneiderte die Spielweise des HSV auf den Stareinkauf zu, stellte um von Mann- auf Raumdeckung, die gleiche Raumdeckung, die Keegan aus Liverpool kannte, und schaffte es so, dessen Lust auf die Bundesliga neu zu wecken. Die „Mighty Mouse" verpasste ganze vier der 3.060 Saisonminuten, entwickelte sich mehr und mehr zum Mittelpunkt des Hamburger Angriffsspiels und erzielte 17 Tore. In der *kicker*-Rangliste erhielt Keegan in beiden Halbserien das Prädikat „Weltklasse", 1978 und 1979 wurde er zu Europas „Fußballer des Jahres" gewählt.

Auch Keegans Mitspieler verbesserten sich unter Zebec enorm. Der Jugoslawe achtete penibel auf die Leistung jedes einzelnen und verstand es, Spieler zu entwickeln. Er machte Kaltz zum Weltklasseverteidiger, Hrubesch zum Ausnahmestürmer und Magath endgültig zum Profi, auch wenn der es in dieser Saison monatelang nicht unter Beweis stellen konnte – wegen der ersten schlimmen Erkrankung seiner Karriere.

„Nach schwächerem Start mit einem Sieg, zwei Unentschieden und einer Niederlage an den ersten vier Spieltagen – und dem Pokal-Aus bei Arminia Bielefeld – trafen wir am 9. September 1978 zu Hause auf Hertha BSC. Irgendwie fühlte ich mich schon vier Tage vor dem Spiel nicht gut. Du kriegst eine Erkältung, dachte ich mir, und trainierte ganz normal weiter.

Doch ich bekam weder Husten noch Schnupfen, nur je näher der Samstag rückte, desto mehr empfand ich eine seltsame Abneigung gegen Fleisch. Am Freitagnachmittag fuhren wir wie immer vor einem Heimspiel ins Hotel. Zum Abendessen gab's Schnitzel, was ich normalerweise gerne esse; diesmal ekelte es mich. Ich konnte das Fleisch nicht anrühren und spürte immer stärker, dass in meinem Körper etwas nicht stimmte. Ausgerechnet an diesem Spieltag tauchte unser Mannschaftsarzt wegen eines Staus auf der Autobahn erst eine Viertelstunde vor dem Anpfiff im Stadion auf. Ich kam gerade vom Aufwärmen zurück in die Kabine und begrüßte ihn, er schaute mich nur kurz an und sagte sofort: ‚Oh, Felix, du kannst heute auf keinen Fall spielen!' ‚Wie bitte?' antwortete ich, ‚ich habe die ganze Woche trainiert und mich normal warmgemacht, natürlich spiele ich!' ‚Nein, wir müssen sofort ins Krankenhaus', fuhr der Doc fort. ‚Lass mich jetzt in Ruhe', sagte ich, ‚wir reden nach dem Spiel.'

Also spielte ich, volle 90 Minuten lang, und schoss beim unserem 4:1-Sieg in der 17. Minute sogar das Führungstor. Nach dem Abpfiff brachte mich unser Doc zur Untersuchung ins Krankenhaus, wo der behandelnde Arzt schließlich zu mir sagte: ‚Herr Magath, Sie brauchen absolute Bettruhe. Sie haben eine schwere Gelbsucht.'

Dass man wegen einer Krankheit nicht spielen konnte, das gab es für mich bis dahin nicht, im Grunde für uns alle nicht. Wir wollten immer spielen, und im Lauf meiner Karriere bin ich mit Sicherheit mehr als einmal mit hohem Fieber aufgelaufen. Früher hat man null Rücksicht auf die eigene Gesundheit genommen; mittlerweile würde dich jeder Arzt sofort aus dem Verkehr ziehen, weil er das Risiko und die Verantwortung, dass etwas passiert, nicht auf sich nehmen könnte, und das ist natürlich auch richtig so. Doch wenn irgendein Wissenschaftler mir heute etwas von dem Modewort ‚Belastungs-

steuerung' erzählen will und wie anstrengend so ein Bundesliga-Spiel sei, von wegen ,drei Spiele die Woche, das geht an die Leistungsgrenze, da brauchen die Spieler dringend eine Pause', dann kann ich darüber nur den Kopf schütteln. Profisportler bewegen sich nun mal auch im Grenzbereich körperlicher Leistungsfähigkeit.

Wochenlang war ich ans Bett gefesselt. Ich las keine Zeitschriften und keine Bücher, zumal mein heutiger Lieblingsautor Hakan Nesser damals noch keine Romane schrieb, sondern schlief viel, und jede Nacht schaute ich fern. Seit Mitte Juli lief auf den Philippinen die Schachweltmeisterschaft zwischen Titelverteidiger Anatoli Karpow und seinem Herausforderer Viktor Kortschnoi. Weil mich die Live-Kommentare des deutschen Großmeisters Helmut Pfleger begeisterten, sah ich mir jede Partie an und wurde schnell von der Faszination dieses Spiels gepackt, von dem jede Sportart lernen kann – auch und gerade der Fußball. Aufgrund der großen Zahl von 32 Figuren sehe ich Schach als eine Art Mannschaftssport an: Du kannst nur erfolgreich sein, wenn die Figuren gut zusammenarbeiten und nicht, wenn eine allein über das Brett spaziert. Als ich nach zehn Wochen Isolation die Quarantäne verlassen durfte, nahm ich Unterricht bei Schachgroßmeister Gisbert Jacoby und schloss mich dem Hamburger Schachklub an. Obwohl ich an den Spielabenden dienstags und freitags so gut wie nie Zeit hatte, brachte ich es im Lauf der Jahre zu einer durchaus passablen Spielstärke. 1985 trat ich im Spiegel-*Verlagshaus in Hamburg in einem Simultanwettkampf gegen Garri Kasparow an, den neben Emanuel Lasker, Bobby Fischer und Magnus Carlsen für mich besten Schachspieler aller Zeiten, und konnte ihm mit den schwarzen Steinen immerhin 33 Züge lang Paroli bieten.*

Von Jacoby habe ich auch gelernt, dass du mit jedem deiner Züge dem Gegner drohen musst, sodass er stets gezwungen ist zu reagieren. Genau so funktioniert auch der Fußball.“

Nach gut drei Monaten Zwangspause durfte Magath das Schachbrett am 16. Dezember beiseiteschieben; seine Mannschaftskollegen hatten ohne ihn 15:5 Punkte gesammelt und ihre Ambitionen auf den Meistertitel eindrucksvoll untermauert. Im Auswärtsspiel beim FC Bayern kehrte er in die Bundesliga zurück, durch ein frühes Tor Memerings gewannen die Hamburger mit 1:0. Nach einem 3:1 im Nachholspiel gegen Bielefeld einen Tag vor dem Heiligen Abend beendeten sie die Hinrunde mit einem Punkt Rückstand auf den 1. FC Kaiserslautern auf Rang zwei.

Das neue Jahr begann wenig erbaulich, zu Hause erreichte der HSV nur ein 1:1 gegen den VfB Stuttgart und verlor 3:4 in Mönchengladbach. Nach dieser Begegnung im Februar 1979 auf dem Bökelberg wäre Magath um ein Haar zum Opfer des ersten Fernsehbeweises der Bundesliga-Geschichte geworden.

„In der 85. Minute, wir hatten soeben das 3:4 kassiert, stoppte mein Mönchengladbacher Gegenspieler Horst Wohlers einen vielversprechenden Angriff mit einem Foul an mir und raubte uns so die Chance zum Ausgleichstreffer. Ich lag am Boden, rappelte mich wieder auf und fasste ihm an die Wange. Plötzlich ließ er sich fallen, trat noch nach mir und wurde schließlich vorzeitig zum Duschen geschickt, während ich ungeschoren davonkam. In meiner gesamten Karriere wurde ich nicht ein einziges Mal vom Platz gestellt.

DFB-Chefankläger Hans Kindermann aber beantragte nach Ansicht der Fernsehaufzeichnung eine Sperre für mich. Zehn Spiele, lautete seine Forderung, so, als ob ich jemanden umgebracht hätte, und das Sportgericht sprach in der ersten Verhandlung tatsächlich eine sechswöchige Sperre aus. Die Zeitungen berichteten in fetten Schlagzeilen über das Urteil, im Fernsehen liefen die Bilder der Szene rauf und runter. Was danach kam, war den Medien seltsamerweise nur noch eine Randnotiz wert: Ich erwirkte eine einstweilige Verfügung, die es mir gestattete, bis zur Berufungsverhandlung weiterzuspielen, und in zweiter Instanz wurde das Urteil auch zu Recht aufgehoben. Ich versäumte nicht ein einziges Spiel."

Die Tabelle bot für lange Zeit ein schiefes Bild. Der Winter 1978/79 entpuppte sich als Jahrhundertwinter, monatelang herrschte Eiseskälte, es fiel meterweise Schnee. Nicht weniger als 46 Bundesliga-Spiele mussten aufgrund der Witterung abgesagt werden, sodass DFB-Spielleiter Hermann Schmaul Anfang Februar sogar den Spielplan für vier Wochen außer Kraft setzte, um Raum für die nachzuholenden Begegnungen zu schaffen. Der HSV ließ sich vom tabellarischen Durcheinander nicht irritieren, dem 1:2 in Bochum folgte eine Serie von zwölf Spielen ohne Niederlage mit 21:3 Punkten. Erst zwei Spieltage vor Saisonschluss waren alle Nachholspiele absolviert, und Magath und Co. schauten nur allzu gerne auf die Tabelle: Mit zwei Punkten Vorsprung auf den VfB Stuttgart lagen sie auf Rang eins.

„*Mitentscheidend für den Höhenflug war das Heimspiel gegen Herbstmeister Kaiserslautern am 25. Spieltag. Nach einer begeisternden Leistung gewannen wir 3:0, wobei wir davon profitierten, dass FCK-Libero Hans-Günter Neues schon in der 19. Minute wegen Meckerns vom Platz flog. Kurz vor der Pause glückte mir das Tor zum 2:0 – per Kopf, und die Kopfballtreffer unter den 46 Bundesliga-Toren meiner Karriere kann ich an einer Hand abzählen. Genauer gesagt an vier Fingern, wenn ich mich richtig erinnere.*

Spätestens nach diesem Spiel wussten wir: Es kann wirklich klappen! Am vorletzten Spieltag mussten wir uns bei der verzweifelt gegen den Abstieg kämpfenden Arminia in Biele-

feld mit einem 0:0 begnügen, das uns allein unser Torhüter Rudi Kargus rettete, doch Titelverteidiger 1. FC Köln, den wir keine vier Wochen zuvor mit 6:0 aus dem Volksparkstadion gefegt hatten, machte uns durch ein 4:1 bei unserem härtesten Konkurrenten Stuttgart vorzeitig zum Deutschen Meister. Meister! Bei der Feier in der Kabine brach sogar eine Bank unter unseren Jubeltänzen zusammen, die der HSV der Arminia natürlich ersetzte. Die erste Meisterschaft ist etwas Einmaliges, egal, wie viele danach noch hinzukommen. Mit dem Bus fuhren wir aus Bielefeld zurück nach Norderstedt, wo wir Spieler unsere Autos geparkt hatten und Steffi und ich mittlerweile in dem Haus mit Swimmingpool wohnten, das uns Arno Steffenhagen vor Saisonbeginn vermietet hatte. Ich lud einige Mitspieler zu uns in den Garten ein, wir sprangen voll bekleidet in den Pool und feierten dort bis weit in die Nacht hinein weiter. Am nächsten Mittag, ich dachte langsam ans Frühstück, öffnete ich die Terrassentür, und sofort kam mir unser Bobtail entgegen. In seinem Maul trug er das Unterhöschen einer Frau – Steffi gehörte es nicht …

Keine Frage, Zebec gewann lieber 1:0 als 4:3, und so wurde unser Spiel in der Presse schon mal als ‚Rasenschach‘ oder ‚Kühltruhenfußball‘ bezeichnet. Zu Unrecht, wie allein schon ein Blick auf unser Torverhältnis beweist: In den 34 Saisonspielen schossen wir 78 Tore bei 32 Gegentreffern und stellten damit nicht nur die beste Abwehr, sondern auch den besten Angriff der Liga.

Die offizielle Meisterfeier nach unserer bedeutungslosen 1:2-Niederlage im Saisonfinale gegen den FC Bayern lief leider aus dem Ruder. Nach dem Schlusspfiff stürmten Tausende von HSV-Anhängern in den Innenraum und trampelten alles nieder, was sich ihnen in den Weg stellte. Hunderte von Verletzten mussten mit Hubschraubern und Krankenwägen in die umliegenden Kliniken gebracht werden. Wir Spieler bekamen in unserem Freudentaumel in der Kabine nur wenig mit von den Ausschreitungen, erst durch die Berichterstattung später im Fernsehen erfuhren wir genauer, was passiert war. Auch wenn es entgegen den ersten Meldungen keine Toten gab, bin ich sehr froh, dass diese erste Meisterfeier, die durch diese Vorkommnisse deutlich überschattet wurde, nicht meine einzige blieb.“

DIE VIERTE SAISON

Im Sommer 1979 bezogen Steffi und Felix ihr erstes eigenes Haus in Quickborn, im Dezember feierten sie Hochzeit in der Aschaffenburger Stiftskirche. Dazwischen lag eine Bundesliga-Halbserie, in die der HSV mit einem weitgehend unveränderten Kader und dem klaren Ziel Titelverteidigung gestartet war. Nach 7:1-Punkten zum Auftakt mussten die Hanseaten die Dortmunder Borussia vorbeiziehen lassen, die sie dann am 12. Spieltag mit 4:0 aus dem Volksparkstadion fegten. Neun Spiele lang blieben sie unbesiegt, und Netzer verstärkte den sehr schmalen, vielleicht zu schmalen Kader durch Jürgen Milewski von Hertha BSC. Doch als es am letzten Hinrundenspieltag auf Schalke eine 0:1-Niederlage setzte, schob sich der FC Bayern um seine Stars Paul Breitner und Karl-Heinz Rummenigge erstmals vorbei. Mit einem Punkt Rückstand auf die Münchner ging der HSV in die Winterpause. Der Zweikampf um den Titel, der diese und die folgende Saison prägen sollte, nahm Gestalt an.

Noch im Dezember kam es in der Führungsetage des Vereins zu einer einschneidenden Veränderung: Der Rechtsanwalt Dr. Wolfgang Klein, ein früherer Leichtathlet und Fernsehmoderator, setzte sich in einer Kampfabstimmung um den Posten des Präsidenten gegen Peter Krohn durch. Die erfolgreichsten Jahre der Vereinsgeschichte kündigten sich an, 1979/80 allerdings ging der HSV leer aus. Lange Zeit segelte er auf Meisterkurs, vor allem, als die Bayern Anfang Februar zu Hause mit 3:1 bezwungen wurden. Beim 6:1 gegen München 1860 am 28. Spieltag gelangen Magath zum einzigen Mal drei Tore in einem Bundesliga-Spiel – einmal, beim 6:1 gegen Nürnberg im Februar 1982, traf er zweimal, seine restlichen 41 Tore verteilen sich auf 41 Begegnungen. Doch trotz einer Superserie von 18:2 Punkten im Frühjahr ließ sich der FC Bayern nicht entscheidend abschütteln.

Für große Aufregung sorgte Meistertrainer Zebec. Nach einer schon lange zurückliegenden Operation an der Bauchspeicheldrüse hätte der Jugoslawe Alkohol konsequent meiden müssen, was ihm jedoch nicht gelang. Vor dem Spiel in Dortmund am 29. Spieltag verschlief er das Abschlusstraining, fuhr der Mannschaft mit einem Leihwagen hinterher und geriet angetrunken in eine Polizeikontrolle. Der Alkoholtest ergab einen Wert von 3,25 Promille, Zebec verlor seinen Führerschein. Das Spiel am nächsten Tag im Westfalenstadion verfolgte er bis zur Pause sichtlich angeschlagen und teilnahmslos auf der Bank, dann verzog er sich in den Mannschaftsbus; in der zweiten Halbzeit wurde er durch Ristic an der Seitenlinie vertreten. Der HSV gab eine 2:0-Führung aus der Hand, erreichte nur ein 2:2 und musste die Tabellenspitze an die Bayern abgeben.

Auch im Europapokal der Landesmeister spielte der Deutsche Meister eine hervorragende Saison. Über die Stationen Valur Reykjavik, Dinamo Tiflis und Hajduk Split zogen die Hamburger ins Halbfinale ein, in dem sie auf Real Madrid mit Magaths Nationalmannschaftskollegen Uli Stielike trafen. Nach einem 0:2 im Hinspiel im Bernabeu-Stadion schienen die Lichter schon auszugehen, doch dann lieferten sie am 23. April im Volksparkstadion ein unvergessliches Spiel.

„Wir wussten, dass die Devise nur ‚alles oder nichts‘ heißen konnte, und wir glaubten an unsere Chance. Schon nach 16 Minuten führten wir durch einen Kaltz-Elfmeter und

einen Hrubesch-Kopfball mit 2:0. Danach spielten wir uns in einen Rausch, ließen uns auch durch das Anschlusstor nicht beirren und schraubten das Ergebnis erneut durch Kaltz und Hrubesch bis zur Pause auf 4:1. Als Real am Ende aufmachte, gelang Memering nach einem Konter sogar noch das 5:1."

Vor den letzten drei Begegnungen der Saison, am Morgen des 24. Mai, bot sich folgendes Bild: In der Bundesliga lag der HSV punktgleich mit dem FC Bayern und exakt der gleichen Tordifferenz von plus 48 an der Tabellenspitze, weil die Hamburger zwei Treffer mehr erzielt hatten, im Europapokal standen sie als vierter deutscher Verein nach Eintracht Frankfurt 1960, Bayern München 1974, 1975 und 1976 und Borussia Mönchengladbach 1977 im Finale des Wettbewerbs der Landesmeister.

Es folgten 96 Stunden, in denen die Hanseaten alles verspielten. Zunächst büßten sie am vorletzten Bundesliga-Spieltag die Tabellenführung durch ein 1:2 bei Aufsteiger Bayer Leverkusen ein, weil die Bayern gleichzeitig in Stuttgart 3:1 gewannen. Was fast ebenso schwer wog: Hrubesch zog sich in der 78. Minute eine schwere Knöchel- und Sprunggelenksverletzung zu und musste zur Untersuchung ins Krankenhaus gebracht werden, sodass er für das Europapokalfinale vier Tage später auszufallen drohte.

„Am 28. Mai in Madrid bestritt ich mein zweites Europapokalendspiel. Über unseren Gegner Nottingham Forest konnten wir im Vorfeld nur sehr wenig bis nichts in Erfahrung bringen. Es gab kein Internet und keine privaten Fernsehanstalten, und in ARD und ZDF wurde über die englische Liga so gut wie nichts berichtet. Nicht einmal der kicker *stellte Nottingham vor dem Spiel ausführlich vor. So wusste ich wirklich nur, dass die Engländer mit Peter Shilton den englischen Nationaltorhüter stellten und mit Brian Clough einen exzellenten Trainer hatten.*

Wir reisten bereits zwei Tage vor der Partie an – mit einem stark angeschlagenen Hrubesch. Am Mittwochmorgen führte Zebec einen Test mit ihm durch. ‚Trainer, ich kann spielen', erklärte unser Torjäger. Daraufhin drückte Zebec mit dem Daumen kräftig gegen das lädierte Sprunggelenk, Hrubesch sagte nichts, doch er verzog das Gesicht vor Schmerz. Gespielt hat er dann nicht am Abend, zumindest nicht von Beginn an."

Vor nur 50.000 Zuschauern im halbleeren Bernabeu – die Quittung, weil Real das Endspiel im eigenen Stadion verpasst hatte – entwickelte sich ein klassearmes, fast langweiliges Spiel. Forest hatte während der 90 Minuten ganze zwei Chancen und machte doch das entscheidende Tor: Dem frühen 0:1 durch Robertson in der 20. Minute liefen die Hamburger bis zum Schlusspfiff vergeblich hinterher. Hrubesch wurde in der 46. Minute eingewechselt, konnte das Ruder, offensichtlich nicht im Vollbesitz seiner Kräfte, jedoch auch nicht herumreißen.

„Am späten Abend sollte es ein Bankett geben, zumal auch einige Spielerfrauen nach Madrid nachgeflogen waren. Zebec sorgte noch einmal für Unmut in der Mannschaft, als er uns mit dem Hinweis auf das noch ausstehende letzte Bundesliga-Spiel gegen Bochum früh ins Bett schickte. Kurzfristig war die Atmosphäre zwischen uns Spielern und ihm denn auch sehr angespannt, doch nach einer Aussprache nach Saisonende glätteten sich die Wogen wieder.

Natürlich wussten wir nicht erst seit den Ereignissen rund um unser Spiel in Dortmund, dass Zebec die ärztliche Weisung, keinen Alkohol zu trinken, häufig ignorierte, doch wir hatten immer höchsten Respekt vor ihm. Wenn heute behauptet wird, die Beziehung zwischen Trainer und Mannschaft sei aufgrund seiner Alkoholkrankheit zerrüttet und diese womöglich sogar schuld daran gewesen, dass wir in dieser Saison ohne Titel blieben, dann ist dies einfach unwahr. Zebec war der beste Trainer, den ich je hatte. Einer, der Disziplin, Ordnung und Fitness über alles stellte, der unsere individuelle Klasse in einem klaren taktischen Rahmen zur Geltung brachte, und er war derjenige, der mir beibrachte, professionell Fußball zu spielen. Aber auch einer, der den Fußball liebte und nie einen Zweifel daran ließ, dass allein er die Verantwortung hatte und deshalb auch allein bestimmte, was wie passiert.

Dies bewies er auch mir persönlich mehr als einmal. Ich erinnere mich an unser Zweitrundenhinspiel im UEFA-Pokal 1980/81 bei der PSV Eindhoven. Nach einem harten Foul nach rund einer halben Stunde schwoll mein Sprunggelenk dick an. Zebec wechselte mich nicht aus, obwohl ich kaum noch laufen konnte. In der Halbzeitpause zeigte ich den Knöchel unserem Masseur Hermann Rieger, der sofort zum Trainer lief und meinte: ‚Felix kann auf keinen Fall weiterspielen.' Darauf wandte sich Zebec mir zu und sagte nur drei Worte: ‚Du machst weiter!' Also zog ich mir den Schuh wieder an und bin noch einmal 45 Minuten lang auf dem Platz herumgehumpelt. Ich hätte der Mannschaft damit trotzdem geholfen, erklärte er mir später.“

Aufgrund der beiden Niederlagen binnen 96 Stunden stand der HSV nach dem letzten Spieltag tatsächlich mit leeren Händen da. Zwar gewann er zum Saisonschluss zu Hause gegen Schalke mit 4:0, doch die Bayern gaben sich keine Blöße mehr, besiegten Braunschweig 2:1 und retteten ihren Zwei-Punkte-Vorsprung ins Ziel.

Zweiter in der Bundesliga, Zweiter im Europapokal: Eine Chance blieb Magath, die Saison doch noch mit einem Titel zu krönen – die Europameisterschaft in Italien. Jupp Derwall, der Helmut Schön nach der verkorksten Weltmeisterschaft in Argentinien als Bundestrainer abgelöst hatte, hatte ihn acht Monate nach seinem fünften und letzten B-Länderspiel gegen Rumänien im letzten Testspiel vor der EM-Endrunde nach fast dreijähriger Pause wieder in die A-Nationalmannschaft berufen. Beim 3:1-Sieg gegen Polen in Frankfurt bildeten der Stuttgarter Hansi Müller und er ein gutes Gespann im offensiven Mittelfeld.

„Ich ging davon aus, dass ich auch einen Monat später in Italien zur ersten Elf zählen würde. Zu meiner grenzenlosen Enttäuschung aber setzte mir Jupp Derwall im EM-Auftaktspiel gegen die Tschechoslowakei Uli Stielike vor die Nase, dessen Real wir im Europapokalhalbfinale aus dem Volksparkstadion gefegt hatten; ich durfte erst nach einer Stunde für Bernd Förster eingreifen. Durch ein Tor Rummenigges gewannen wir 1:0, und obwohl Derwall im Turnierverlauf munter durchwechselte und neben dem gesetzten Hansi Müller mal Förster, mal Bernd Cullmann und einmal sogar meinen Hamburger Mannschaftskollegen Memering im Mittelfeld aufbot, kam ich nur beim 3:2 gegen die Niederlande im zweiten Gruppenspiel noch einmal zu einem Kurzeinsatz.

Im Finale gegen Belgien wollte mir Derwall dann ein Bonbon hinwerfen und mich Sekunden nach dem entscheidenden 2:1 durch Hrubesch in der 89. Minute einwechseln. ‚Lass stecken, Jupp', sagte ich zu ihm, ‚das brauche ich jetzt auch nicht mehr.' Ich hatte keine Lust, mich nach einem solchen Minieinsatz am Ende hinzustellen und zu tönen: ‚Ich bin Europameister', wo ich doch kaum etwas zum Titelgewinn beigetragen hatte.

Derwall war ein netter Mensch, aber als Bundestrainer überfordert. Immer wieder zeigte er mir auf, dass ich in der Nationalelf nicht den gleichen Stellenwert besaß wie im Verein. Auch bei der WM 1982, auf die ich noch kommen werde, wollte er mir im Finale gegen Italien ein paar Minuten vor Schluss, als wir chancenlos der Niederlage entgegentaumelten, noch ein Länderspiel schenken. Auch da habe ich gesagt: ‚Lass gut sein, Jupp, lass einen anderen spielen!' Es hat keinerlei Bedeutung für mich, ob ich nun 43 Länderspiele auf dem Konto habe oder 68, auf so etwas lege ich keinen Wert.

Bei aller Ernüchterung, ein ganz großes Erlebnis hielt das Jahr 1980 auch für mich bereit: Am Tag nach dem EM-Auftaktspiel gegen Griechenland erblickte unser erstes Kind, Tochter Janine, gesund und munter in Hamburg das Licht der Welt. Viel, viel mehr als ein Trostpflaster, auch wenn ich bei der Geburt selbst leider nicht dabei sein konnte."

DIE FÜNFTE SAISON

Vor der Saison 1980/81 wurde die Elf des Vizemeisters HSV kräftig durcheinandergewirbelt. Zebec saß wieder fest im Sattel und entschied sich in Absprache mit Netzer, ohne Keegan, den es zurück nach England zum FC Southampton zog, und ohne Kapitän Nogly, der nach Nordamerika wechselte, in die neue Runde zu gehen. Im Tor folgte der aus Bielefeld gekommene Uli Stein auf die langjährige Nummer eins Kargus, dem Zebec einige Patzer in den Europapokalspielen gegen Split und Real anlastete.

Nach einem mageren 0:0 zum Auftakt gegen Duisburg legten die Norddeutschen eine überragende Hinrunde hin, Titelverteidiger FC Bayern, dem sie am achten Spieltag im Olympiastadion unglücklich mit 1:2 unterlagen, jedoch ebenso. Am 14. Spieltag schaute ganz Deutschland auf den HSV: Der vielleicht beste deutsche Spieler aller Zeiten feierte seine Rückkehr in die Bundesliga. Nach dem Ende eines dreijährigen Abenteuers in den USA schickte sich Franz Beckenbauer an, seine einzigartige Karriere in Hamburg ausklingen zu lassen. Schon im Mai hatte er den Vertrag unterschrieben; beim Gastspiel in Stuttgart am 15. November wurde er in der 46. Minute für Memering erstmals eingewechselt, konnte die 2:3-Niederlage, die den HSV von der Tabellenspitze stürzte, jedoch nicht verhindern.

„Ich hatte von Anfang an eine gute Beziehung zum Franz, den ich als Sportler stets bewundert hatte und nun auch als Mensch zu schätzen lernte. Beckenbauer, dies spürte ich schnell, hätte gerne mehr Kontakt mit mir gehabt, doch ich scheute davor zurück, er erschien mir einfach eine Nummer zu groß für mich.

Der Franz war ein so außergewöhnlicher Fußballer, mit einer überragenden Technik und einer unglaublichen Übersicht; er hatte einen fantastischen Überblick über die Räume auf dem Feld. Dazu verhielt er sich hochprofessionell – er kam als Erster zum Training und ging als Letzter. Trotz seiner herausgehobenen Position erwies er sich als echter Kamerad, er wollte nie als Erster massiert werden, sondern wartete geduldig, bis alle anderen durch waren, dann erst ließ er sich von Hermann Rieger ausgiebig behandeln. Sicher hat er es genossen, nun wieder im Rampenlicht zu stehen, aber er hat, anders als so viele Top-Spieler heute, nie ein falsches, geschöntes Bild von sich gezeichnet. Klar, als Trainer hätte ich zu ihm gesagt: ‚Franz, du machst ein bisschen wenig in unseren Einheiten', aber es war auch für mich ein Genuss zu sehen, wie er über den Platz schwebte. Dazu hat er sich stets für die Mannschaft eingesetzt, obwohl er immer wieder mit Verletzungen zu kämpfen hatte.

Auch ich selbst fiel nach der Niederlage in Stuttgart wegen einer schweren Oberschenkelzerrung zehn Tage aus und musste das vielleicht größte Trauerspiel in meinen zehn Jahren als Spieler beim HSV von außen mit ansehen. Im Hinspiel des UEFA-Pokal-Achtelfinales zu Hause gegen den damaligen französischen Rekordmeister AS St. Etienne wurden wir 0:5 zerlegt. Nach einem 0:1 im Rückspiel zwei Wochen danach schieden wir aus, und für Zebec wurde es erneut ungemütlich.“

In der Bundesliga hingegen erholte sich der HSV schnell von der Niederlage in Stuttgart. Nach Ende der ersten Serie hatte er sensationelle 28:6 Punkte auf dem Konto, nur 1860 München hatte in der Meistersaison 1965/66 mit 29:5 Punkten noch besser abgeschnitten. Damit lagen die Hamburger an der Tabellenspitze, doch die Bayern klebten ihnen mit nur einem Punkt Abstand an den Fersen. Vier Tage nach dem letzten Spiel des Jahres gegen die Münchner Löwen wurde Zebec fristlos entlassen – weil er offensichtlich angetrunken zur Pressekonferenz nach dem 4:1-Sieg erschien, wie es bislang hieß.

„Der wahre Grund ist ein anderer, bis heute unbekannter, wie ich glaube. Am Abend nach der Partie stieg die alljährliche Weihnachtsfeier der Profifußballabteilung. Wir Spieler saßen an einem Tisch, Trainer und Vorstand an einem zweiten. Irgendwann im Lauf des Abends entbrannten am anderen Tisch laute Meinungsverschiedenheiten, der Streit wurde immer wüster und heftiger und gipfelte darin, dass Zebec Präsident Klein ein Glas Rotwein über den Kopf kippte. Klein erregte sich darüber so sehr, dass er uns Spieler fragte, ob er den Trainer sofort entlassen solle, und obwohl wir uns in der Mehrheit dagegen aussprachen, war Zebec am Tag darauf nicht mehr Trainer des HSV. Sein Assistent Ristic übernahm die Trainingsleitung; ein guter Mann, der als langjähriger Co-Trainer von der Mannschaft jedoch längst nicht so vorbehaltlos akzeptiert wurde wie Zebec zuvor.“

Die Meisterschaft entschied sich erneut im Zweikampf mit dem FC Bayern, und wieder zog der HSV den Kürzeren. Den Ausschlag gab zweifellos das direkte Duell am 25. Spieltag im Volksparkstadion. Mit einem Sieg hätten die Hamburger als Tabellenführer ihren Vorsprung auf fünf Punkte ausgebaut, und nach Toren von Magath – bereits sein achter Saisontreffer! – und Hrubesch führten sie bis zur 67. Minute auch 2:0. Dann jedoch bereitete Breitner das 2:1 durch Rummenigge vor, und eine Minute vor Schluss gelang ihm selbst das 2:2. Den sicher geglaubten Sieg noch aus der Hand gegeben, weiterhin nur drei statt beruhigender fünf Punkte vorne – von diesem Rückschlag erholte sich der HSV nicht mehr: Im Spiel eins nach jenem 21. März ging er in Dortmund 2:6 unter, am Ende landete er vier Punkte hinter den Münchnern auf Rang zwei.

DIE SECHSTE SAISON

Ristic, der von Beginn an nur als Übergangstrainer gegolten hatte, machte vor der Saison 1981/82 Platz für einen ganz Großen: Der frühere österreichische Nationalspieler Ernst Happel, als Trainer unter anderem Europapokalsieger 1970 mit Feyenoord Rotterdam und Vizeweltmeister 1978 mit den Niederlanden, übernahm das Zepter; zu der so gut wie unveränderten Mannschaft stieß allein Billigeinkauf Lars Bastrup. Geld hatte der HSV trotz seiner sportlichen Erfolge keines, anders als heute wurden im Europapokal damals noch keine Reichtümer verteilt. Vom Titel sprach Happel nicht, als er im Juli 1981 seine erste Rede im Mannschaftskreis hielt. „Wir wollen das Optimale", sagte er nur, doch alle wussten, was er meinte: Bloß nicht zum dritten Mal in Folge Zweiter werden.

„Happel hatte eine völlig andere Vorstellung von Fußball als Zebec. Wo es bei Zebec vor allem darum gegangen war, keine Fehler zu machen, wo Disziplin, Ordnung und Fitness über allem standen, da war Happel ein Spieler, und dies nicht nur, weil er nach jedem Training in seiner Kabine mit unserem

Zeugwart eine halbe Stunde lang Karten spielte. Unter ihm mussten wir dominant auftreten, das Spiel bestimmen, stets den Angriff und den Torerfolg suchen. Happel ließ uns freien Lauf, anders als Zebec konnte er mit einem 4:3 besser leben als mit einem 1:0.

Wir trainierten nun zeitlich viel kürzer, mit weniger Lauf- und mehr Spieleinheiten, was wir natürlich als angenehmer empfanden. Die Ordnung auf dem Platz, die Disziplin der Mannschaft stimmte nach wie vor, auch wenn sie Happel nicht eigens einforderte. Schon Zebec hatte kaum gesprochen, aber Happel übertraf ihn noch. Er sagte so gut wie gar nichts, er lobte nie, und wenn er einmal redete, dann waren Ausdrücke dabei, die keiner verstand, weil er sie aus dem Flämischen oder dem Niederländischen entlehnt hatte. ‚Passt auf, wenn der Grenzrichter wackelt', erklärte er uns einmal, was so viel hieß wie: ‚Rennt nicht ins Abseits, weil der Linienrichter sonst mit der Fahne winkt.' Bei der Mannschaftsansprache vor einem Spiel saß er schon mal da, die Brille vorne auf die Nase geschoben, schaute auf den Zettel, den er vor sich liegen hatte, dann hoch auf uns Spieler und sagte schließlich: ‚Meine Herren, heute spielen wir auf Hin und Her.' Auch so etwas nannte sich dann Mannschaftssitzung.

Unseren langjährigen Linksverteidiger Peter Hidien sortierte Happel aus, ohne ein einziges Wort mit ihm zu reden. Im ersten Saisonspiel gegen Braunschweig stellte er mir nichts, dir nichts Bernd Wehmeyer, der bis dahin nur Rechtsaußen gespielt hatte, nach links auf die Verteidigerposition, und es funktionierte, wir gewannen 4:2. Hidien durfte seinen 212 Bundesliga-Spielen nur noch zwei Kurzeinsätze hinzufügen und beendete nach Saisonschluss mit nur 28 Jahren seine Profikarriere.

Die beiden erfolgreichsten und besten Trainer meiner Profikarriere also sprachen so gut wie nichts, und wenn, dann oft nicht unbedingt in verständlichem Deutsch. Doch eben darin sah ich auch immer einen Teil ihres Erfolges: Als Spieler musstest du ihnen ganz genau zuhören, stets hundertprozentig aufmerksam sein, weil du sonst wichtige Dinge nicht mitbekommen hättest. Ich selbst bin als Trainer natürlich anders, und mein Deutsch ist so schlecht nicht, aber ich bin überzeugt, dass man auch in der heutigen Zeit nicht ständig alles mit allen Spielern besprechen muss. Zumal man manchmal mit einem Wort mehr ausdrücken kann als mit langen Sätzen."

Nach mittelprächtigem Start eroberte der HSV am 13. Spieltag erstmals die Tabellenspitze. Erneut hagelte es im Winter zahlreiche Spielausfälle, die auch die Hamburger trafen, sodass sie die Führung zwischenzeitlich wieder abgeben mussten. Am ersten Rückrundenspieltag fingen sie sich eine 1:2-Niederlage in Braunschweig ein – es sollte die letzte bleiben in dieser Saison. Nachdem das folgende Heimspiel gegen Kaiserslautern wegen Schnee und Eis verschoben wurde, starteten Magath und Co. mit einem 3:2 in Dortmund am 30. Januar eine Serie von 36 Bundesliga-Spielen ohne Niederlage – ein neuer Rekord, den erst die Bayern in den Jahren 2012/13 und 2013/14 knackten, als sie 53-mal in Folge ungeschlagen den Platz verließen.

„Ich selbst spielte die vielleicht beste Saison meines Lebens, in 28 Bundesliga-Spielen gelangen mir acht Tore. Ja, nur 28 Bundesliga-Spiele, denn am 22. Februar wurde ich am rechten Knie operiert. Zuvor hatte ich im Training bei einem Schussversuch in die Luft getreten und danach starke Schmerzen verspürt. Nach der Untersuchung im Krankenhaus glaubten die Ärzte, mein Meniskus sei kaputt und operierten mich. Erst bei der Operation erkannten sie, dass nicht der Meniskus die Schmerzen ausgelöst hatte, sondern ein Knorpelschaden; ein

Teil von der Größe eines Zwei-Mark-Stücks war abgesplittert. Eine Woche lang lag ich im Krankenhaus, danach musste ich sechs Wochen lang Gips tragen, doch schon beim ersten Training wurde das Knie wieder dick. Zum Glück bekam ich den Tipp, nach Freiburg zu Sportarzt Armin Klümper zu fahren. Der stellte zunächst die Bewegungsfähigkeit meines Knies wieder her und behandelte mich mit Strahlen, Spritzen und Medikamenten. Schon nach dem ersten Tag konnte ich wieder trainieren, musste jedoch noch ein paar Wochen lang täglich Dutzende Wobenzym-Tabletten schlucken. Ich fühlte mich bei Klümper in sehr guten Händen – dass er später mit Dopingpraktiken in Verbindung gebracht wurde, hat mich sehr irritiert. Mir jedenfalls sind solche Mittel nicht untergekommen.

An jenem 22. Februar machte ich nach rund 13 Jahren Schluss mit dem Rauchen, von einer Sekunde zur anderen. Die Weltmeisterschaft 1982 stand vor der Tür, und ich war der Meinung, ich müsste aufhören, um im Juni in Spanien topfit zu sein. So erlebte ich die Ankunft unseres zweiten Kindes bereits als Nichtraucher: Am 22. März 1982 wurde unsere zweite Tochter Viktoria geboren.

Das Leben ohne Zigarette fiel mir längst nicht so schwer, wie ich es erwartet hatte. Bis zum heutigen Tag habe ich nur noch ein einziges Mal geraucht – eine Zigarre auf der Feier nach meinem ersten Meistertitel als Trainer mit dem FC Bayern.“

Rund zwei Monate lang fiel Magath mit meiner Knieverletzung aus, rechtzeitig zur entscheidenden Phase der Saison kehrte er zurück. Am 29. Spieltag gewann der HSV in einem großen Spiel im Münchner Olympiastadion 4:3 gegen die Bayern. 4:3, nachdem die Hamburger bis zur 70. Minute 1:3 zurückgelegen hatten, so revanchierten sie sich für das verhängnisvolle 2:2 in Hamburg ein Jahr zuvor. Hrubesch, der sich am Ende mit 27 Treffern den Titel des Torschützenkönigs holte, erzielte das 3:3 und in der Schlussminute auch noch das 4:3. „Aber weil ich immer lese, das Geheimnis des HSV-Erfolgs jener Jahre habe Bananenflanke Kaltz, Kopfball Hrubesch, Tor gelautet, sollten Sie sich unseren Siegtreffer noch einmal anschauen. Bananenflanke Magath, Kopfball Hrubesch, Tor musste es da heißen – meinen butterweichen Freistoß aus halblinker Position konnte der Horst gar nicht vorbeiköpfen", grinst Magath.

> *„Bei einem unserer späteren Treffen in Hamburg, erzählte mir Horst von seiner Begegnung mit einem Spielanalysten, der sich unser Spiel in München vorgenommen und ausgewertet hatte. Dabei fand er heraus, dass sowohl Manfred Kaltz als auch ich während der 90 Minuten mehr als 13 Kilometer abgespult hatten. Bereits damals, 1982! Verständlich also, dass mir Happel schon mal vorwarf, ich würde zu viel laufen."*

Nach dem Triumph im Olympiastadion ließ sich der HSV den Titel nicht mehr nehmen, auch wenn es in den restlichen fünf Begegnungen nur noch zu einem Sieg, 5:0 gegen Bremen, und vier Unentschieden reichte. Mit drei Punkten Vorsprung vor dem 1. FC Köln gingen die Hanseaten schließlich als Meister durchs Ziel.

Auch Beckenbauer trug zu diesem Titelgewinn seinen Teil bei, obwohl er sich mit vielen gesundheitlichen Problemen herumplagte und in den entscheidenden Spielen um die Meisterschaft nicht in der ersten Elf stand. Mit einem Spiel zwischen dem HSV und der Nationalmannschaft am 1. Mai erhielt er einen würdigen Abschied, und beim 3:3 im Saisonfinale gegen den KSC wurde er bei einem 40-minütigen Einsatz ein letztes Mal in der Bundesliga bejubelt. Nach Saisonende löste „Kaiser Franz" seinen noch ein Jahr laufenden Vertrag vorzeitig auf.

Auf überragende 95 Tore und eine Tordifferenz von plus 50 brachten es die Hamburger in jener Saison. Vielleicht hätten sie sich ein paar Treffer für die UEFA-Pokal-Endspiele gegen IFK Göteborg am 5. und 19. Mai aufheben sollen …

In den ersten Runden des europäischen Wettbewerbs hatte der HSV durchwachsene Leistungen gezeigt. Schlagzeilen schrieb allein der 6:3-Auswärtssieg beim FC Utrecht nach einer 0:1-Heimniederlage; nach dem Schlusspfiff mussten die Spieler noch weit mehr als eine Stunde in der Kabine ausharren, weil die Polizei wegen der vor dem Stadion tobenden niederländischen Fans nicht für ihre Sicherheit garantieren konnte. Im Halbfinale aber hatten die Hanseaten Radnicki Nisch nach einer 1:2-Hinspielniederlage mit 5:1 aus dem Volksparkstadion gefegt, sodass sie vor den Endspielen als klarer Favorit gehandelt wurden, obwohl IFK in der Runde der letzten vier immerhin den 1. FC Kaiserslautern ausgeschaltet hatte.

Das Hinspiel in Göteborg ging etwas glücklich nur 0:1 verloren. Mit 60.000 Zuschauern im Rücken, so glaubten die Hamburger nach dem Abpfiff, würden sie auch diese Nummer wieder drehen und den zweiten Europapokaltriumph des Vereins einfahren. Doch im Volksparkstadion erlitten sie eine Niederlage, die nicht nur Magath als weitaus schlimmer empfand als die im Landesmeisterfinale gegen Nottingham zwei Jahre zuvor; heute nennt er sie „die bitterste überhaupt in meiner Zeit als Profi“. Göteborg trumpfte noch stärker auf als 14 Tage zuvor in Schweden, fast ohne Gegenwehr ließ sich der HSV das Fell über die Ohren ziehen, nach einem 0:1 zur Halbzeit hieß es am Ende 0:3. So musste Magath zusehen, wie ausgerechnet Sven-Göran Eriksson als Trainer der Schweden im Volksparkstadion den Pokal in die Luft stemmte, der Mann, unter dem er selbst so gerne einmal gespielt hätte.

Steffi, die beiden Kinder und der Titelgewinn in der Bundesliga zwei Wochen später halfen ihm dabei, die riesige Enttäuschung über den entgangenen Europapokalsieg zu verdauen. Er konnte sich wieder auf den absoluten Saisonhöhepunkt freuen – die Weltmeisterschaft in Spanien.

„Wenn ich nun wieder über die Nationalmannschaft rede, muss ich ein wenig ausholen. Ein halbes Jahr nach dem Gewinn der Europameisterschaft 1980 in Italien stieg zum Jahreswechsel 1980/81 in Montevideo, der Hauptstadt Uruguays, eine Art Mini-Weltmeisterschaft, an der anlässlich des 50-jährigen Jubiläums der Fußball-WM alle sechs Weltmeister teilnehmen sollten, also Uruguay, Italien, Deutschland, Brasilien, England und Argentinien. Weil England, der Titelträger von 1966, absagte, rückten die Niederlande als Vizeweltmeister von 1974 und 1978 nach.

Direkt aus der Winterpause und ohne jedes Training flogen wir Ende Dezember 1980 in einen südamerikanischen Sommer mit 30 Grad und spielten im Estadio Centenario gegen zwei südamerikanische Mannschaften, die voll im Saft standen. Sowohl die erste Partie gegen Argentinien, in der wir bis zur 85. Minute 1:0 vorne lagen, als auch die zweite gegen Brasilien, in der wir uns nach einer erneuten 1:0-Führung in der letzten halben Stunde vier Gegentore einfingen, verloren wir nach einer über weite Strecken wirklich starken Leistung, allein, weil unsere Kondition nicht reichte. Derwall und sein Co-Trainer Erich Ribbeck aber glaubten nach den beiden Niederlagen, sofort neue Spieler einbauen zu müssen, und beriefen den Münchner Paul Breitner nach fünfeinhalbjähriger Pause wieder in die Nationalelf. So wirbelten sie ohne jede Not das hervorragend funktionierende Gefüge einer Mannschaft durcheinander, die in den 20 Länderspielen der Jahre 1979 und 1980 16 Siege und vier Unentschieden eingefahren hatte.

Schon zuvor hatten sich mit Bernd Schuster, Hansi Müller und mir drei Zehner um die Spielmacherrolle beworben, nun riss Breitner von der ersten Sekunde an alles an sich und beanspruchte den Platz im offensiven Mittelfeld für sich. Mit der Folge, dass sich Schuster Mitte 1981 ganz aus der Nationalmannschaft zurückzog, Hansi Müller kaum mehr stattfand und ich ins halblinke Mittelfeld abgeschoben wurde. Immerhin, meinen Platz in der ersten Elf konnte ich behaupten: Ich bestritt sämtliche elf Länderspiele des Jahres 1981, von denen wir acht gewannen und nach der besagten Südamerika-Reise nur noch einmal verloren, mit 1:2 erneut gegen Brasilien in Stuttgart.

Dass mich Derwall in den ersten vier Länderspielen des Jahres 1982, gegen Portugal, auf einer weiteren kurzen Südamerikareise gegen Brasilien und Argentinien und gegen die Tschechoslowakei, außen vor ließ, lag an meiner Knieverletzung. Im letzten Testspiel gegen Norwegen in Oslo einen Monat vor WM-Beginn kehrte ich zurück; trotz einiger Schwächen im Defensivverhalten gewannen wir mit 4:2, und ich merkte, dass ich läuferisch und kräftemäßig nach wie vor mithalten konnte.

Meine erste Weltmeisterschaft konnte beginnen, und noch ahnte ich nicht, welch denkwürdiges Turnier es werden sollte. Es begann bereits mit der Vorbereitung am Schluchsee im Schwarzwald, der von der deutschen Presse schnell und nicht zu Unrecht in ‚Schlucksee' umbenannt wurde.

Bei Fußballmannschaften war es damals üblich, dass die Spieler in ihrer Freizeit Karten spielten. Im Schwarzwald saß eine Gruppe, zu der ich zählte, regelmäßig beim Schafkopf zusammen, eine zweite beim Skat, eine dritte pokerte. Beim Pokern, das nun wahrlich nicht mein Spiel ist, scheint es, überliefert durch die klassischen Western-Filme, irgendwie dazugehören, dass viel geraucht und getrunken wird – hier ein paar Bier, dort eine Flasche Whisky. So war's auch 1982, und weil die Öffentlichkeit, wie auch immer, davon erfuhr und es sich anbot, verwandelte sich der Schluchsee schnell in den ‚Schlucksee'.

Die harsche Kritik an unseren Vorstellungen beim Turnier selbst konnte ich nie nachvollziehen. Gut, zum Auftakt gegen die unbequemen Algerier machten wir ein schlechtes Spiel und unterlagen 1:2, aber schon beim 4:1 in der zweiten Partie gegen Chile zeigten wir uns stark verbessert. Ja, und dann folgte es, das letzte Gruppenspiel gegen Österreich, das wir nach einem frühen Hrubesch-Treffer mit 1:0 gewannen – eine Partie, die als ‚Schande von Gijon' in die Geschichte einging.

‚Schande von Gijon' – wenn ich das schon höre. Natürlich, die Kritik an dem Modus des Turniers hatte ihre Berechtigung; es war nicht in Ordnung, dass die Österreicher und wir bereits vor dem Anpfiff wussten, welches Ergebnis uns beiden zur Qualifikation für die zweite Finalrunde reichen würde. Aber dafür muss ich die FIFA und das Reglement kritisieren, nicht die zwei Mannschaften, die von dieser Spielansetzung profitierten! Es hat keine Absprache zwischen den Österreichern und uns gegeben, und mich hat auch keiner meiner Mitspieler angesprochen und gesagt: ‚Pass auf, wenn wir führen, hältst du dich zurück!' Wir haben uns damals auf dem Rasen nicht schlecht gefühlt, und wir brauchen auch heute kein schlechtes Gewissen zu haben. Es ist nur allzu menschlich und natürlich, dass du in einer Situation wie nach unserem 1:0 das Risiko reduzierst. 1978 hatte Deutschland bei der Weltmeisterschaft in Argentinien in Cordoba 2:3 verloren, und vier Jahre später sollten die gleichen Österreicher plötzlich Kanonenfutter sein, ein Gegner, den wir mal schnell mit 5:0 nach Hause schicken?

Klar, es gab auch in unserer Mannschaft den einen oder anderen, der sich selbst in ein besseres Licht rücken wollte und vor der Presse erklärte, das Spiel sei eine Katastrophe gewesen. Doch nennen Sie mir einen Athleten, der bei den

Olympischen Spielen im Vorlauf Weltrekord läuft! Es gab und gibt keinen, und jeder fand es in Ordnung, wenn ein Usain Bolt im Vorlauf nicht alles aus sich herausholte und erst im Finale sprintete, was seine Beine hergaben. So etwas ist im Sport völlig normal, und Spiele wie unseres damals gegen Österreich hast du heute in der Bundesliga viel zu oft, Ballgeschiebe rechts und links und so gut wie kein Druck nach vorne.

1:0, die Österreicher und wir zogen gemeinsam weiter, Algerien musste die Koffer packen. Noch einmal: Das war eine Sache der FIFA und des abwegigen Modus. Gleichwohl zogen wütende Fans in der Nacht nach dem Spiel vor unser Hotel, machten lautstark Theater, störten unseren Schlaf und beschimpften uns wüst. Ich habe mein Bett damals nicht verlassen, doch offenbar flogen einige Wasserbeutel aus den Fenstern unserer Zimmer nach unten auf die Straße, was natürlich weitere Kritik nach sich zog und die Stimmung rund um die Mannschaft nicht verbesserte.

Die Konsequenzen aus Gijon: In der zweiten Finalrunde, beim 0:0 gegen England und beim 2:1-Sieg gegen Gastgeber Spanien, drückten Horst Hrubesch und ich jeweils 90 Minuten lang die Bank, während die anderen neun Spieler der Startelf wieder zum Einsatz kamen. Erst im Halbfinale in Sevilla gegen Frankreich, das sich mit einem 1:0 (!) gegen Österreich und einem 4:1 gegen Nordirland für die Runde der letzten Vier qualifiziert hatte, durfte ich wieder ran; mit Wolfgang Dremmler, Breitner und Hans-Peter Briegel bildete ich das Mittelfeld. Es entwickelte sich ein denkwürdiges Spiel, in dem ich bis zu meiner Auswechslung 73 Minuten lang mitmischte.

Leider spricht heute keiner mehr davon, dass wir gegen eine fußballerisch und spielerisch bessere Mannschaft in der regulären Spielzeit ein 1:1 erreichten, dass wir es dann als einzige Mannschaft in der Geschichte der Weltmeister-

schaften schafften, einen Zwei-Tore-Rückstand in der Verlängerung wettzumachen und schließlich nach Elfmeterschießen gewannen. Nein, Deutschland gegen Frankreich 1982 in Sevilla, das ist für die meisten nur noch das Foul unseres Torwarts Toni Schumacher an Patrick Battiston wenige Minuten nach dessen Einwechslung. Ich habe die Szene damals auf dem Rasen so erlebt: Schumacher stürzte mit hohem Tempo aus dem Kasten und setzte seinen ganzen Körper ein, um den von Michel Platini in Richtung unseres Strafraums geschlagenen Ball zu spielen. Er hat Battiston nicht getreten oder mit gestrecktem Fuß attackiert, er traf ihn mit der Hüfte am Kopf. Auf dem Platz wirkte Tonis Aktion weit weniger dramatisch als später im Fernsehen; niemals hätte ich gedacht, dass sie eine so schwere Verletzung wie einen angebrochenen Halswirbel und einige ausgeschlagene Zähne nach sich ziehen würde.

Dass sich ein Profi nach einer solchen Szene nicht selbst anklagen will, ist verständlich. Was Schumacher nach dem Spiel jedoch von sich gab, von wegen, er zahle Battiston die Jacketkronen, war sehr unglücklich, das hat er in den vergangenen Jahren ja auch immer wieder klargestellt.

Im Endspiel gegen Italien, von dem ich schon erzählt habe, entschied sich Derwall, den angeschlagenen und gegen Frankreich erst in der 97. Minute eingewechselten Rummenigge von Beginn an aufzubieten, freilich nicht im Angriff, sondern im offensiven Mittelfeld. Wieder war ich es, der weichen musste. Sicher hatte ich im Halbfinale nicht glänzen können, weil ich gegen das herausragende französische Mittelfeld mit Michel Platini, Jean Tigana und Alain Giresse in meiner neuen Rolle viel Defensivarbeit leisten musste, und doch sehe ich auch Derwalls Finalaufstellung als Zeichen dafür, wie sehr der Einfluss des FC Bayern durch die Person Breitner gewachsen war.

Gegen die Italiener hatten wir dann, geschwächt durch die 120 Halbfinalminuten von Sevilla, keine Chance, auch wenn Antonio Cabrini in der 26. Minute einen Foulelfmeter vergab und das 0:1 durch Paolo Rossi erst nach knapp einer Stunde fiel. Wir unterlagen 1:3.

Wo heute vieles schöngeredet wird und selbst die erbärmlichsten Leistungen hochgejubelt werden, schrieben die Zeitungen damals schon während der WM alles in Grund und Boden, und nach dem Turnier erst recht. Dabei war es ja nicht so, dass wir nichts erreicht hatten, immerhin waren wir Vizeweltmeister geworden. Und, seien wir ehrlich, bei Weltmeisterschaften hat es doch kaum einmal rundum überzeugende Auftritte der deutschen Mannschaft gegeben, auch bei den Titelgewinnen 1974, 1990 und 2014 nicht. Beim letzten Triumph 2014 hat die Nationalelf nur ein außergewöhnliches Spiel gemacht, beim 7:1 im Halbfinale gegen Brasilien.

Wie dem auch sei, nach der WM trat ich aus der Nationalmannschaft zurück, unter Derwall bestritt ich kein Spiel mehr. Ich konzentrierte mich voll und ganz auf meinen Verein, den HSV.“

DIE SIEBTE SAISON

„Auch wenn ihm der Ruf eines Schleifers anhing: Happel hat nicht viel trainieren lassen, nur rund 70, 75 Minuten täglich, Aufwärmen schon eingerechnet. Er lebte davon, dass wir unter Zebec richtig rangeklotzt und oft zweieinhalb Stunden lang trainiert hatten. Zebec hatte häufig selbst mitgespielt in unseren Übungseinheiten, und wenn er mit seiner Mannschaft im Trainingsspielchen hinten lag, dann herrschte schon mal völlige Dunkelheit auf dem Platz, bis er uns endlich in die Umkleidekabine schickte. Ich kam gut mit Happel aus. Ich glaube, er mochte meinen Spielstil, nur hielt er mir

manchmal mangelndes Selbstvertrauen vor. ‚Dös is a Christkind', sagte er dann über mich und meinte damit, dass ich als sportlicher Leistungsträger häufig zu zurückhaltend auftreten würde."

In der Saison 1982/83 entwickelte sich vom ersten Tag an ein dramatischer Titelkampf. Der HSV setzte seinen Lauf aus der Vorsaison fort, unterlag in der Hinrunde kein einziges Mal und hatte nach neun Siegen und acht Unentschieden zur Halbzeit doch nur zwei Punkte Vorsprung vor den Bayern sowie drei vor Dortmund und Werder. Am 19. Spieltag, nach mehr als einem Jahr, machte ausgerechnet Nordrivale Werder der bis dahin längsten Serie in der Geschichte der deutschen Eliteklasse ein Ende: In Bremen gingen die Hamburger in einer von böigem Wind stark beeinflussten Partie mit 2:3 geschlagen vom Platz.

Er habe in all den Monaten kaum einmal an die Serie gedacht, sagt Magath, immer nur an den Meistertitel, „deshalb konnte ich die Niederlage schnell abhaken und wieder nach vorne schauen". Der HSV gewann das folgende Spiel in Karlsruhe 2:1 und verlor bis weit in den Mai hinein nur noch eine Bundesliga-Partie, mit 0:2 in Bielefeld. Dennoch ließen sich die Bremer nicht abschütteln. Am drittletzten Spieltag erreichten die Hamburger in Kaiserslautern nur ein 2:2, nur noch vier Tore trennten sie als Tabellenführer nun von Werder.

Vor den letzten 180 Bundesliga-Minuten aber schlug ein anderes Spiel alle in den Bann. Nicht irgendein Spiel – das Spiel der Spiele für den Hamburger Sportverein. Mit Erfolgen gegen Dynamo Berlin, Olympiakos Piräus, Dynamo Kiew und Real Sociedad San Sebastian war der HSV zum zweiten Mal nach 1980 ins Finale des Europapokals der Landesmeister vorgedrungen. Juventus Turin hieß der Gegner am 25. Mai in Athen.

„Vor dem Anpfiff galten wir als 1:10-Außenseiter, mindestens. Schließlich standen in der von Giovanni Trapattoni trainierten Juve-Mannschaft mit Torhüter Dino Zoff, Claudio Gentile, Antonio Cabrini, Gaetano Scirea, Marco Tardelli und WM-Torschützenkönig Paolo Rossi nicht weniger als sechs italienische Weltmeister von 1982, dazu die hochkarätigen ausländischen Superstars Michel Platini und Zbigniew Boniek.

Es wurde das Spiel meines Lebens, der größte Erfolg in meiner Laufbahn als Profi. Es gibt Menschen wie Karl-Heinz Rummenigge oder Hansi Müller, die dir noch heute, Jahrzehnte nach dem Ende ihrer Karriere, nahezu sämtliche Höhepunkte ihrer wichtigsten Spiele genau schildern können. Zu diesen Menschen gehöre ich nicht. Wenn wir uns in meiner Zeit als Trainer des FC Bayern über unsere gemeinsamen Auftritte bei der Weltmeisterschaft 1986 unterhalten haben, dann hat der Kalle erzählt und erzählt, Spielsituationen beschrieben, von denen ich absolut nichts mehr wusste, sodass ich am Ende manchmal glaubte, ich sei damals in Mexiko gar nicht dabei gewesen. Offenbar hatte ich es in mir, mich nur auf mich und meine Leistung zu fokussieren, dass ich viele Nebengeräusche nicht wahrnahm und nur wenig von dem mitbekam, was um mich herum ablief. Ich denke, dass dies eine meiner großen Stärken war, mit dem Nachteil, dass ich mich heute an vieles im Spiel und um ein Spiel herum kaum mehr erinnern kann.

Exakt so geht es mir mit dem Finale von 1983. Ich weiß noch, dass wir am Morgen des 25. Mai gegen elf Uhr gemeinsam im Trainingsanzug auf einem Golfplatz außerhalb Athens spazieren gingen. Der Platz lag genau in der Einflugschneise des Flughafens, im Sekundenabstand düsten die Maschinen über uns hinweg, und so gut wie alle hatten Heckflügel in grün-weiß-rot, den italienischen Nationalfarben; Lufthansa-Maschinen erblickten wir keine. Spätestens jetzt war jedem von uns klar, dass die Juve-Anhänger abends im Stadion deutlich in der Überzahl sein würden. Dass in diesem Spiel zwei Welten aufeinanderprallten, wurde uns beim Aufwärmen noch einmal vor Augen geführt: Während wir Hamburger in Trainingsanzug und Turnschuhen über den Rasen schlurften, flanierte Michel Platini in eleganten Lederschuhen und Designeranzug über den Platz.

Mit dem Anpfiff des rumänischen Schiedsrichters Nicolae Rainea aber verwischten die Unterschiede: Auf jeder Seite des Spielfelds standen elf Männer, die das gleiche Ziel hatten, den wertvollsten Titel im europäischen Vereinsfußball zu gewinnen. In den ersten Minuten hörte ich fast nur die Anfeuerungsrufe der Tifosi, doch nach neun Minuten änderte sich dies schlagartig: Mir glückte das 1:0 für uns. Heute kann ich dieses, mein Tor der Tore, genau beschreiben, weil es mir so oft auf Veranstaltungen vorgeführt wurde; privat habe ich mir das Spiel und das Tor nicht ein einziges Mal angesehen.

So weiß ich also, dass mir Jürgen Groh den Ball im halblinken Mittelfeld zupasste. Ich nahm ihn an, lief ein paar Meter, ließ mit einem angedeuteten Schuss Roberto Bettega – jahrelang dachte ich, es wäre Tardelli gewesen – aussteigen und zog kurz vor der Strafraumgrenze ab. Ich traf den Ball optimal, er flog und flog und schlug unhaltbar für Zoff genau im oberen rechten Dreieck des Turiner Tores ein.

In der Folge erzwangen wir ein ausgeglichenes Spiel, das bis zum Schluss sehr eng blieb. Gentile untermauerte einmal mehr seinen Ruf als eisenharter Verteidiger, der den Erfolg mit allen Mitteln sucht, und brach Bastrup in einer Aktion den Unterkiefer – ungewollt, hoffe ich. Wir versteckten uns nicht, auch wenn Juve gegen Ende alles nach vorne warf und auf den Ausgleich drängte. Klare Torchancen aber konnten sich die Italiener kaum herausspielen, Uli Stein musste höchstens drei, vier Bälle halten. Auf der anderen Seite hätte ich das 2:0 machen müssen, als ich halbrechts im Strafraum allein vor Zoff auftauchte und den Ball über ihn lupfte, leider aber auch über das Tor.

Dann ertönte Raineas letzter Pfiff. Als 13. Verein seit der Premiere 1955/56 hatten wir uns in der Siegerliste des Europapokals der Landesmeister verewigt, der renommierteste Titel im europäischen Vereinsfußball gehörte uns. Bei der Siegerehrung wanderte der Pott von Horst Hrubesch, unserem Kapitän, über die anderen Spieler bis zu Thomas von Heesen, der ihn mir als letztem in die Hand drückte. Erschöpft, aber glücklich wie selten zuvor in meinem Leben reckte ich ihn in den Nachthimmel über dem Olympiastadion – mit Sicherheit der emotionalste Moment meiner gesamten Karriere. Das Gefühl, es geschafft zu haben, mich nun ein wenig zurücklehnen zu können, hatte ich an diesem Abend jedoch genauso wenig wie nach den anderen großen Erfolgen meines sportlichen Lebens.

Nach einer kurzen, spontanen Feier in der Kabine fuhren wir mit dem Bus ins Hotel zurück, wo ein großes Bankett auf uns wartete und die Party Fahrt aufnahm. Im Lauf der nächsten Stunden verschwanden ein paar Spieler ins Athener Nachtleben, ich blieb im Hotel. Nüchtern allerdings wachte auch ich am nächsten Morgen nicht auf.“

Die Hanseaten hatten den ganz großen Wurf gelandet, da konnte im Titelkampf der Bundesliga ja wohl nichts mehr schiefgehen. Oder etwa doch? Am vorletzten Spieltag überrollten sie Dortmund zu Hause mit 5:0, die erhoffte Schützenhilfe der Frankfurter Eintracht allerdings blieb aus: Bremen gewann im Waldstadion mit 1:0. Der HSV brauchte zum Abschluss in Gelsenkirchen einen Sieg, um den Titel unter Dach und Fach zu bringen. In der Kabine auf Schalke sprach Happel vor dem Anpfiff genau fünf Worte: „Geht's raus und werdet's Meister!“

Nach zähem Beginn erzielte Hrubesch in der 39. Minute den Führungstreffer, Sekunden vor der Pause glich Wolfram Wuttke aus; auch in Bremen stand es nach 45 Minuten gegen Bochum 1:1. Kurz nach Wiederanpfiff erfuhren die HSV-Profis von der Bank am Spielfeldrand, dass Werder nun 2:1 vorne lag. Ein weiteres Tor musste her, um jeden Preis, und schon in der 52. Minute gelang es: Magath schlug einen herrlichen Pass auf Wolfgang Rolff, der Walter Junghans im Schalker Tor mit einem Aufsetzer überwand. 2:1 – ohne noch einmal groß in Gefahr zu geraten, schaukelten die Hamburger den Vorsprung über die Zeit.

Mit 3:2 gewannen auch die Bremer ihr Spiel, sodass zum zweiten Mal nach 1978 zwei Klubs am Ende einer Bundesliga-Saison punktgleich an der Spitze standen. Dank der um acht Treffer besseren Tordifferenz durfte der HSV den zweiten Meistertitel in Folge bejubeln.

„Gut, dass ich in Deutschland Fußball spiele und nicht in Spanien, dachte ich mir; dort entschied bei Punktgleichheit der direkte Vergleich, und da hätte Werder mit 3:1 Punkten die Nase vorn gehabt.

Mit unserer Propellermaschine vom Typ Fokker Friendship flogen wir am Abend nach Hamburg zurück, wo wir mit einiger Verspätung auf dem Flughafen in Fuhlsbüttel landeten. Der Grund: Wir hatten den Piloten überredet, eine Ehrenrunde über dem Bremer Weserstadion zu drehen …

Im offenen Doppeldeckerbus fuhren wir von Fuhlsbüttel zur Moorweide, wo wir von 60.000 freudentaumelnden Menschen gefeiert wurden. Von da an weiß ich nicht mehr viel, nur, dass Günter Netzer für den Tag nach der Meisterfeier ein Freundschaftsspiel bei den Sportfreunden Siegen abgeschlossen hatte. Um 15 Uhr sollten wir von Fuhlsbüttel aus starten, und die Mannschaft flog schließlich auch, allerdings ohne mich. Ich hatte in dieser Saison sämtliche 34 Bundesliga-

und alle neun Europapokal-Spiele bestritten; in Siegen fehlte ich, weil ich auch in der Nacht nach dem Titelgewinn meine Fitness unter Beweis gestellt hatte und erst irgendwann nach Sonnenaufgang eingeschlafen war.

Und noch ein weiteres überragendes Erlebnis hielt diese erfolgreichste Saison meiner Karriere für mich bereit: Im Juni flog ich zum ersten und einzigen Mal in meinem Leben mit einer Concorde. Mit dem HSV bestritten wir im Giants Stadium von New York ein Freundschaftsspiel gegen Cosmos. Zwar kassierten wir eine happige 2:7-Schlappe, doch der Flug mit der Überschallmaschine wird mir immer in Erinnerung bleiben.“

DIE ACHTE SAISON

Keine Frage, sie wollten den Hattrick. Trotz des Abgangs von Torjäger Hrubesch, der zu Standard Lüttich wechselte, und des in seine dänische Heimat zurückgekehrten Bastrup peilten Magath und Co. auch in der Saison 1983/84 den Meistertitel an. Schnell aber zeigte sich, dass die Mannschaft den Verlust der zwei Angreifer nicht verkraften konnte. Der von Fortuna Köln gekommene Zweitliga-Torschützenkönig Dieter Schatzschneider und der Schalker Wolfram Wuttke vermochten die beiden nicht annähernd zu ersetzen, auch, weil ihnen bei allem Talent die absolute Siegermentalität eines Horst Hrubesch fehlte.

„Zwar legten wir mit mir als neuem Kapitän mit 18:4 Punkten aus den ersten elf Spielen ohne Niederlage einen fast perfekten Start hin, doch schon in diesem ersten Saisondrittel spürte ich, dass wir nicht mehr die mannschaftliche Geschlossenheit, die Stabilität des Vorjahres besaßen. Auf dem Flug zu unserem Achtelfinalhinspiel im Europapokal der Landesmeister bei Dinamo Bukarest sagte ich zu unserem Präsidenten: ‚Herr

München, März 2023

Felix Magath sitzt ohne eine Spur von Erschöpfung am Tisch. Das weiße Hemd liegt eng an am trainierten Oberkörper. Der ehemalige Profi muss seinen Körper bis heute beschäftigen: „Ich habe ein Sportlerherz, das ist im Prinzip zu groß, das muss gefordert werden." Die Espressotasse hat er etwas zur Seite geschoben. Magath ist ein angenehmer Gesprächspartner, wenn man weiß, was man wissen will. „Fragen Sie mich, ich beantworte Ihnen jede Frage", sagt der Mann mit einem feinen Lächeln um die Lippen. Ein Gespräch selbst in Gang zu bringen, liegt ihm nicht. Er mag es zu reagieren. Auf den ersten Zug des anderen eine Antwort zu setzen. Durchdacht, pointiert. Ein Schachspieler des Lebens.

Vor 40 Jahren hat er das wohl wichtigste Tor seiner Karriere geschossen, das 1:0 von Athen. Im Endspiel des Landesmeisterpokals, die Champions League der frühen Jahre. Das einzige Tor des Abends. Der HSV gewann gegen die hoch favorisierte Elf von Juventus Turin. Durch Magaths brillantes Fernschusstor.

Erinnern an die Details fällt ihm zuweilen schwer. Emotionen zu beschreiben auch. Magath lächelt dann und man sieht fast wie er sich innerlich windet. Wie viel er spüren will und kann. „Natürlich war mir zuerst schon irgendwie zum Jubeln, aber mir ist trotzdem gleich in den Kopf geschossen: zu früh!"

Wer jetzt erwartet, dass Magath ausführlicher wird, erlebt etwas ganz anderes. Magath löst sich fast unscheinbar aus der Situation, wechselt das Spielfeld. Elegant. Ein Linksfuß eben.

„Man sieht daran, dass ein Spieler halt hundertprozentig in der Situation stecken muss", sagt er, und der Zuhörer ist noch in Athen, doch Magath hat bereits einen langen, gedanklichen Pass gespielt.

„Ich schaue mir Spiele nie im Nachhinein an. Vor einem Vierteljahr aber habe ich mir mit meiner Tochter das 5:1 des HSV gegen Real Madrid angesehen, weil sie es unbedingt wollte. Sie saß ganz gebannt vor dem Fernseher. Ich sah natürlich ein bisschen anders aus als heute."

„Und, was hat Ihre Tochter gesagt?"

„Sie hat sich nicht viel geäußert. Sie ist ja auch meine Tochter."

Klein, ich habe Angst, dass wir an Niveau verlieren!' ,Ich habe auch Angst, Herr Magath', antwortete Klein, ,Angst, dass wir der Konkurrenz zu weit enteilen.'

Klarer Fall einer grandiosen Fehleinschätzung. Schon am Tag darauf gingen wir in Bukarest in einer knüppelharten Partie 0:3 baden, zehn Tage später kassierten wir mit einem deutlichen 0:4 in Mönchengladbach unsere erste Bundesliga-Niederlage."

Auf fatale Art wegweisend erwies sich das Rückspiel gegen die Rumänen. Nach einer bärenstarken Leistung hatte der HSV das 0:3 des Hinspiels bis zur 63. Minute aufgeholt, alles schien wieder möglich. Beim Versuch, die Entscheidung noch in der regulären Spielzeit zu erzwingen, vergab zunächst Schatzschneider frei vor dem Tor die große Chance zum 4:0. Vier Minuten vor dem Abpfiff ließ sich Wuttke im Mittelfeld den Ball abjagen, Dinamo startete einen Konter und verkürzte auf 3:1. Am Ende hieß es 3:2, unerwartet früh verabschiedete sich der Titelverteidiger aus dem Wettbewerb.

Am letzten Hinrundenspieltag der Bundesliga unterlagen die Hamburger Stuttgart zu Hause mit 0:2 und beendeten die Hinserie nur auf Platz fünf, mit drei Punkten Rückstand auf Herbstmeister VfB. Doch damit nicht genug, auch in den letzten beiden Wettbewerben des lange Zeit so unglaublich erfolgreichen Jahres 1983 gingen sie leer aus: Das Weltpokalfinale gegen Gremio Porto Alegre im Nationalstadion von Tokio endete 1:2 nach Verlängerung, und im europäischen Supercup zog der HSV gegen den FC Aberdeen mit Trainer Alex Ferguson mit 0:0 und 0:2 den Kürzeren.

„Fünf Titel hätten wir in der Saison 1983/84 nach Hamburg holen können, drei hatten wir bereits zur Halbzeit verspielt, was gewaltig auf die allgemeine Stimmung im Verein drückte. Die Zuschauer im Volksparkstadion riefen immer wieder lautstark nach dem nach Belgien abgewanderten Hrubesch.

Das neue Jahr brachte so etwas wie einen Neuanfang. In der Vorbereitung auf die Rückrunde reisten wir ins Trainingslager nach Cannes, wo wir uns in vielen Aussprachen zusammenrauften. Auch ich führte Gespräche – unter anderem mit unserem Manager über meinen am 30. Juni 1984 auslaufenden Vertrag. Netzer, der, kein Wortspiel, hervorragend vernetzt war, wusste, dass mir Anfragen mehrerer italienischer Serie-A-Klubs vorlagen, und er wusste auch, dass ich mir zu Beginn meiner Zeit als Profi vorgenommen hatte, die letzten zwei, drei Jahre meiner Laufbahn im Ausland zu spielen.

Wäre ich allein gewesen, unverheiratet und ohne Kinder, hätte ich diesen Karriereplan mit Sicherheit auch verwirklicht. Meine Frau Steffi aber verspürte keine Lust, mit unseren zwei kleinen Töchtern Hamburg zu verlassen, und so kam es wie gerufen, dass mir Netzer anbot, noch zwei Jahre für den HSV zu spielen und dann 1986 nahtlos seine Nachfolge als Manager anzutreten. Diesen Vertrag unterschrieb ich im Lauf der Rückrunde – zwei Jahre Bundesliga traute ich mir auf jeden Fall noch zu.“

Auch wenn der HSV am letzten Januartag 1984 durch ein 3:4 nach Verlängerung im Wiederholungsspiel des Achtelfinales gegen Stuttgart aus dem DFB-Pokal ausschied: In der Rückrunde erwachte der alte Mannschaftsgeist wieder. Wo die Hamburger bis dahin von Spiel zu Spiel, von Wettbewerb zu Wettbewerb gehetzt waren, wo sie nie auch nur kurzzeitig Abstand gewannen, da konnten sie nun die Kräfte bündeln und sich auf die Bundesliga konzentrieren. Nach fünf Siegen in Serie lagen sie zwei Begegnungen vor Schluss punktgleich mit Spitzenreiter VfB, der die um sechs Treffer bessere Tordifferenz aufwies, auf Rang zwei. Noch einmal zwei Siege, und der Titelhattrick wäre perfekt gewesen, denn der letzte Spieltag führte die beiden Titelanwärter im direkten Duell im Neckarstadion zusammen.

Ein echtes Endspiel um die Meisterschaft winkte – bis zum 19. Mai, dem 33. Spieltag, als sich die Hamburger mit einer völlig überraschenden Heimpleite gegen Frankfurt selbst aller Chancen beraubten. Schon früh gerieten sie durch einen für Stein unhaltbar abgefälschten Distanzschuss von Ralf Falkenmayer in Rückstand, die Verkrampfung nahm von Minute zu Minute zu. Magath versuchte alles und hätte dem Spiel nach gut einer Stunde eine Wende geben können, doch sein Kopfball landete am Pfosten. Am Ende verlor der HSV 0:2; nach dem gleichzeitigen 2:1-Sieg des VfB in Bremen hätte er am letzten Spieltag in Stuttgart mit fünf Toren Unterschied gewinnen müssen, um die Schale zu verteidigen, was natürlich nicht gelingen konnte.

Immerhin sprang zum Abschluss ein 1:0-Sieg im Neckarstadion heraus, sodass nach 34 Spieltagen zum einzigen Mal in nunmehr 59 Jahren Bundesliga drei Klubs punktgleich an der Spitze lagen, Stuttgart, Hamburg und Mönchengladbach. Aufgrund der besten Tordifferenz hatte der VfB die Nase vorn. „Wenn wir den Titel nicht holen, war es ein verlorenes Jahr", hatte Happel ein paar Wochen vor dem Saisonfinale erklärt. Heute wäre der HSV froh und glücklich, wenn er dem Traumziel Meisterschaft noch einmal auch nur annähernd so nahekäme wie 1984.

DIE LETZTEN BEIDEN JAHRE

Sportlich ging es nach den Jahren des Erfolgs langsam bergab. Der Schotte Mark McGhee, gegen dessen FC Aberdeen wir ein halbes Jahr zuvor im Supercupfinale verloren hatten, ersetzte Schatzschneider, der trotz seiner 15 Saisontore schon nach seinem ersten Jahr bei uns das Handtuch geworfen hatte und zu Schalke 04 gewechselt war. „Wenn ich bedenke, was mir Magath, von Heesen und Co. so alles vorgelegt haben, hätte ich mindestens dreißig Dinger machen müssen", sagte er später. Ein einziges mehr im richtigen Spiel hätte genügt.

„Besser wurde unser Angriffsspiel nicht. Wo wir 1983/84 noch 75 Bundesliga-Tore erzielte hatten, da glückten uns 1984/85 nur noch 58 und 1985/86 gar nur 52 Treffer. McGhee konnte uns aufgrund großer Umstellungsprobleme vom schottischen auf den deutschen Fußball kaum helfen, und meine Achillessehnenschmerzen sorgten dafür, dass ich nicht mehr an meine Leistungen aus den frühen 1980er Jahren anknüpfen konnte, obwohl ich 32 bzw. 29 der jeweils 34 Saisonspiele bestritt. Und, was ich zuvor nicht bedacht hatte: Weil alle wussten, dass ich 1986 den Posten des Managers im Verein übernehmen würde, veränderte sich das Verhältnis meiner Mitspieler zu mir. Ich hatte auch zuvor nie versucht, mich bei meinen Mannschaftskameraden beliebt zu machen und schon immer mal einen Kollegen zusammengefaltet, wenn der die Zügel schleifen ließ. Nun spürte ich immer mehr, wie die anderen mir gegenüber so kurz vor meinem Karriereende auf Abstand gingen, was mich zusätzlich belastete.

Im Titelkampf spielten wir keine Rolle mehr und belegten die Ränge fünf und sieben. Die Meisterschale heimste jeweils der FC Bayern ein, dessen Manager Uli Hoeneß nur ein Ziel kannte: Ganz nach vorne zu kommen, Titel zu gewinnen. Uli war schon damals absolut besessen davon, erfolgreich zu sein. Netzer hingegen hatte schon vor dem Ende seiner Zeit als Manager des HSV mehr und mehr aufgehört, auch perspektivisch für den Verein zu arbeiten; ihn zog es mit Macht in die Schweiz, wo er in die Sportmarketingfirma CWL einstieg."

Nationalmannschaft
1977–1986

Das Debakel der Nationalmannschaft mit dem Vorrundenaus bei der EM-Endrunde 1984 in Frankreich hatte sich Magath zu Hause in Hamburg im Fernsehen angesehen. Danach räumte Jupp Derwall das Feld; der vom DFB als Nachfolger auserkorene Helmut Benthaus, der den VfB soeben zum Titelgewinn geführt hatte und somit als Erster in der Bundesliga zunächst als Spieler und später als Trainer Deutscher Meister geworden war – ein Kunststück, das ihm Magath 2005 nachmachte –, wanderte irgendwo tief in der kanadischen Wildnis und konnte nicht aufgespürt werden, als die Entscheidung anstand.

„So übernahm mein früherer Mitspieler Franz Beckenbauer das Zepter. Vor seinem ersten Länderspiel als Teamchef im September 1984 in Düsseldorf gegen Argentinien, das wir 1:3 verloren, holte er mich in die Nationalmannschaft zurück. Dass er mich nach der folgenden Partie gegen Schweden – wir gewannen 2:0 – eine Zeit lang außen vor ließ, lag allein an mir. Zum ersten Mal in meinem Leben fühlte ich mich ausgebrannt und psychisch angeschlagen; ich schlief schlecht, und je näher der Anpfiff eines Spiels rückte, desto schlimmer wurde meine Angst, Angst vor dem Versagen. Der Begriff ‚Burnout' hatte sich damals noch nicht eingenistet im deutschen Wort-

schatz, doch offenbar stand ich ganz kurz davor. Vielleicht spielte es auch eine Rolle, dass ich für mich selbst die Entscheidung getroffen hatte, 1986 aufzuhören, weil die Schmerzen an meinen beiden Achillessehnen immer stärker wurden.“

Nach der Winterpause fühlte sich Magath besser. Er bestritt die ersten acht Länderspiele des Jahres 1985; beim Confederations Cup im Juni durfte er in der zweiten Partie gegen Gastgeber Mexiko sogar die Kapitänsbinde tragen, weil Karl-Heinz Rummenigge und Toni Schumacher fehlten. Deutschland unterlag 0:2 – vielleicht blieb's auch deshalb sein einziges Spiel als Spielführer der Nationalmannschaft, in der es im Jahr vor der Weltmeisterschaft in Mexiko insgesamt nicht rund lief: Mit nur vier Siegen in elf Partien (bei zwei Unentschieden und fünf Niederlagen) wies die DFB-Elf erstmals seit 1964 eine negative Länderspielbilanz auf, im Oktober verlor sie – ohne Magath – zum ersten Mal überhaupt ein WM-Qualifikationsspiel, 0:1 gegen Portugal in Stuttgart.

Das WM-Jahr 1986 ließ sich weitaus erfreulicher an. Die Nationalelf besiegte Italien in Avellino 2:1 und Brasilien in Frankfurt 2:0, und so flogen die deutschen Spieler nach einem 3:1 im letzten Test gegen die Niederlande in Dortmund voller Zuversicht nach Mexiko. Mit Rummenigge, Rudi Völler, Pierre Littbarski und Karl Allgöwer reisten allerdings gleich vier mehr oder minder stark angeschlagene Spieler mit.

„Schon bevor der Ball im Eröffnungsspiel Italien gegen Bulgarien erstmals rollte, wusste ich, dass dieses, mein drittes großes Turnier, mein letztes bleiben würde. Die WM stellte für uns alle eine besondere Herausforderung dar, aufgrund der Höhe der Spielorte, der dünnen Luft und der extremen Hitze. Wir hatten einen Physiotherapeuten dabei, Hans Montag aus München. Der verordnete uns vor jedem Spiel zehnminütige Atemübungen, nach deren Ende ich mein

klatschnasses Hemd auswringen konnte – nach Atemübungen! Ich persönlich hatte auf Empfehlung unseres Hamburger Physiotherapeuten Hermann Rieger noch eine Vorrichtung mitgenommen, in die ich mich regelmäßig kopfüber aufhängte, um meinen Rücken zu entlasten, dazu ein Sauerstoffgerät; mit meinen fast 33 Jahren wollte ich schließlich bestens gewappnet durchs Turnier gehen.

Anders als bei der EM 1980 und der WM 1982 durfte ich mich diesmal als unumstrittener Stammspieler fühlen. Mit Ausnahme des letzten Gruppenspiels, das wir 0:2 gegen Dänemark verloren, stand ich immer in der Startelf: Beim 1:1 gegen Uruguay, beim 2:1 gegen Schottland, beim 1:0 im Achtelfinale gegen Marokko, dem Erfolg nach Elfmeterschießen im Viertelfinale gegen Mexiko in der brutalen Mittagshitze von Monterrey, dem 2:0 im Halbfinale gegen Frankreich und – im Endspiel gegen Argentinien.

Ich will es mal so ausdrücken: In diesem Finale richtete Franz unsere Mannschaft sehr defensiv aus. Er postierte Ditmar Jakobs als Ausputzer hinter die Dreierabwehr mit Andy Brehme, Karlheinz Förster und Hans-Peter Briegel, das Mittelfeld bildeten Thomas Berthold, Norbert Eder, Lothar Matthäus und ich. Diego Maradona, der große Star der Argentinier, wurde durch Matthäus manngedeckt, was dazu führte, dass mir, anders als etwa zuvor gegen Frankreich, die Unterstützung im offensiven Mittelfeld fehlte. Unter dieser taktischen Maßnahme litt unser – und vor allem mein – Spiel, eine Stunde lang hatten wir kaum gefährliche Angriffsaktionen.

In der 62. Minute holte mich Franz vom Platz und wechselte Dieter Hoeneß ein; zu diesem Zeitpunkt lagen wir nach einem Kopfballtor des argentinischen Liberos José Luis Brown und einem Treffer von Jorge Valdano 0:2 zurück. Über die Auswechslung an sich konnte und kann ich nicht meckern, als einziger offensiver Mann in unserem Vierer-Mittelfeld hatte ich das Spiel nicht prägen können. Aber der Franz wusste, dass dies das letzte Spiel meiner Karriere sein würde, und da empfand ich seine Maßnahme als sehr, sehr bitter. Als Trainer hätte ich vielleicht genauso gehandelt, und der weitere Spielverlauf hätte ihm ja fast recht gegeben: Durch Rummenigge und den in der Halbzeit für Klaus Allofs gekommenen Völler glichen wir bis zur 80. Minute aus, und im Grunde spielte sich das gesamte Geschehen nur noch im Strafraum und vor dem Tor der Argentinier ab. Doch als wir auf den Siegtreffer noch in der regulären Spielzeit drängten, entschied ein Kontertor durch Jorge Burruchaga die Partie zugunsten des Gegners.

Erneut Vizeweltmeister. Ich habe dieses Endspiel seither nie mehr angeschaut und mit Franz Beckenbauer nicht einen einzigen Satz darüber gesprochen. Noch einmal: Die Entscheidung, mich aus dem Spiel zu nehmen, war nachvollziehbar, dennoch hat mich diese Auswechslung in meinem letzten Spiel als Profi getroffen wie keine andere. Bestimmt eineinhalb, zwei Jahre lang wollte ich von und über Franz nichts mehr sehen, hören und lesen, ehe sich unser Verhältnis wieder normalisierte.

Abgesehen vom Endspiel, das ich ausblende, erinnere ich mich sehr gerne an diese WM, weil ich eine wesentlich wichtigere, verantwortungsvollere Rolle spielte als bei meinen anderen beiden Turnieren. Der Weltmeistertitel blieb mir versagt in meiner Karriere, doch ein Rekord wird mir vielleicht für immer bleiben: Ich glaube kaum, dass es einen zweiten deutschen Nationalspieler gibt, der zwei Drittel seiner Länderspieltore per Kopf erzielt hat. Gut, ich habe insgesamt nur dreimal getroffen: Beim 3:2 in der Schweiz 1980 und beim 3:1 in Österreich 1981 köpfte ich jeweils das zweite deutsche Tor. Meine 100-Prozent-Kopfballquote machte ich mir im März 1985 beim 6:0 gegen Malta selbst zunichte, als Littbarski einen

Elfmeter an den Pfosten setzte und mir ein Abstaubertor zum 2:0 gelang – mit dem linken Fuß.

Im Sommer 1986 stufte mich der kicker *in seiner berühmten Rangliste noch einmal in die Internationale Klasse ein, das war's, Ende einer zwölfjährigen Profikarriere. Mit 33 Jahren und wegen meiner Achillessehnenprobleme sah ich den richtigen Zeitpunkt zum Aufhören gekommen. Ich wollte nie so lange spielen, bis sie mich vom Platz pfeifen oder tragen müssen."*

Hamburger SV
1986–1988

„Bis in die 1980er Jahre hinein hatte ich nie einen Gedanken daran verschwendet, nach meiner aktiven Karriere als Manager zu arbeiten. Ich wollte immer Trainer werden, Trainer und sonst nichts. Doch das Angebot von Günter Netzer, ihn 1986 abzulösen, erschien mir sehr attraktiv, zumal 1987 der 100. Geburtstag des HSV anstand. Der Präsident werde alles daransetzen, im Jubiläumsjahr des Vereins wieder Meister zu werden, glaubte ich und beschloss, als Manager mit rein sportlichem Aufgabenbereich bei ‚meinem' Verein einzusteigen. Nachdem langjährige Leistungsträger wie Uli Stein, Manfred Kaltz und Ditmar Jakobs die 30 überschritten hatten, reizte mich die Aufgabe, eine neue, junge Mannschaft aufzubauen und mit ihr an die Erfolge der frühen 1980er Jahre anzuknüpfen. Für die wirtschaftliche Seite wurde mit Dr. Dirk Albrecht ein neuer Vorstand berufen.

Noch während der Saison 1985/86 führte ich die ersten Verhandlungen mit potenziellen Verstärkungen; als erste Amtshandlung verpflichtete ich im April 1986 den Kapitän unseres Lokalrivalen FC St. Pauli, Thomas Hinz. Kurz darauf bat mich Präsident Klein zu einem Gespräch mit Manager Netzer, Dr. Albrecht, Trainer Happel und Co-Trainer Ristic auf die Geschäftsstelle. Dabei schockte mich Klein mit einem Bericht über die finanzielle Situation des Vereins: In der Kasse herrsche absolute Ebbe. ‚Vor der neuen Saison kann es keine teuren Neuverpflichtungen geben, Herr Magath', meinte er. ‚Im Gegenteil, Sie müssen Spieler verkaufen, wir brauchen dringend Geld.'

Ich fiel aus allen Wolken – mit dieser Entwicklung hatte ich bei meiner Vertragsunterschrift 1984, kurz nach dem Gewinn des Europapokals und der Deutschen Meisterschaft, nun wirklich nicht gerechnet. Aber gut, nach der Rückkehr aus Mexiko trat ich meine neue Stelle auch offiziell an. Zunächst verkaufte ich, der Forderung Kleins entsprechend, Michael Schröder, der damals auf dem Sprung in die Nationalmannschaft stand, an den VfB Stuttgart, und holte Abwehrspieler Dietmar Beiersdorfer und Mittelstürmer Manfred Kastl vom Zweitligisten SpVgg Fürth, die beide sehr gut einschlugen. Nach zehn Punkten aus den ersten vier Spielen mischten wir von Beginn an ganz vorne mit, die Presse lobte und ließ mich in Ruhe arbeiten.

Im Winter – wir waren punktgleich mit dem FC Bayern als Herbstmeister in die zweieinhalbmonatige Pause gegangen – teilte uns Happel mit, dass er nach Saisonende aufhören werde. Wir brauchten schnell einen Nachfolger, und ich dachte zunächst an den Trainer der AS Rom, den Schweden Sven-Göran Eriksson. Im Januar 1987 flog ich nach Rom, um auszuloten, ob Eriksson Interesse habe, die erfolgreiche Arbeit Happels weiterzuführen, und er erklärte auch sofort seine Bereitschaft zu konkreten Verhandlungen. Nach meiner Rückkehr nach Hamburg informierte ich Klein über das Ergebnis unserer Unterhaltung, worauf der Präsident nur meinte, es könne keine weiteren Gespräche geben, Eriksson sei viel zu teuer. Ich musste meinem Wunschkandidaten absagen und weitersuchen.

Eines Abends in der Winterpause saßen wir zu viert beim Essen: Jürgen Schnitgerhans, der HSV-Reporter der Bild-Zei*tung, und sein Chef, ein Mann namens Neuber, dazu Klein und ich. Es ging um den Nachrichtenfluss zwischen dem Verein und dem Blatt, und ich erklärte den Journalisten, dass von meiner Seite nicht mit den gewünschten exklusiven Informationen zu rechnen sei. ‚Ich behandle alle gleich', sagte ich zu ihnen und mit einer Mischung aus Scherz und Zynismus fügte ich an, ‚es reicht ja wohl, wenn Sie der Präsident bevorzugt informiert.' Mit diesem Satz hatte ich mich als Jung-Manager fraglos zu weit aus dem Fenster gelehnt. Ich hatte die Wahrheit gesagt, doch nach diesem Abend erschien plötzlich kein gutes Wort mehr über mich, den HSV-Manager. Mein Name wurde kaum mehr mit Erfolgen oder etwas Positivem verbunden, interessanterweise weder in der* Bild *noch – so habe ich es zumindest in Erinnerung – in anderen Zeitungen. Schon erstaunlich, wie da Stimmung gemacht wurde.*

Nach wie vor war Happels Nachfolge ungeklärt. Im Frühjahr 1987 traf ich mich in Spanien mit dem Niederländer Leo Beenhakker, dem Trainer von Real Madrid. Auch er zeigte großes Interesse, zum HSV zu kommen, sagte aber zu mir: ‚Herr Magath, ich habe noch eineinhalb Jahre Vertrag hier. Es darf auf keinen Fall vorzeitig herauskommen, dass ich nach der Saison gehe.' ‚Kein Thema', antwortete ich, ‚von uns dringt nichts nach außen.' Ich erzählte niemandem von der Abmachung, außer meinem Präsidenten. Eine Woche später erschien Bild *mit der Schlagzeile: ‚Beenhakker zum HSV'. Von diesem Augenblick an war auch mein zweiter Wunschkandidat aus dem Spiel. Beenhakker blieb bei Real und sprach nie mehr ein Wort mit mir.*

Die Zeit drängte. Ich telefonierte mit unserem Ex-Trainer Branko Zebec, der mir wärmstens seinen jugoslawischen

Landsmann Josip Skoblar von HNK Rijeka empfahl. Also flogen Klein, Schatzmeister Helmut Kallmann und ich nach Zagreb und sprachen bei einem Abendessen mit Skoblar. Nach zwei Stunden, als wir auch über Vertragsinhalte und Zahlen zu reden begannen, übernahm Klein unvermittelt die Leitung des Gesprächs und sagte schließlich, ohne sich noch einmal mit mir zu beraten: ‚Wir machen das, Herr Skoblar, Sie sind unser neuer Trainer.' Unmissverständlich hatte Klein klargemacht, wer in unserem Verein das Sagen hatte.

Derweil wartete schon eine neue, durchaus delikate Aufgabe auf mich – die Verlängerung des nur noch ein Jahr laufenden Vertrags von Manfred Kaltz. Nachdem ich mich mit Klein und Albrecht besprochen hatte, war mir klar, dass ich nicht allein bestimmen konnte, ob wir meinem langjährigen Mannschaftskameraden das von ihm geforderte neue Arbeitspapier bis 1990 anbieten sollten. Ich hätte einen 34-jährigen nicht mehr so langfristig gebunden, doch Kaltz war ja nicht irgendjemand, sondern der erfolgreichste HSV-Spieler aller Zeiten. ‚Also', sagte ich zu Klein, ‚muss das Präsidium entscheiden.'"

Was Klein und Dr. Albrecht auch prompt taten. Kaltz, der mit einem angeblichen Traumangebot von Fenerbahce Istanbul pokerte, erhielt den gewünschten Vertrag, und Magath erfuhr von einem Gerücht: Kaltz habe im kleinen Kreis gewettet, dass er trotz allem am ersten Tag der neuen Saison nicht zum Training erscheinen werde. Der neue Manager verfolgte die Sache zunächst nicht weiter, sondern erfreute sich am hervorragenden Abschneiden der Mannschaft in seiner Premierensaison. Zwar verspielte der HSV die Chance auf den großen Wurf in der Bundesliga durch eine 1:2-Heimniederlage gegen den FC Bayern am 22. Spieltag und landete am Ende sechs Punkte hinter den Münchnern auf Rang zwei.

Aber er errang den letzten großen Titel bis zum heutigen Tag – den dritten DFB-Pokal-Sieg nach 1963 und 1976.

Zum entscheidenden Mann des Finales gegen den Zweitligisten Stuttgarter Kickers im Berliner Olympiastadion entwickelte sich ausgerechnet Manni Kaltz. Drei Minuten nach dem frühen Rückstand durch ein Kopfballtor von Dirk Kurtenbach schlug er einen herrlichen Außenristpass zum durchstartenden Beiersdorfer, der zum 1:1 einschoss. Und zwei Minuten vor dem Abpfiff verwandelte er selbst einen direkten Freistoß zum 2:1; als alles mit einer hohen Flanke in den Strafraum rechnete, zirkelte er den Ball flach um die Mauer herum ins kurze Eck. Nach einem Stuttgarter Eigentor in der Nachspielzeit gewann der HSV 3:1.

„Vizemeisterschaft in der Bundesliga, Triumph im DFB-Pokal: Ich glaube sagen zu können, dass ich trotz der Schwierigkeiten im Klub in meinem ersten Jahr als Manager für kleines Geld nicht schlecht eingekauft hatte. Vor allem aber hatte Happel in seiner letzten Saison in Hamburg noch einmal überragende Arbeit geleistet.

Finanziell hingegen lief es weniger gut für mich. Ab Mitte der achtziger Jahre hatte ich begonnen, mich für den Aktien- und Kapitalmarkt zu interessieren. Weil ich aber – auch wegen meiner Rückkehr in die Nationalelf – keine Zeit fand, mich selbst um meine Finanzen zu kümmern, hatte ich ein Depot bei der BAF-Bank eröffnet, die mein Geld anlegen sollte. 1987 landeten wir dann vor Gericht; die Bank hatte entgegen unseren Vereinbarungen hochspekulative südafrikanische Anleihen gekauft und eine stattliche Summe meines Geldes in den Sand gesetzt. Ich führte ein Gespräch mit dem Filialleiter; er versprach, alles zu versuchen, um meine Verluste wieder auszugleichen, doch es passierte absolut nichts. Ich verklagte die Bank. ‚Ich will nur mein Recht', sagte ich bei der Gerichtsverhandlung zum Richter. ‚Herr Magath', antwortete er, ‚hier geht es nicht um Ihr Recht, sondern um juristische Spitzfindigkeiten.' Natürlich habe ich den Prozess verloren – nachdem das Recht offenbar keine Rolle spielte, hatte ich gegen die Bank mit ihren hochbezahlten Anwälten keine Chance.

Zurück zum Sportlichen. Meine Hoffnung, 1987/88 eine etwas weniger turbulente Saison zu erleben als im Jahr zuvor, zerstob schon während der Vorbereitung. Als Skoblar die Mannschaft im Juli zur ersten Trainingseinheit um sich scharte, fehlte doch tatsächlich ein Spieler unentschuldigt: Manfred Kaltz. Erst nach dem Ende der Einheit tauchte Dr. Albrecht in meinem Büro auf und meinte, er müsse sich entschuldigen, er habe völlig vergessen mir etwas mitzuteilen: Kaltz habe mit dem Präsidium vereinbart, dass er erst in der zweiten Trainingswoche zur Mannschaft stoßen werde. Mal unabhängig davon, dass ich dabei übergangen worden war: Die Verantwortlichen des Vereins hätten wissen müssen, dass sich eine solche Aktion fatal auf die mannschaftliche Geschlossenheit auswirkt. Die anderen älteren Spieler wie Stein oder Jakobs, die ebenfalls ein paar zusätzliche Urlaubstage verdient gehabt hätten, gingen unzufrieden in die Saison, der Mannschaftsfrieden war dahin."

Kurz vor dem Abpfiff des ersten Pflichtspiels der Saison, dem Supercupfinale gegen den FC Bayern, versetzte Torhüter Stein dem Münchner Jürgen Wegmann unmittelbar nach dessen Siegtreffer einen Faustschlag ins Gesicht, worauf der HSV ihn beurlaubte. „Irgendwann ist das Maß voll", meinte Kallmann. Auf die Schnelle musste eine neue Nummer eins her. Klein, Kallmann, Skoblar und Magath setzten sich nach der Partie in einem Frankfurter Hotel zusammen und beratschlagten, bis Skoblar plötzlich sagte: „Ich kenne da einen Torhüter, mit dem werden wir Deutscher Meister." Mladen Pralija hieß der Mann, der drauf und dran war, von Hajduk

Split zu Rayo Vallecano nach Spanien zu wechseln. Noch vor dem Bundesliga-Auftaktspiel gegen Schalke flog Magath nach Madrid und sprach mit Rayo-Präsident Francisco Fontan über eine Freigabe des Jugoslawen. Fontan zeigte sich verhandlungsbereit, und so kehrte Magath mit Pralija im Schlepptau nach Hamburg zurück, obwohl er eine ganz andere Idee favorisierte: Gleich nach der Landung flog er mit der Privatmaschine eines HSV-Fans weiter nach Kopenhagen, wo er den damals 23-jährigen Peter Schmeichel von Bröndby IF für einen Wechsel gewinnen wollte. Schmeichel wirkte sehr interessiert, seine finanziellen Vorstellungen aber konnte Magath mit den nach wie vor beschränkten Mitteln des Klubs nicht erfüllen. Unverrichteter Dinge flog er nach Hamburg zurück – dem Wunsch Skoblars nach einer Verpflichtung Pralijas hatte er nun nichts mehr zu entgegnen. Der HSV kaufte den Kroaten für 200.000 Mark, und ab dem zweiten Saisonspiel, pikanterweise beim FC Bayern, stand Pralija im Kasten.

Im Olympiastadion unterlagen die Hamburger 0:6, insgesamt kassierte der neue Mann im Tor in seinen ersten vier Spielen 15 Gegentreffer. Nicht, dass er sich einen Bock nach dem anderen geleistet hätte, doch in einer Atmosphäre der allgemeinen Unzufriedenheit in der Mannschaft konnte er einen Nationaltorhüter wie Uli Stein nicht gleichwertig ersetzen. Pralija hatte in Hamburg keine Chance.

Gleiches galt auch für Skoblar. Ohne die mannschaftliche Geschlossenheit, die den HSV trotz aller Turbulenzen im Jahr zuvor ausgezeichnet und die Erfolge erst möglich gemacht hatte, ging es in der Bundesliga steil bergab. Nach einem 0:2 in Leverkusen am 15. Spieltag hatten die Hamburger nur noch vier Punkte Vorsprung auf den Tabellenletzten Schalke. Skoblar wurde entlassen, und Magath verpflichtete seinen früheren Mannschaftskameraden Willi Reimann als Nachfolger, der wiederum in einer seiner ersten Amtshandlungen Pralija suspendierte. Mit dem aus Wattenscheid zurückgekehrten Jupp Koitka im Tor und dem neuen Präsidenten Ernst Naumann, der im November 1987 die Nachfolge Kleins antrat, schloss der HSV die Saison als Sechster einigermaßen versöhnlich ab: Im Europapokal der Pokalsieger scheiterte er im Achtelfinale an Ajax Amsterdam, im DFB-Pokal-Halbfinale am VfL Bochum. Die vor der Saison für überschaubares Geld gekommenen Offensivkräfte Uwe Bein von der Frankfurter Eintracht und Bruno Labbadia vom Zweitligisten Darmstadt hatten hervorragend eingeschlagen.

„An der finanziellen Schieflage des Vereins aber änderte sich trotz unserer sportlichen Erfolge und der Einnahmen aus dem Europapokal nichts. Als Naumann meinen Plan, Olaf Thon von Schalke 04 für die neue Saison zu verpflichten, aus finanziellen Gründen abschmetterte, wusste ich, dass ich mein Ziel, die Mannschaft Jahr für Jahr weiter umzubauen, um Anfang der Neunziger wieder um den Titel mitzuspielen, nicht erreichen konnte. Trotz eines noch drei Jahre laufenden Vertrags einigten sich Naumann und ich auf eine Trennung am Ende der Saison 1987/88.

Auch privat standen die Zeichen auf Veränderung. Das Familienleben hatte unter dem zeitlich und emotional fordernden Profifußball gelitten. Zwar wurde 1988 mein erster Sohn, Felix-Konstantin, geboren, das dritte gemeinsame Kind für Steffi und mich. In unserer Ehe allerdings knirschte es längst gewaltig; meine Eigenschaft, mich voll und ganz auf meinen Beruf zu fokussieren, ihm alles andere unterzuordnen, ging immer mehr zu Lasten der Familie. Steffi und ich begannen uns auseinanderzuleben und trennten uns schließlich, auch wenn wir erst 1997 geschieden wurden. Und dann, vielleicht musste es so kommen, lernte ich eine andere Frau kennen. Im Haus meines Bankberaters und Freundes Max traf ich eines Tages Nicola, die Max' Sohn in ihrer Freizeit Nachhilfe in Mathematik gab. Von da an liefen wir uns immer mal wieder über den Weg bei meinen Terminen mit Max. Ich spürte schnell, dass wir einander sehr sympathisch waren, doch der Altersunterschied – ich bin 13 Jahre älter als sie – stellte für mich zunächst ein größeres Hindernis dar.

So dauerte es eine Zeit lang, bis wir uns näherkamen – auf einem Sting-Konzert in der Alsterdorfer Sporthalle in Hamburg. In einer Musikpause wurde das Licht angeschaltet, ich schaute nach unten in den Innenraum und sah plötzlich Nicola mit ihrer Schwester zu mir heraufwinken. Wir gingen zusammen hinaus, tranken etwas und unterhielten uns über Gott und die Welt. So erfuhr ich auch, dass Nicolas Mutter genau wie meine aus Ostpreußen stammte, aber nicht nur das – beschwingt vom Sting-Auftritt hatte es gefunkt zwischen uns. Seit diesem außergewöhnlichen Abend sind wir zusammen.“

1. FC Saarbrücken
1989–1990

„Die zwei Jahre als HSV-Manager hatten mich in meiner Überzeugung bestärkt, dass meine Zukunft auf der Position des Trainers liegen könne. Zunächst erwarb ich den A-Schein, 1989 dann die Lizenz als Fußballlehrer. Es war eine schöne Zeit, weil ich in meinem Kurs auf Männer wie Uwe Reinders, Ewald Lienen, Christian Kulik und Benno Möhlmann traf, mit denen das Fußballspielen in den Praxisteilen der Ausbildung großen Spaß machte.

Viel mitgenommen habe ich allerdings nicht aus dem Trainerlehrgang. Allenfalls die Erkenntnis, dass viele Menschen nur unter Druck zu Höchstleistungen fähig sind – was ich vor ein paar Jahren noch einmal am eigenen Leib erfahren habe. An einem sonnigen Julinachmittag unternahm ich eine Bergtour im Karwendelgebirge, mein Ziel war die knapp 2.400 Meter hohe Westliche Karwendelspitze. Ich kam nur sehr langsam voran, etwa wie Reinhold Messner auf 8.000 Metern Höhe ohne Sauerstoffgeräte. 100 Meter vor dem Gipfel dann hatte ich plötzlich nur noch die Wahl, den Felsen weiter gerade hochzuklettern oder seitlich ein zehn Meter breites Schneefeld zu überqueren, von dem aus das Gelände 500 Meter tief abfiel. Den Aufstieg über den Felsen traute ich mir nicht mehr zu, blieb also nur das Schneefeld. Es war heiß, und ich hatte unglaubliche Angst, der Schnee könnte abrutschen und mich mit in die Tiefe reißen. Doch irgendwie schaffte ich es, das Feld zu überqueren, und was danach passierte, lässt sich kaum beschreiben: Das Adrenalin schoss mir durch den Körper, wie eine Gemse sprintete ich die letzten 100 Meter bis zum Gipfel hinauf, und noch Stunden später hatte ich das Gefühl, Berge versetzen zu können.

Wie gesagt: Für mich gibt es keinen Zweifel, dass der Mensch Druck braucht, um das Optimale aus sich herauszuholen. Und ich kann nichts Schlechtes daran finden, wenn ich als Trainer Druck auf einen Profi ausübe, um ihn zu Höchstleistungen zu treiben. Ein Spieler, der gewinnen und am liebsten Millionen verdienen will, muss auch bereit sein, mehr Leistung zu bringen als andere. Er muss willens sein, sich dem Druck zu stellen und mit diesem umzugehen."

Er hatte den Trainerschein noch nicht in der Tasche, da erhielt Magath ein Angebot des 1. FC Saarbrücken; erneut sollte er bei einem seiner Ex-Klubs als Manager einsteigen. Aus den Erfahrungen seiner Hamburger Zeit schlauer geworden, unterschrieb er einen jeweils zum Saisonende kündbaren Zweieinhalbjahresvertrag und begann am 3. November 1989 mit seiner Arbeit.

Magaths erster Profiklub war 1988/89 als Tabellendritter der 2. Bundesliga in den Relegationsspielen gegen Eintracht Frankfurt nur hauchdünn am Aufstieg vorbeigeschrammt. Am Tag seines Amtsantritts feierte seine neue Mannschaft unter Trainer Klaus Schlappner einen 3:0-Heimsieg gegen Hertha BSC und kletterte an die Tabellenspitze, punktgleich mit Eintracht Braunschweig und Wattenscheid 09, einen Punkt vor der Hertha. Den Berlinern und Wattenscheid konnten die Saarländer auf Dauer nicht Paroli bieten, doch es gelang ihnen, den dritten Rang zu verteidigen, der erneut zu den Relegationsspielen berechtigte.

Wie schon zu seiner aktiven Zeit in Saarbrücken wurde das letzte Saisondrittel von gravierenden Meinungsverschiedenheiten überschattet – damals, 1976, zwischen Trainer Cendic und dem Spieler Magath, nun zwischen Präsident Norbert Walter und dem Manager Magath. Im Zentrum des Streits stand Anthony Yeboah, der wuchtige Mittelstürmer, der in seinen ersten zwei Jahren im deutschen Profifußball mit 26 Zweitligatoren für Furore gesorgt hatte. Magath wollte den Vertrag des Ghanaers als Eckpfeiler der Mannschaft verlängern, gleichzeitig trieb Walter den Transfer des Torjägers nach Frankfurt voran, verhandelte selbst mit Eintracht-Manager Udo Klug und verkaufte Yeboah schließlich, ohne Magath und Schlappner vorher einzuweihen.

Wieder scheiterte der FCS knapp in der Relegation, diesmal am VfL Bochum. Magath, ernüchtert und enttäuscht, machte von seiner Kündigungsklausel Gebrauch und verließ das Saarland schon nach acht Monaten. Er wechselte nach Uerdingen, wo er ebenfalls auf dem Stuhl des Managers Platz nahm.

Bayer Uerdingen
1990–1992

„Der langjährige Bayer-Manager Reinhard Roder, der mir 1973 als Trainer von Göttingen 05 schon einmal über den Weg gelaufen war, hatte ein Angebot der Berliner Hertha angenommen und suchte nun selbst einen Nachfolger für sich. Roder hatte soeben den großen Star der Uerdinger, den Dänen Brian Laudrup, für stolze sechs Mio. Mark an den FC Bayern verkauft, und dieses Geld sollte in neue Spieler investiert werden, um die Qualität der Mannschaft zu erhöhen – eine sehr verlockende Aufgabe. Weil die Preise gerade für Offensivspieler nach der Weltmeisterschaft 1990 in schwindelerregende Höhen schossen, holte ich zunächst jedoch nur den rumänischen Nationalspieler Michael Klein, der ein paar Jahre später, 1993, während eines Trainingslaufs tragischerweise an einem Herz-Kreislaufversagen starb.

Trainiert wurde Bayer pikanterweise von Horst Wohlers – der Mann, wegen dessen Schauspieleinlage ich 1979 um ein Haar für viele Wochen aus dem Verkehr gezogen worden wäre. Wohlers spielte gerne Golf, die Mannschaft jedoch keinen guten und erst recht keinen erfolgreichen Fußball. Nach einer 0:4-Niederlage in Frankfurt am 14. Spieltag lag nur noch ein Punkt zwischen uns und einem Abstiegsplatz. Nach Beratungen mit dem Vorstand entschlossen wir uns zu einem Trainerwechsel. ‚Was ist mit Karlheinz Feldkamp als Nachfolger?', fragte ich, hatte der Kalli in den Achtzigern doch drei Jahre lang mit großem Erfolg in der Grotenburg gearbeitet. ‚Herr Magath', lautete die Antwort, ‚der beste Trainer, den wir je hatten, war Timo Konietzka. Versuchen Sie den zu einer Rückkehr zu bewegen.'

Gut, fuhr ich eben in die Schweiz. Konietzka hatte rund vier Jahre lang keinen Verein mehr betreut und hielt sich am liebsten in den Schweizer Bergen auf. Wir trafen uns irgendwo auf 1.000 Metern Höhe, und ich verpflichtete ihn schließlich – sehr zur Freude des Uerdinger Vorstands, gegen meine eigene Überzeugung. Und mein Gefühl trog nicht. Schnell begann Konietzka, zusammen mit Leuten aus dem Umfeld des Vereins Stimmung gegen mich zu machen, statt sich auf seine Arbeit mit der Mannschaft zu konzentrieren – mit der Folge, dass wir in der Tabelle immer weiter absackten. Am Ende der Hinrunde lagen wir nur noch einen Punkt vor einem direkten Abstiegsplatz."

In der Winterpause investierte Magath die restlichen Millionen aus dem Laudrup-Transfer. Er kaufte neben Kleins Landsmann Daniel Timofte, der die ihm zugedachte Rolle des Spielmachers jedoch nicht ausfüllen konnte, zudem für knapp 2,5 Mio. Mark Stephane Chapuisat vom FC Lausanne. Chapuisat, ein absoluter Toptorjäger, wie der weitere Verlauf seiner Karriere bewies, hätte Bayer mit Sicherheit sofort weitergeholfen, erlitt aber schon bei einem Hallenturnier während der Rückrundenvorbereitung einen Innenbandriss. Der Schweizer fiel bis Mitte April aus und konnte nur noch zehn Spiele bestreiten, ehe er nach Saisonende für 2,7 Mio. Mark zu Borussia Dortmund wechselte.

Sportlich blieb die Lage trostlos, die Unruhe im Verein wuchs von Woche zu Woche. Magath rückte in den Mittelpunkt der Kritik und musste einmal sogar mit Polizeischutz aus dem Stadion geleitet werden. Als Bayer vom 29. bis zum 32. Spieltag vier Begegnungen in Folge verlor und der Abstieg nicht mehr abzuwenden war, trennte sich der Klub von Konietzka. Mit Friedhelm Funkel auf der Bank bestritt Uerdingen die letzten beiden Bundesliga-Spiele und verabschiedete sich mit einem 2:2 beim FC Bayern am 34. Spieltag mit Anstand in die Zweitklassigkeit.

Nach Saisonende wollte Magath aufhören, wurde jedoch vom Vorstand gebeten, noch einige Zeit an Bord zu bleiben. Er ließ sich überreden und arbeitete gemeinsam mit Funkel am Aufbau einer neuen Mannschaft. Nach schwachem Saisonstart kletterten die Uerdinger höher und höher in der Tabelle, und nach dem letzten Spiel des Jahres 1991, einem 0:0 gegen den VfB Oldenburg am 22. Spieltag, gingen sie als Spitzenreiter mit drei Punkten Vorsprung auf Hannover 96 in die fast dreimonatige Winterpause.

Das Feld war bestellt, am 15. Januar 1992 legte Magath den Managerposten nieder. Funkel schaffte mit Bayer in dieser Saison als souveräner Meister den ersten seiner sechs Bundesliga-Aufstiege als Trainer.

„Vom Fußball hatte ich nach diesen ersten sechs Jahren nach Ende meiner aktiven Karriere erst einmal die Nase voll. Ob in Hamburg, in Saarbrücken oder in Uerdingen – immer wieder hatte das übersteigerte Ego von Entscheidungsträgern dazu geführt, den Mannschaftserfolg in Gefahr zu bringen und mir die Freude an meiner Arbeit geraubt. Einen vierten Versuch als Manager schloss ich aus; blieb also nur der Trainerberuf, wenn ich irgendwann wieder im Fußball arbeiten wollte. ‚Doch dazu', sagte ich mir, ‚musst du auch dein Verhältnis zur Presse ändern.'

Zwar hatte ich nach wie vor kein anderes Ziel, als Spieler und Mannschaften zu entwickeln und Spiele und Titel zu gewinnen, doch ich begriff nun, dass ich die Journalisten nicht nur als notwendiges Übel betrachten durfte, sondern mehr auf sie zugehen und professioneller mit ihnen arbeiten musste. Ich musste lernen damit umzugehen, dass einige über den Fußball nicht aus Liebe zum Spiel berichten, sondern sich als Entscheider ohne Verantwortung fühlen und sich ins Vereinsleben einmischen. Doch schließlich sorgt nicht zuletzt die umfangreiche Berichterstattung der Medien und das hohe Interesse der Öffentlichkeit dafür, dass Spieler, Manager und Trainer im Fußball sehr viel Geld verdienen können."

FC Bremerhaven
1992–1993

Wie einst als Spieler, so begann Magath auch in seinem neuen Beruf als Trainer weit unten, beim FC Bremerhaven in der viertklassigen Verbandsliga. Ein kleiner Verein, in dem der Trainer im Grunde für alles verantwortlich ist, genau so hatte er sich seine ersten Schritte vorgestellt. Den langjährigen Vereinspräsidenten Bernd Günther, den starken Mann der Bremerhavener, hatte er in seiner Zeit als Manager in Hamburg kennengelernt und im Büro von dessen Finanzdienstleistungsfirma in die Geschäfte auf dem Kapitalmarkt hineingeschnuppert. Nun bot ihm Günther die Stelle als Trainer „seines" FC an, Magath willigte ein.

> *„Den Trainerjob im Bremerhaven habe ich bewusst angenommen, um meine Karriere ‚unten' zu beginnen und zu lernen, eine Mannschaft unter den schwierigsten Bedingungen erfolgreich zu trainieren.*
>
> *In einer Amateurmannschaft kommt es schon einmal vor, dass ein Spieler zum Training oder sogar zum Spiel nicht erscheint. So ist es mir auch im entscheidenden Aufstiegsspiel passiert: Unser linker Verteidiger kam nicht, und niemand wusste, wo er war.*
>
> *Viele Spieler des FC Bremerhaven mussten ihr Geld nicht mit dem Fußball verdienen, sondern den ganzen Tag über*

arbeiten, der eine oder andere auch körperlich. So kam es zweimal vor, dass Kreislaufprobleme beim Training auftraten.

Fußball ist kein Schach, und die Spieler sind keine Figuren, sondern Menschen, die von Gefühlen geleitet werden. Wenn du als Trainer Spieler und Mannschaften entwickeln und verbessern willst, musst du ihnen auf dem Platz eine klare Ordnung und klare Strukturen vorgeben, an denen sie sich orientieren können. Außerhalb des Fußballfeldes dagegen habe ich meinen Spielern nie etwas vorgeschrieben, da habe ich sonntagsmorgens beim Auslaufen auch mal einen wieder ins Bett geschickt, wenn ich sah, dass ihn die Siegesfeier in der Nacht zuvor etwas zu sehr mitgenommen hatte.

Ich habe immer dazu gestanden, dass ich Fitness als eine der Grundvoraussetzungen für den Erfolg des Einzelnen und der Mannschaft ansehe, doch wenn meine Arbeit mancherorts noch immer als ‚unmenschlich' eingestuft wird, dann ist das eine unsachliche Bewertung. Ich bin einer, der immer auf seine Spieler eingegangen ist.

Klar, ich habe immer gesagt und davon bin ich auch heute noch überzeugt, dass ein Profi seinem Verein während der Saison grundsätzlich sieben Tage die Woche zur Verfügung stehen muss, vor allem wenn er siebenstellig verdienen will. Die Spieler müssen einen Trainer natürlich nicht lieben, aber gejammert über mich und mein Training haben nur die, die bei einer meiner Entscheidungen hinten runtergefallen sind, die ich nicht aufgestellt habe. Komisch in diesem Zusammenhang ist, dass vor allem von meinem angeblich so harten Training berichtet wurde, aber kaum ein Journalist geschrieben hat: ‚Gut, er trainiert viel, aber seine Spieler sind immer topfit und bei ihm gibt es auch so gut wie nie Verletzte.' Denn diese Art von Schlagzeilen bringen keine Auflage und generieren keine hohe Anzahl von Klicks. Du kannst gar nicht zu viel trainieren, weil der Körper das nicht mitmachen würde. Du kannst falsch trainieren, ja, das ist kein Problem. Wenn ich einen Tag vor dem Spiel 500 Bocksprünge machen lasse, dann wird's am Spieltag schwierig für die Mannschaft. Mein Training aber war immer so ausgerichtet, dass meine Spieler problemlos dreimal die Woche 90 Minuten lang Gas geben konnten, das habe ich immer hingekriegt.“

Hamburger SV
1993–1997

DIE ERSTE SAISON

Das Jahr in der Verbandsliga hatte endgültig Magaths Ehrgeiz geweckt, auch in seiner dritten Karriere als Trainer ganz nach oben zu kommen. Nun plante er den nächsten Schritt. Zufällig lief er bei einer Veranstaltung in Hamburg Benno Möhlmann über den Weg, den er in seiner Zeit als Manager im Herbst 1987 aus Bremen zum HSV gelotst und mit dem er gemeinsam 1989 die Fußballlehrerlizenz erworben hatte. Möhlmann zeichnete nach einigen Jahren als Nachwuchs- und Co-Trainer seit September 1992 für die Bundesliga-Profis des HSV verantwortlich und suchte in jenen Tagen nach einem neuen Assistenten. Magath zeigte Interesse, und nach einem Gespräch mit Manager Heribert Bruchhagen und Präsident Jürgen Hunke unterschrieb er einen Dreijahresvertrag als Möhlmanns Assistent und Trainer der zweiten Mannschaft.

> *„So kehrte ich fünf Jahre nach meinem Aus als Manager zum HSV zurück. Gut zwei Jahre lang übte ich diese Doppelfunktion aus – eine sehr intensive, anstrengende, aber auch sehr lehrreiche Zeit. Nach den Rängen 12 und 13 in den Jahren 1993/94 und 1994/95 gingen wir 1995/96 in unser drittes gemeinsames Bundesliga-Jahr. Plötzlich wurde jeden Tag in*

der Bild *ein anderer Hamburger Bürger mit stets der gleichen Forderung zitiert: Uwe Seeler müsse neuer Präsident werden. ‚Benno', sagte ich zu Möhlmann, der sich hervorragend mit Hunke-Nachfolger Ronald Wulff verstand, ‚da ist etwas im Busch.' Ich spürte, dass sich etwas zusammenbraute hinter den Kulissen, erst recht, nachdem wir von den ersten acht Punktspielen kein einziges gewannen, sondern sechsmal unentschieden spielten, und auch im DFB-Pokal in Bielefeld die Segel strichen.*

Möhlmann, ein sehr netter Kerl, fast zu gut für diese Welt, hörte nicht auf mich. Dann, nach einem 1:1 beim KFC Uerdingen am achten Spieltag, waren binnen einer Woche beide weg – zuerst er, dann Präsident Wulff. Dessen Posten übernahm, zunächst interimsmäßig, Uwe Seeler.

Bruchhagen kam auf mich zu und fragte mich, ob ich Möhlmanns Nachfolge antreten wolle. Ich überlegte kurz und sagte dann zu, ohne vorher noch einmal mit Benno zu reden. Ich hatte ihm stets nach besten Kräften zugearbeitet und ihm unter vier Augen offen meine Meinung gesagt, ihn oft bestätigt, andere seiner Entscheidungen kritisiert, so, als er einen Kleinkrieg mit der Bild*-Zeitung begann oder was seinen Umgang mit schwierigen Spielern wie Sergio Zarate, Valdas Ivanauskas, Michael Kostner oder Andreas Sassen betraf. Sollte ich nun, nach seiner Entlassung, auf ihn zugehen, um ihm zu versichern, dass ich nie hinter seinem Rücken gegen ihn gearbeitet hatte? Ich habe nicht mit ihm gesprochen, weil ich ein reines Gewissen hatte, und Benno hat mir auch nie einen Vorwurf gemacht. Dennoch finde ich es heute schade, dass wir uns nie über diese letzten Septembertage unterhalten haben.*

Zehn Jahre lang Spieler, danach Manager, Amateurtrainer, Co-Trainer bei den Profis und nun Cheftrainer – außer Platzwart hatte ich so gut wie alles durch beim HSV, und ich sage noch heute: Der HSV, das ist mein Verein, und Hamburg, das ist meine Stadt, für mich die schönste der Welt. Probleme habe ich, wenn Spieler schon nach einem halben Jahr in einem Klub das Wappen auf ihrem Trikot küssen oder ein Trainer nach den ersten Spielen davon redet, das sei ‚sein' Verein. Ich würde trotz meiner geglückten Mission Klassenerhalt im Jahr 2022 ja auch nie behaupten, ich sei ein Berliner. Ich freue mich, dass ich es damals geschafft habe, die Hertha zu retten – weil ich damit jedoch gleichzeitig den Wiederaufstieg des HSV verhindern musste, fiel auch ein dicker Wermutstropfen in den Freudenbecher.

Obwohl ich den HSV auf Abstiegsplatz 17 übernahm, verkündete ich meine Ziele vom ersten Tag an offensiv: Ich wollte als Trainer die gleichen Erfolge feiern wie als Spieler, ich wollte Deutscher Meister und Europapokalsieger werden. Doch im Herbst 1995 hatte der Verein hinten und vorne kein Geld, ich konnte keine müde Mark ausgeben. Es gab kein Fitnesscenter, keinen Kraftraum oder ähnliches, nur einen Turnraum mit einer Sprossenwand und – Medizinbälle. Die großen braunen Bälle waren da, ich habe sie nicht angeschafft, und ich habe immer und überall versucht, aus dem, was ich bei einem Verein vorgefunden habe, das Maximale herauszuholen, also auch aus Medizinbällen.

Ich habe immer dazu gestanden, dass ich mit Medizinbällen arbeite, weil sie ein vielseitiges Trainingsgerät sind. Nur haben sich die Medien immer wieder mit Begeisterung auf dieses Thema gestürzt, wenn sich mal wieder ein Spieler beschwert hat, ich würde zu viel oder zu hart trainieren. Ich habe mich nie irritieren lassen, denn es ist doch so: Ich habe bei jedem Verein am ersten Tag im Spielerkreis gesagt: ‚Wir wollen Erfolg haben, wir wollen Spiele und Titel gewinnen, also werden wir ein bisschen mehr trainieren als die anderen. Wollt ihr das auch?' Nie hat einer ‚nein' gesagt. Im Übrigen habe ich nie mehr von meinen Spielern verlangt als das, was wir als Spieler unter Zebec leisten mussten.

In Hamburg hatte ich mit meiner Art zu trainieren Erfolg. Völlig logisch also, dass ich auch bei meinen weiteren Vereinen die Medizinbälle aus dem Schrank geholt habe. Im Übrigen weiß ich aus vielen Gesprächen, dass viele Sportler aus anderen Disziplinen, darunter auch Olympiasieger und Weltmeister, nach wie vor erfolgreich mit Medizinbällen arbeiten. Und dies in vielen – übrigens sehr viel schlechter bezahlten – Sportarten, in denen ein sehr viel höherer Trainingsaufwand gefordert ist als beim Fußball. Aber jetzt Schluss mit diesem Thema, schließlich haben weder meine Mannschaften noch ich als Spieler mit Medizinbällen Tore erzielt, sondern nur ein paar Grundlagen dafür gelegt, dass wir auch gegen Ende der Spiele körperlich noch in der Lage waren, Tore zu schießen.“

Es ist eine der schwierigsten Aufgaben überhaupt für einen Trainer, einen Traditionsverein aus einem längeren Tief wieder nach oben zu führen. Ottmar Hitzfeld hatte es in der Saison 1994/95 geschafft, als er mit Borussia Dortmund den ersten Meistertitel seit 1963 gewann. Die Aufgabe, es Hitzfeld nachzumachen und aus dem HSV wieder eine Spitzenmannschaft zu formen, reizte Magath ungemein.

In seinem Premierenspiel erreichten die Hanseaten zu Hause gegen München 1860 nur ein 2:2. Noch vor Ende der Hinrunde sorgte er für fette Schlagzeilen, weil er den größten Star der Mannschaft plötzlich außen vor ließ: Jordan Letschkov, den Held der Bulgaren, der die deutsche Nationalelf im Viertelfinale der Weltmeisterschaft 1994 aus dem Wettbewerb geköpft hatte, weil er bei der Flanke vor seinem 1:2 vom um drei Kopf kleineren Thomas Häßler bewacht worden war.

„‚Jordan, spiel früher ab', sagte ich immer wieder zu ihm, ‚lauf nicht so viel mit dem Ball, lass den Ball laufen!' Doch Letschkov war nicht bereit, sein Spiel zu ändern. In der Halbzeit der Partie in Stuttgart am 16. Spieltag wechselte ich ihn aus und setzte ihn nie mehr ein. Einen Profi, der vor allem auf sich und seine eigene Leistung schaut, kann ein Trainer nicht gebrauchen, denn ich bin für den Erfolg der gesamten Mannschaft und damit des Vereins verantwortlich.

Ein junger Trainer wagt es, einen Weltklassespieler aus der Mannschaft zu werfen: Diese Maßnahme stieß nicht überall auf Zustimmung, auch in der Vereinsführung nicht. Aber ich muss als Trainer immer wieder unpopuläre Entscheidungen treffen. Aus diesem Grund habe ich, genau wie einst Zebec und Happel, nie die Nähe zu meinen Spielern gesucht, sondern stets etwas Abstand gehalten, um mit möglichst wenig Emotionen, rein nach Leistungskriterien entscheiden zu können. Ich bin überzeugt, dass diese ganz bewusste Entscheidung ein Teil meines Erfolgs auf allen Stationen war.

Neueinkäufe konnte sich der HSV nicht leisten, sodass ich auf Spieler aus dem eigenen Verein zurückgriff. Im Lauf der Saison setzte ich acht (!) Jungs aus meiner früheren Amateurmannschaft in der Bundesliga ein, Francisco Copado, Hasan Salihamidzic, Marijan Kovacevic und Daniel Stendel entwickelten sich zu Stammspielern. Eine außergewöhnliche Quote, die ich danach sogar noch einmal übertroffen habe – in Stuttgart, als die ‚Jungen Wilden' geboren wurden, die bis heute die Marke VfB prägen."

Auch ohne Letschkov und teure Neuverpflichtungen kletterte der HSV schnell nach oben. Auf Rang fünf ging es in die Winterpause, in der das Präsidium Copado für 800.000 Mark an den RCD Mallorca verkaufte, was eine spürbare Schwächung der Mannschaft bedeutete. Dennoch begann das neue Jahr mit einem umjubelten

2:1-Heimsieg gegen die Bayern, und auch in der Rückrunde konnten sich die Hamburger im ersten Tabellendrittel behaupten.

Schon damals, auf seiner ersten Station als Trainer, ließ Magath mit ungewöhnlichen Aktionen aufhorchen. Im Auswärtsspiel in Rostock im April 1996 etwa bescherte er der Bundesliga ein Novum, als in den letzten zehn Minuten zwei HSV-Torhüter gleichzeitig auf dem Platz standen. In der Woche vor der Begegnung hatten sich mehrere Profis krank oder verletzt abgemeldet; den Hamburger Antrag, mehr als die erlaubten drei Amateure einsetzen zu dürfen, schmetterte der DFB ab. So konnte Magath an der Ostsee gerade noch eine einigermaßen bundesligataugliche Elf aufbieten, ein Stürmer saß nicht mehr auf der Bank. In der 80. Minute, Hansa führte 2:0, versuchte er es mit der Brechstange: Er wechselte Ersatztorhüter Holger Hiemann für Daniel Stendel ein, stellte ihn zwischen die Pfosten und beorderte die 1,99 Meter große Nummer eins, Richard Golz, in die Sturmspitze. Provisorisch klebten die Betreuer dem stürmenden Schlussmann eine zusätzliche „1“ auf das Trikot, sodass er so etwas wie eine „11“ trug. Doch auch mit zwei Torhütern auf dem Feld verlor der HSV mit 0:2.

Auf Rostock folgte eine Serie von fünf Spielen ohne Niederlage, und als der HSV auch am letzten Spieltag in Frankfurt mit 4:1 gewann, schob er sich erneut auf Rang fünf nach oben und qualifizierte sich für den UEFA-Pokal.

DIE ZWEITE SAISON

„Anstatt uns für diesen Erfolg aus dem Nichts zu belohnen und in neue Spieler zu investieren, verkaufte die Vereinsführung nach Saisonende meinen Kapitän Jörg Albertz zu den Glasgow Rangers; dies, obwohl ein Passus in meinem Vertrag besagte, dass kein Spieler ohne meine Einwilligung abgegeben werden dürfe. Erneut fragte ich einen Anwalt, was ich unternehmen könne. ‚Gar nichts‘, antwortete der Jurist, zumal der

Fall ohnehin erst ein, zwei Jahre später verhandelt werden würde. Zum zweiten Mal hätte ich vor Gericht keine Chance, obwohl ich das Recht auf meiner Seite wusste. Ich plante, nach der Saison ins Ausland zu wechseln, und weil ich keinen Berater, keinen Manager hatte, rief ich DFB-Präsident Egidius Braun an, den ich bei der WM 1986 näher kennengelernt hatte. Damals hatte Braun, der Delegationsleiter der Nationalmannschaft, mich als erfahrenen, neutralen Spieler ins Vertrauen gezogen, als die internen Querelen zwischen Kölner und Münchner Profis zu eskalieren drohten. Nun hatte ich die Hoffnung, dass mir der Präsident mit seinen Kontakten eine Brücke ins Ausland bauen würde."

Doch Braun konnte – oder wollte – Magath nicht helfen, im Gegenteil: Einige Zeit später erfuhr Uwe Seeler von dem Telefonat, was das Verhältnis des Trainers zum Hamburger Präsidium nicht unbedingt verbesserte.

Zunächst machte er weiter, obwohl der Konflikt von da an stets im Hintergrund schwelte. Die Spannungen verstärkten sich, als Magath die Mannschaft mit dem Dortmunder Michael Zorc verstärken wollte, der nach Differenzen mit Ottmar Hitzfeld mit einem Wechsel liebäugelte. Magath sah in Zorc seinen neuen Abwehrchef, aber auch diesen Transfer lehnte das Präsidium aus finanziellen Gründen ab. Er musste sich nach einem anderen Innenverteidiger umsehen und fand ihn schließlich in dem dänischen Nationalspieler Jakob Friis-Hansen von Girondins Bordeaux, der jedoch nicht die Qualität eines Zorc mitbrachte.

Prompt lief's nicht mehr in der neuen Saison. Im UEFA-Pokal schied der HSV im Achtelfinale sang- und klanglos mit insgesamt 0:5 Toren gegen AS Monaco aus, und nach Rang elf in der Hinrunde ging's 1997 auch in der Bundesliga weiter bergab. Mitte April verspielten die Hanseaten durch ein 1:2 im Pokal-Halbfinale in Stuttgart die letzte Chance, auch 1997/98 international dabei zu sein.

„Neben dem HSV gab es in diesen Frühlingstagen in Hamburg ein zweites großes Thema in meinem Bekanntenkreis: Einige bereiteten sich auf ihren ersten Marathon vor, den sie Ende April in der Hansestadt bestreiten wollten. Monatelang trainierten sie darauf hin und redeten von nichts anderem – bis es mir zu viel wurde. ‚Wenn ich mein Leben lang Sport getrieben habe, werde ich ja wohl in der Lage sein, 42 Kilometer zu laufen, ohne vorher wochenlang zu trainieren', dachte ich mir und sprach es auch laut aus.

Danach gab es kein Zurück mehr, und so stand ich am 27. April, einem Sonntag, am Start des Hamburg-Marathons – ohne spezielles Training. Dass ich ausgerechnet in Hamburg antrat, ließ den Druck für mich weiter steigen: Wäre ich in New York oder in Boston gelaufen, hätte ich vielleicht bei Kilometer 30 eine Abkürzung nehmen können. In ‚meiner' Stadt aber ruhten viele Augen auf mir, ich konnte und wollte es mir keinesfalls leisten, vorzeitig aufzugeben. Die Bild*-Zeitung stellte mir ihren Reporter Frank Ernst zur Seite, einen erfahrenen Marathonläufer. Ohne ihn hätte ich es sicher nicht geschafft, denn auf den ersten Kilometern hatte ich stets das Bedürfnis das Tempo mitzugehen, wenn ich von einer Frau oder einem älteren Mann überholt wurde – so hätte ich das Ziel nie erreicht. Ernst aber lief immer neben mir und gab das Tempo vor, sodass ich mich nach 3:54.04 Stunden mit letzter Kraft über die Ziellinie schleppte. Dass es so schwer werden würde, hatte ich nicht für möglich gehalten."*

Sechs Tage nach diesem ersten und letzten Marathonlauf seines Lebens feierte Magath seinen letzten Sieg als HSV-Trainer, ein 3:2 gegen Bremen. Danach setzte es zwei happige Niederlagen, 0:5 in Leverkusen und 0:4 zu Hause gegen den 1. FC Köln, und am Pfingstsonntag um 22 Uhr wurde er beurlaubt. Zu diesem Zeitpunkt, zwei Spieltage vor Saisonende, belegten die Hanseaten Platz 15, mit fünf Punkten Vorsprung auf einen Nichtabstiegsplatz.

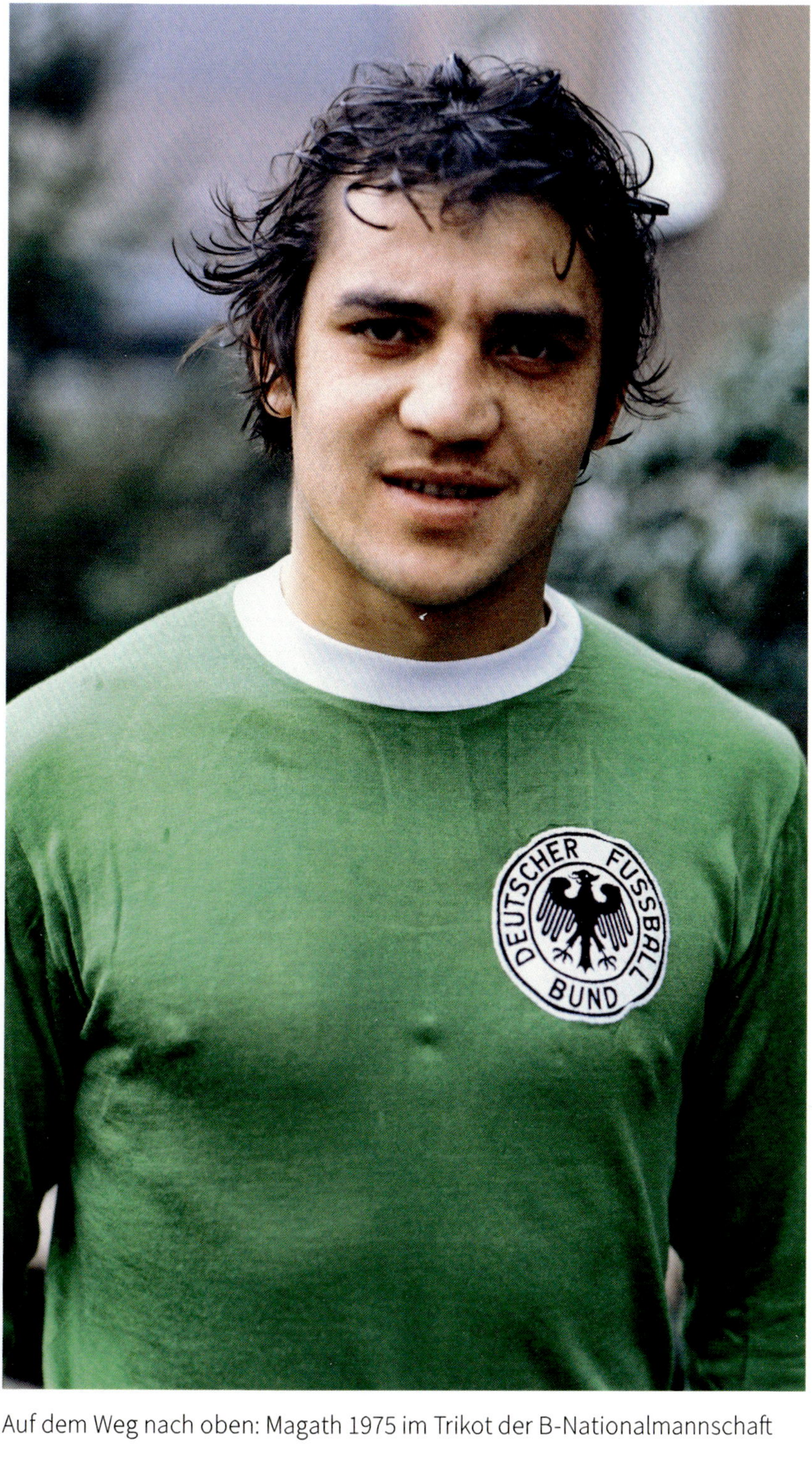

Auf dem Weg nach oben: Magath 1975 im Trikot der B-Nationalmannschaft

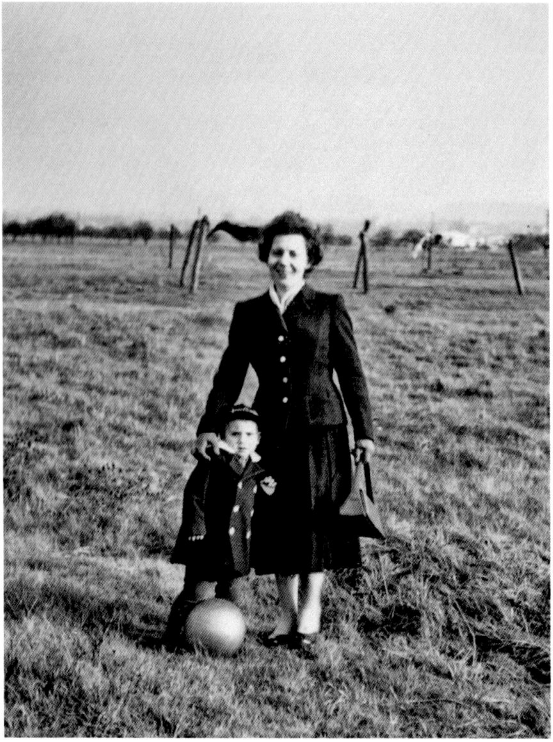

Nilkheim: Helene und Wolfgang Felix Magath auf einer der Wiesen des Aschaffenburger Vororts

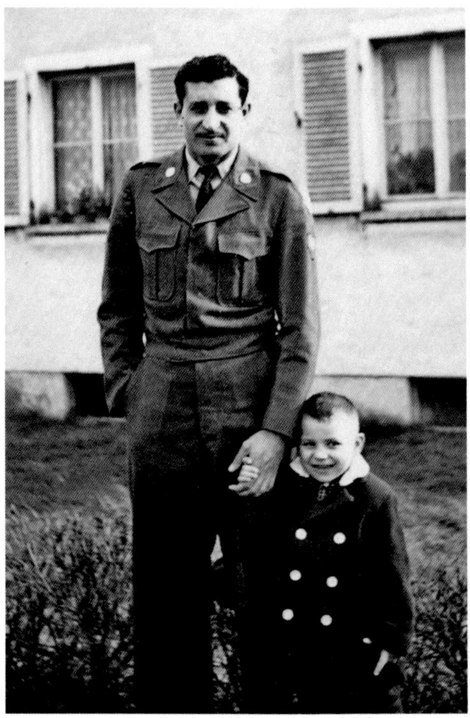

Der große und der kleine Felix: Magath mit seinem Vater

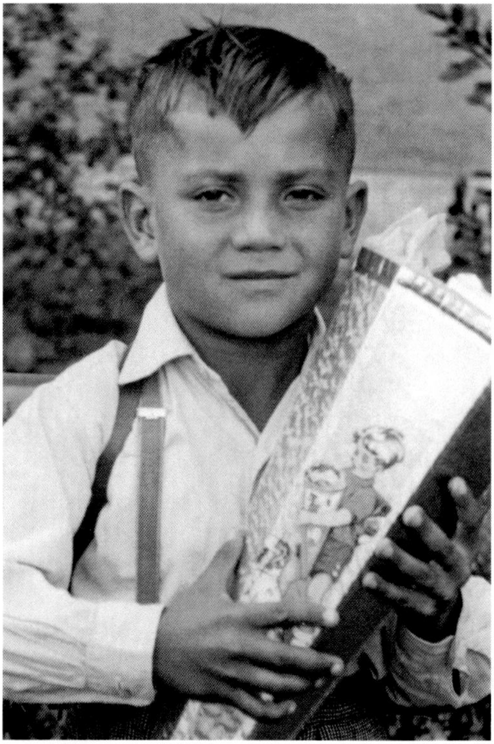

ABC-Schütze:
Magath bei seiner
Einschulung 1959

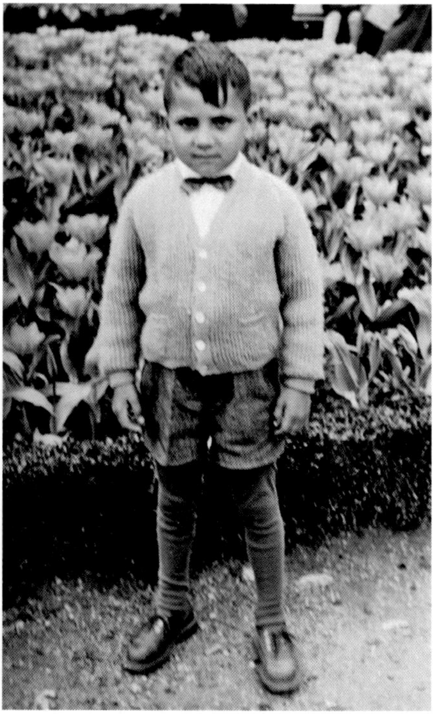

Mann mit Fliege:
Wolfgang Felix in
seinem Festtagsanzug

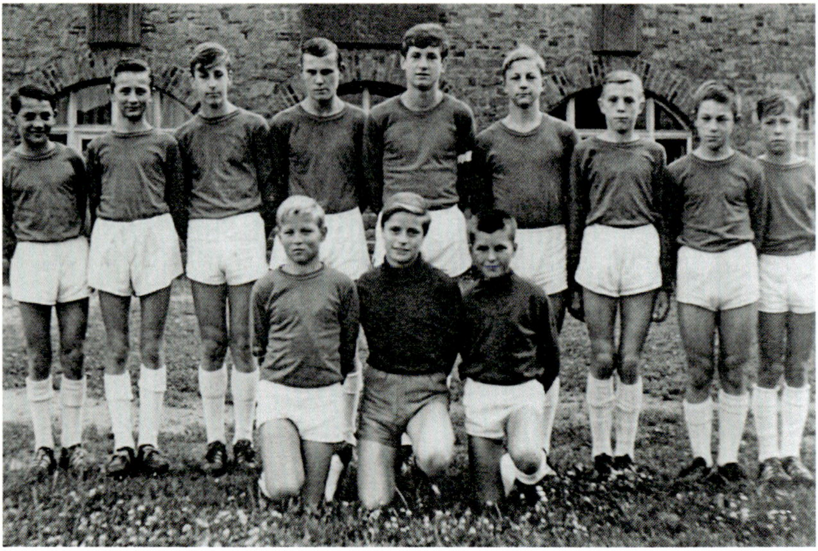

Die Anfänge: Magath (oben links) zu Beginn seiner Zeit beim VfR Nilkheim

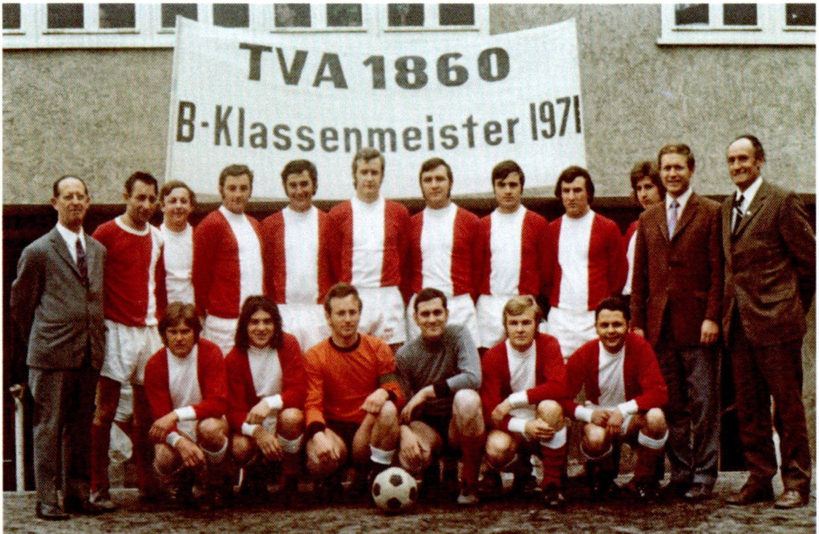

Erster Titel: Magath (unten mit wallendem Haar) feiert mit dem TV 1860 Aschaffenburg die B-Klassenmeisterschaft.

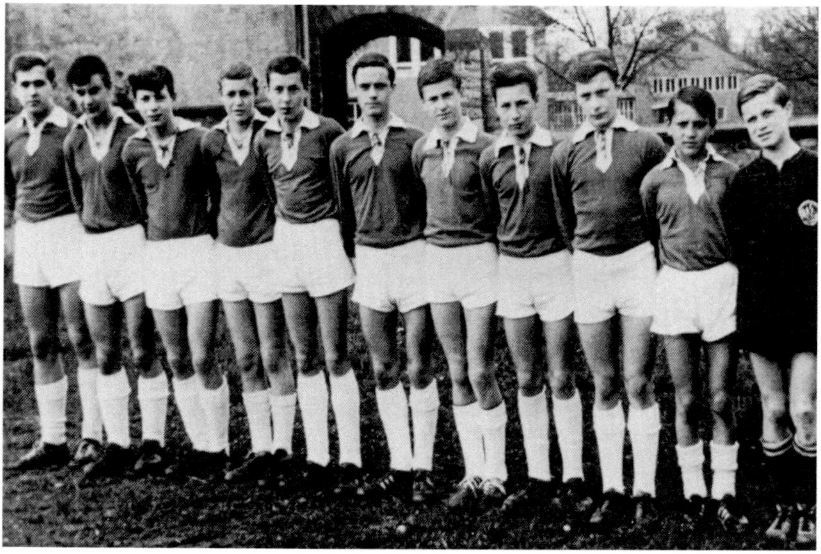

Erste Erfolge: Magath (2. von rechts) als C-Jugend-Gruppenmeister und Kreispokalsieger 1965/66

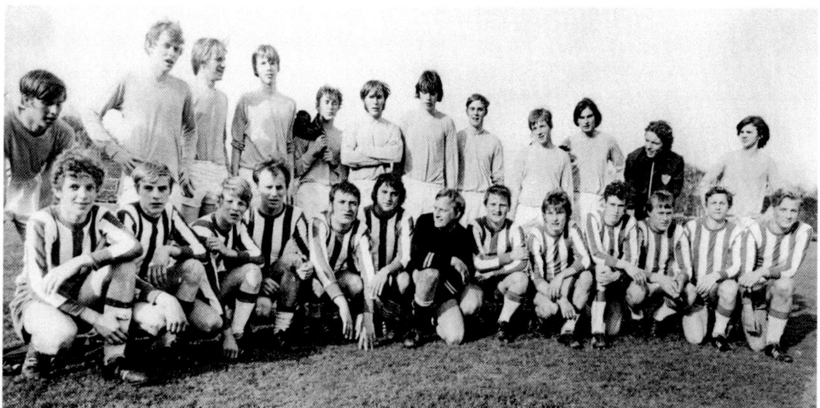

Erste Auslandsauftritte: Der TV 1860 und Magath (unten neben dem Torhüter) bei einem Turnier in Schweden

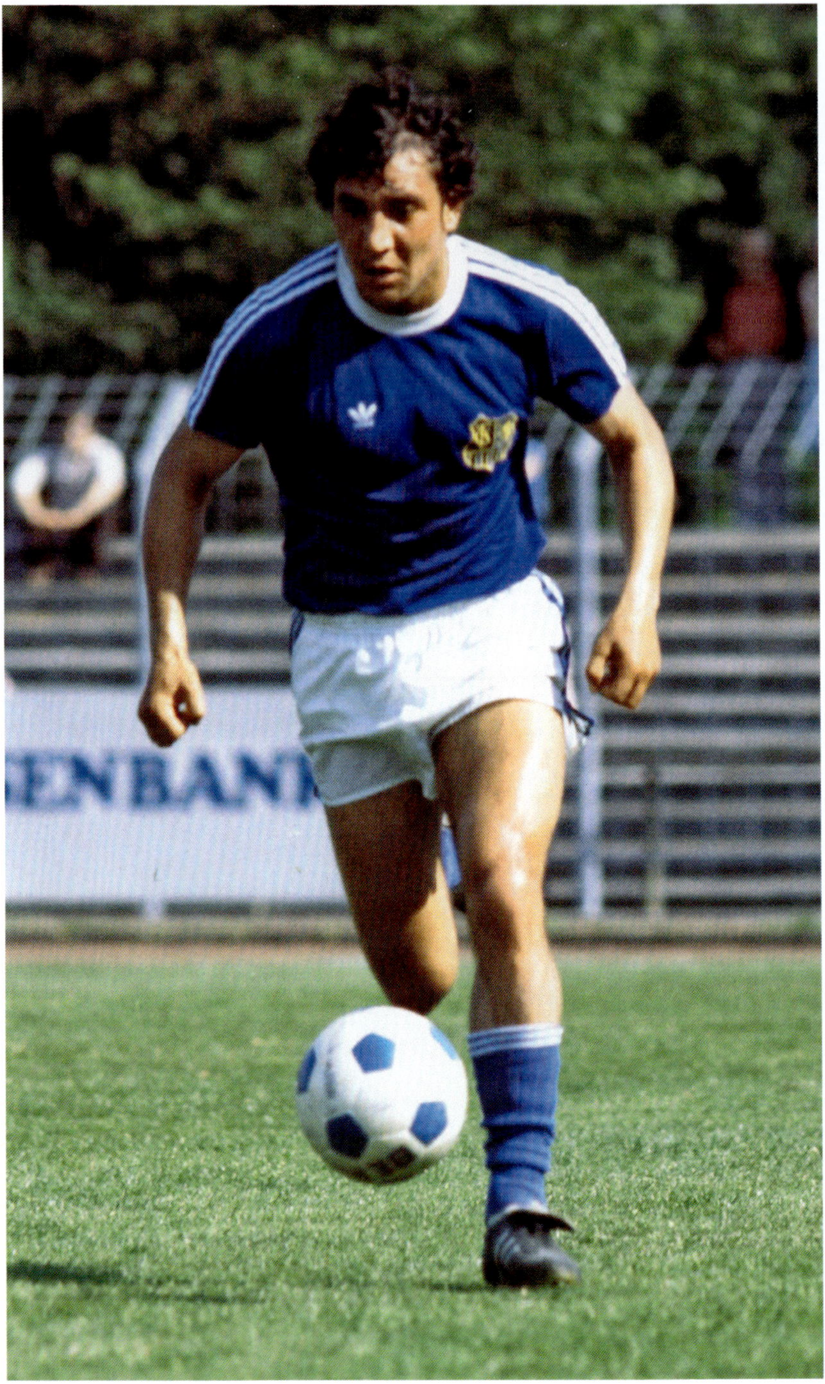

Erste Profistation: Magath am Ball in einem Spiel des 1. FC Saarbrücken beim SSV Reutlingen

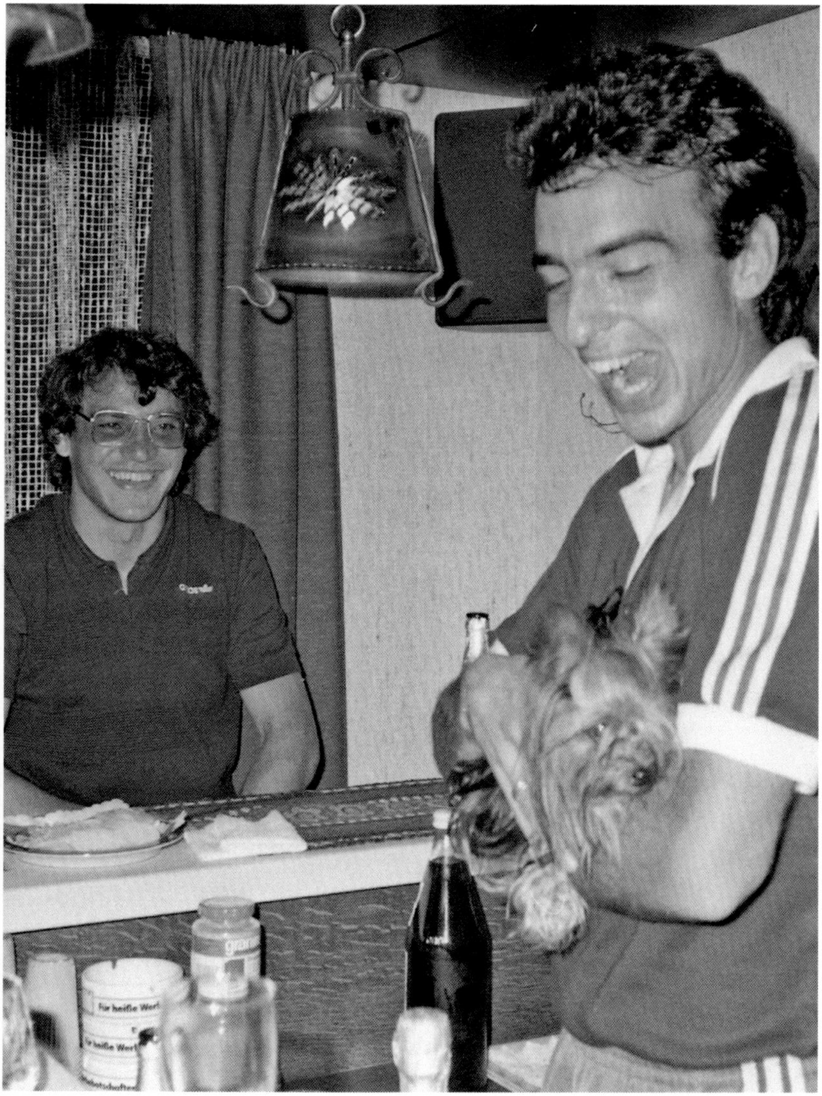

Mittelfeld-Strategen: Magath während eines Besuchs im Partykeller seines Nationalmannschaftskollegen Hansi Müller in Stuttgart

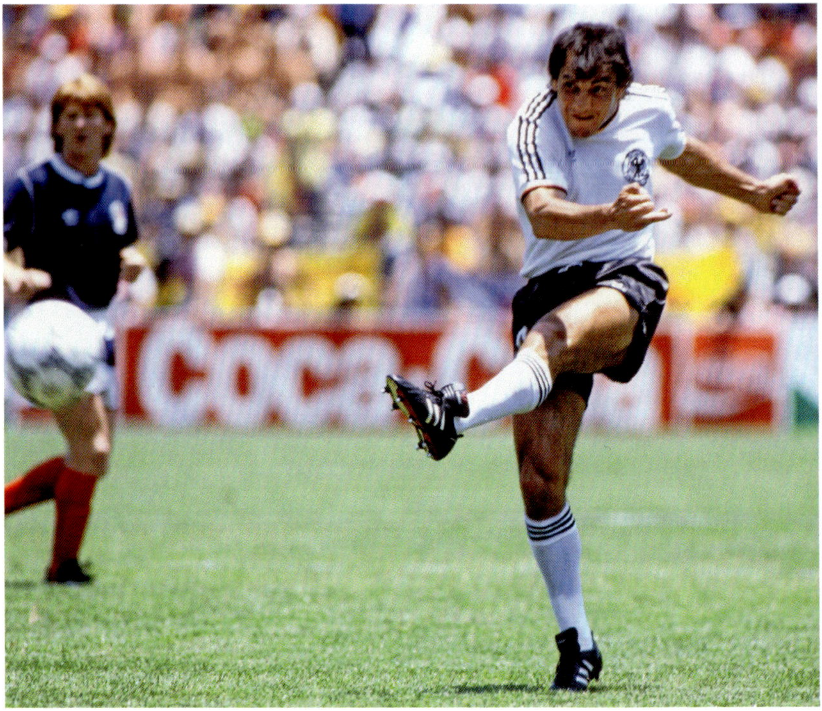

Das letzte Turnier: Magaths kerniger Distanzschuss im Spiel gegen Schottland bei der WM 1986 in Mexiko landet nicht im Tor.

Foto: IMAGO/Horstmüller

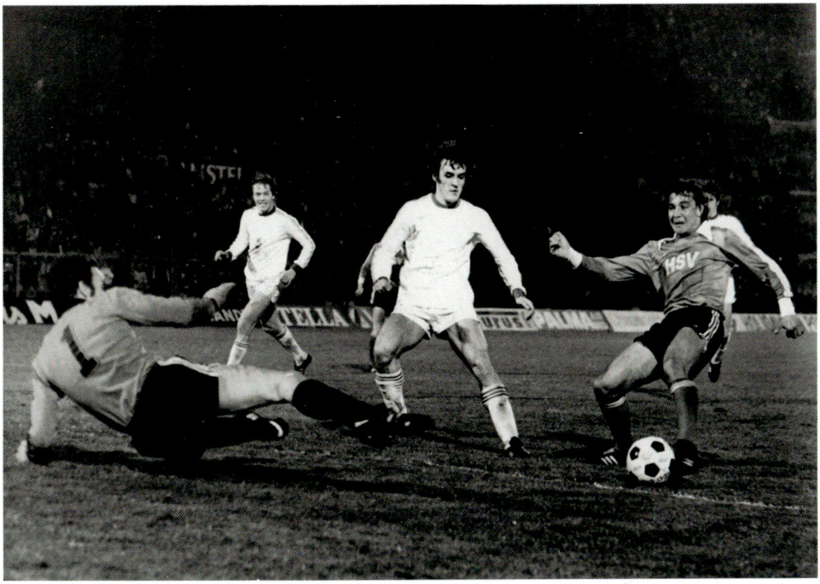

Erster Europapokal: Am 11. Mai 1977 schießt Felix Magath im Endspiel des Europacups der Pokalsieger das Tor zum 2:0-Endstand gegen den RSC Anderlecht in Amsterdam.

Foto: IMAGO/Kicker/Liedel

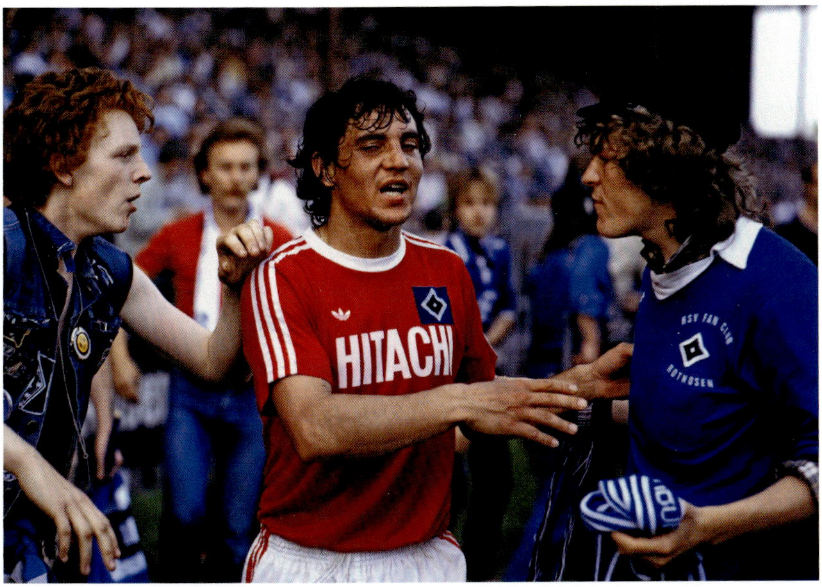

0:0 in Bielefeld: Bereits am vorletzten Spieltag der Saison 1978/79 stehen der HSV und Felix Magath nach dem Punktgewinn als Deutscher Meister fest.

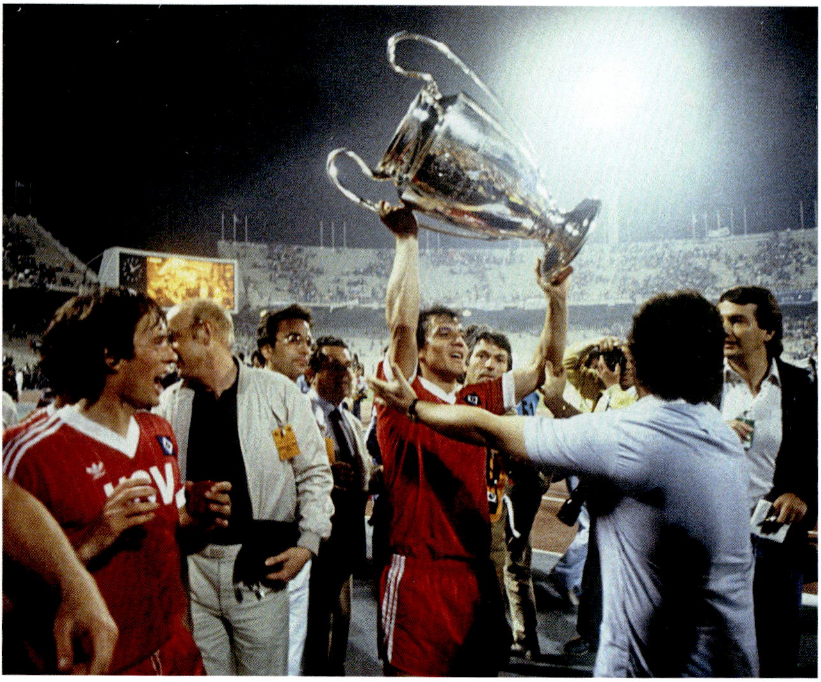

Foto: IMAGO/WEREK

Höhepunkt der Spielerkarriere: Mit seinem Tor im Finale gegen Juventus Turin kürt er „seinen“ HSV am 25. Mai 1983 zum Gewinner im Europapokal der Landesmeister.

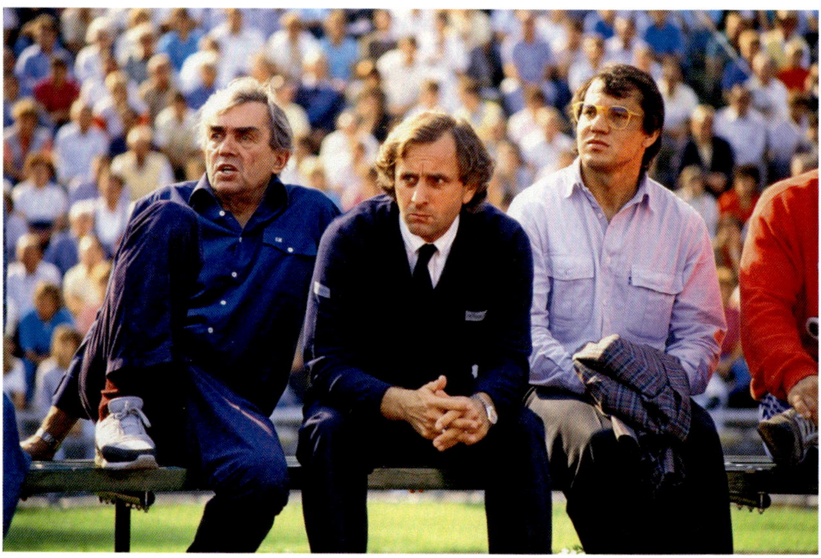

Foto: IMAGO/HJS

Legendäres Führungstrio: Trainer Ernst Happel, Co-Trainer Aleksandar Ristic und Manager Felix Magath lenken 1986 die Geschicke beim Hamburger SV.

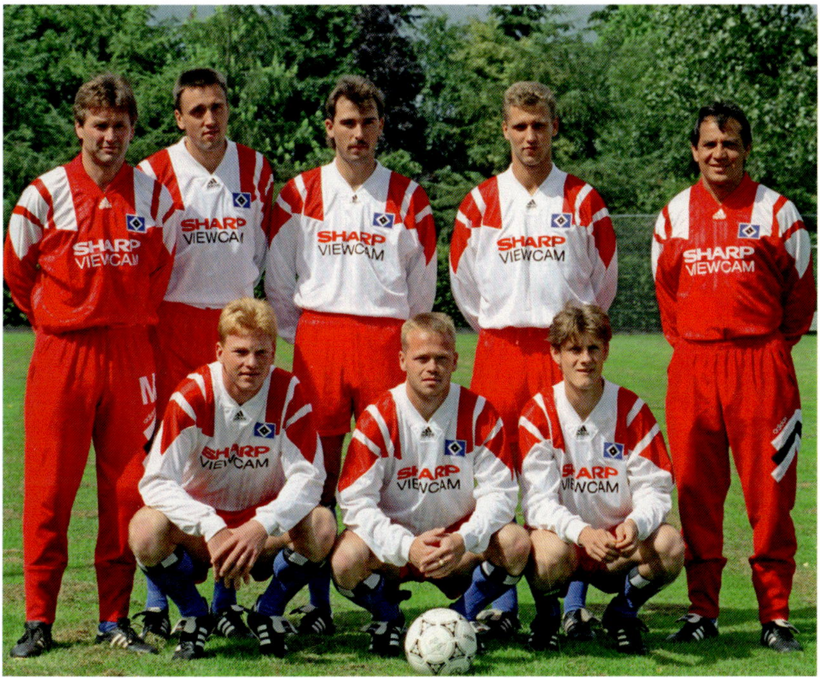

Foto: picture alliance/dpa/Rolf Rick

Zurück in Ochsenzoll: Nach seiner ersten Trainerstation beim FC Bremerhaven wechselt Felix Magath zurück zum HSV und wird zur Saison 1993/94 Co-Trainer unter Benno Möhlmann.

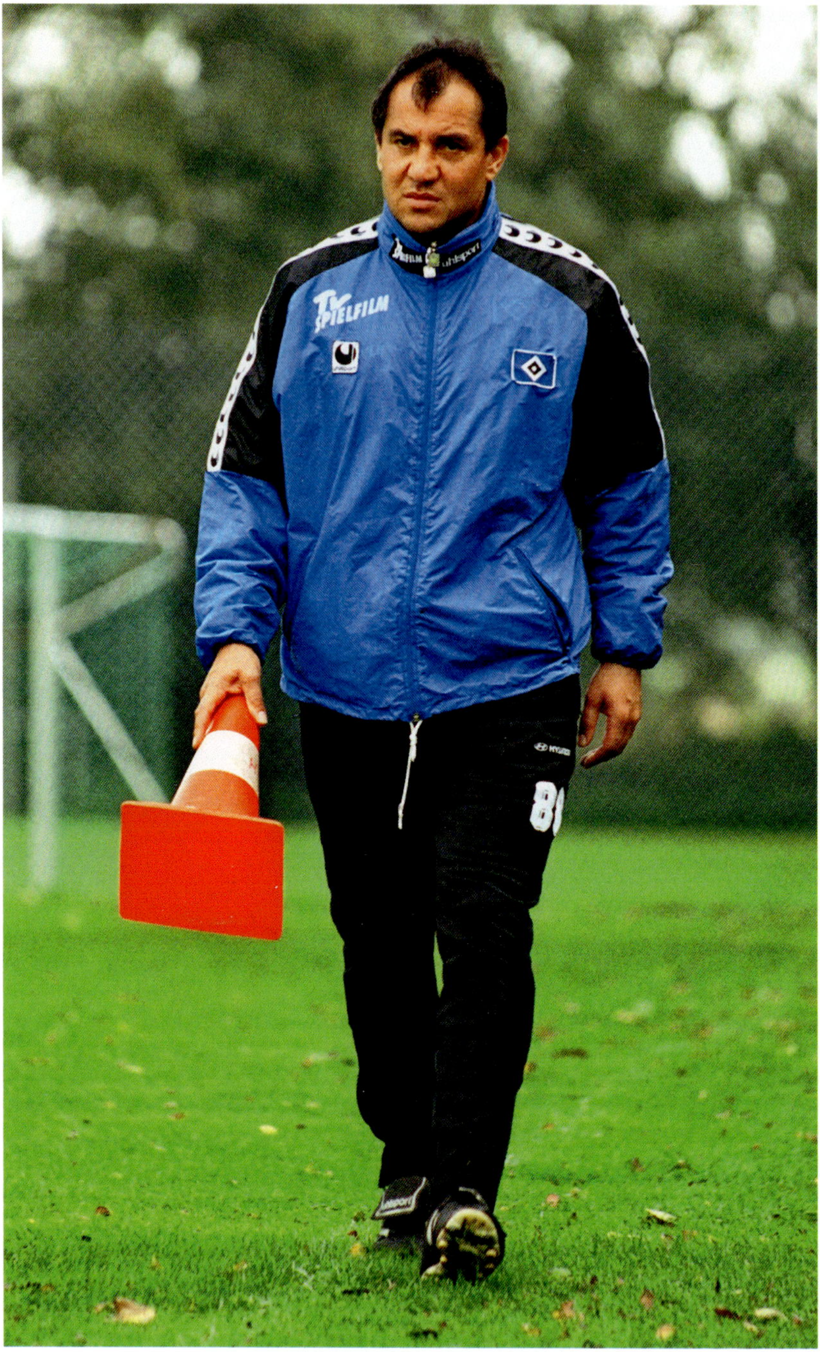

Vom „Co“ zum Boss: Anfang Oktober 1995 wird aus dem bisherigen Assistenten des entlassenen Benno Möhlmann der HSV-Cheftrainer Felix Magath.

Foto: IMAGO/MIS

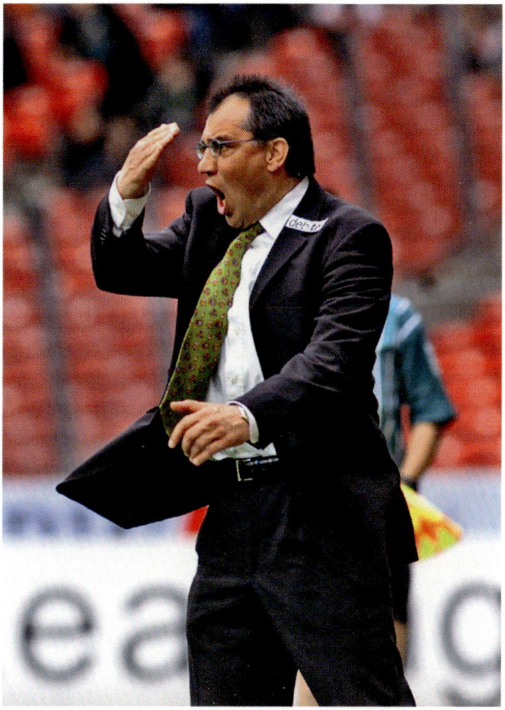

Temperamentvoll: Felix Magath an der Außenlinie – hier in seiner Zeit als Trainer des VfB Stuttgart (2001-2004).

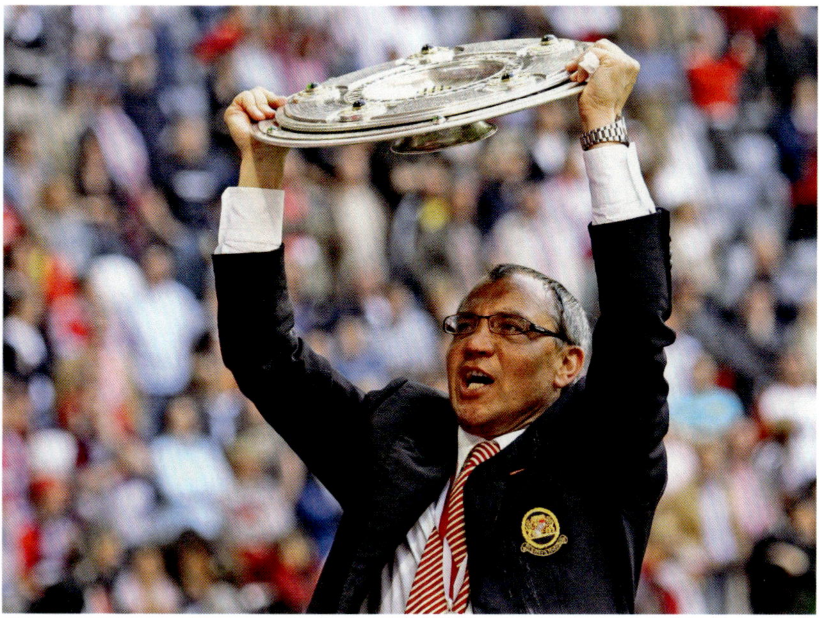

„Servus“ mit Schale: Im Mai 2006 feiert Felix Magath seine zweite und letzte Meisterschaft mit dem FC Bayern München.

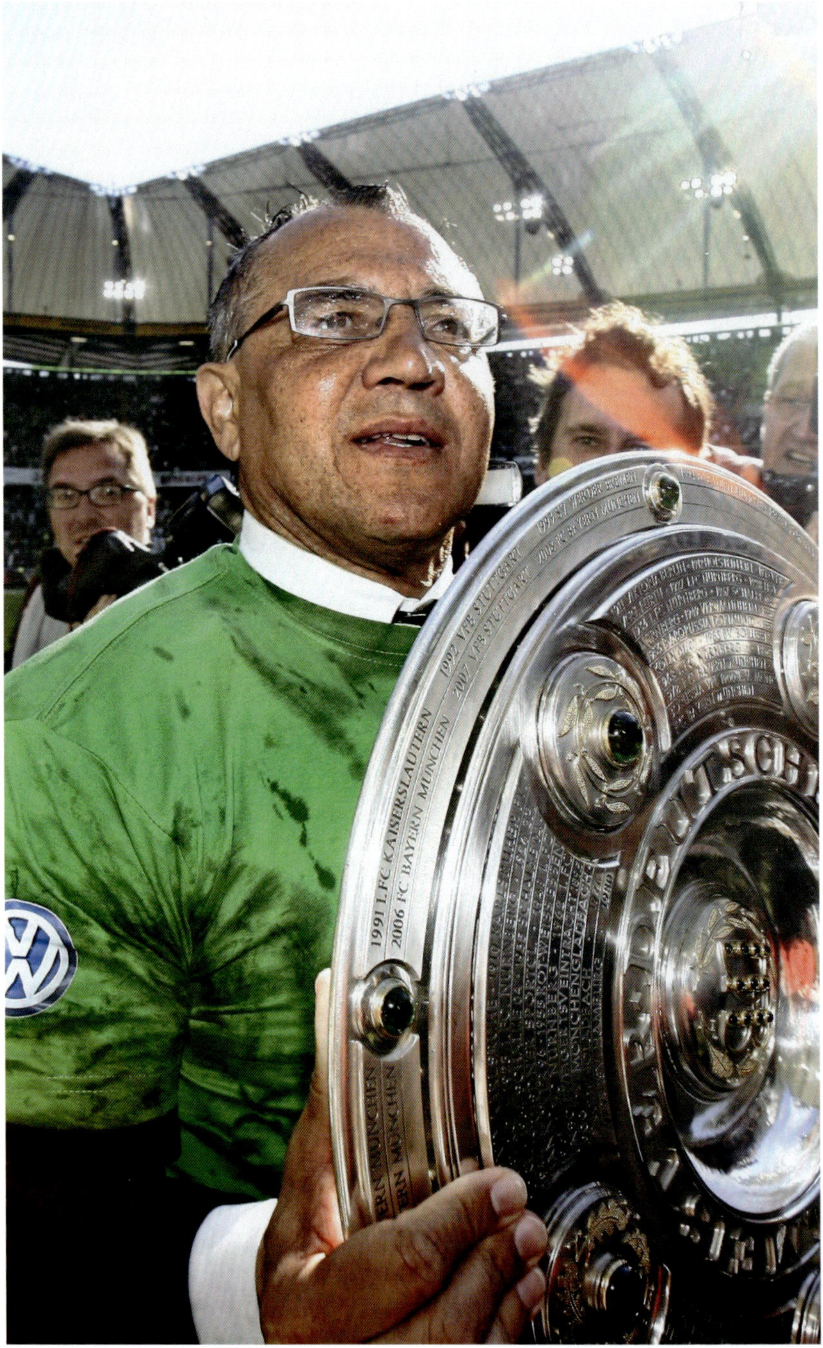

Sensation: Der VfL Wolfsburg und sein Trainer Felix Magath gewinnen die deutsche Meisterschaft 2009 – vor dem großen Favoriten FC Bayern München.

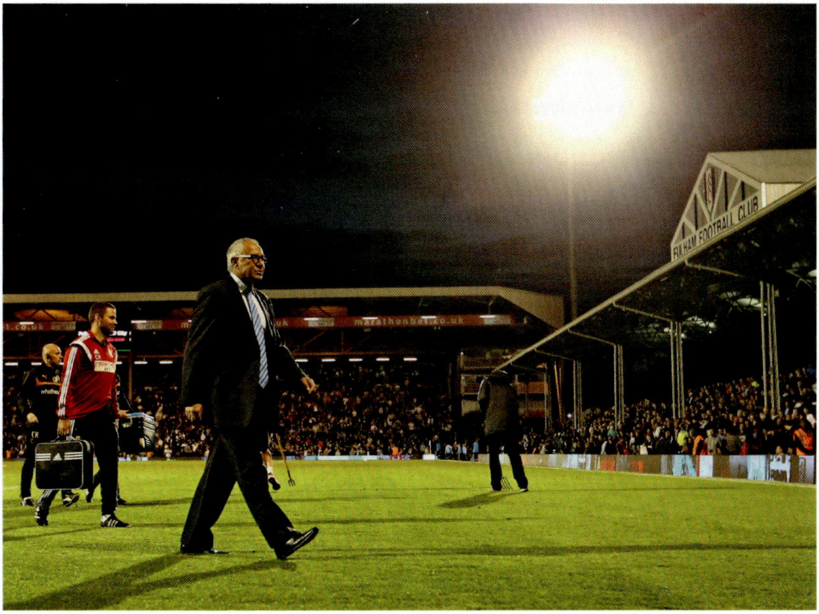

Erster deutscher Trainer in der Premier League: Im Februar 2014 übernimmt Magath Verantwortung beim FC Fulham in London.

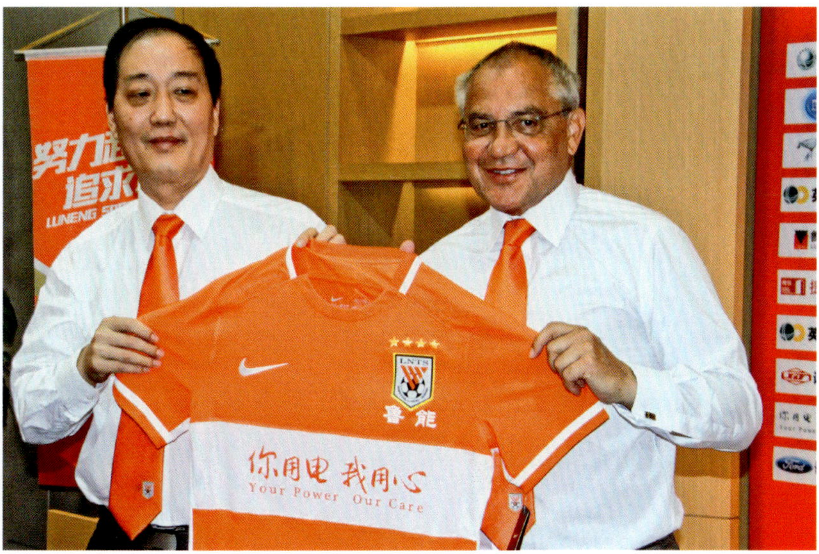

Abenteuer China: Am 14. Juni 2016 wird Felix Magath als neuer Cheftrainer des chinesischen Erstligisten Shandong Luneng Taishan FC vorgestellt.

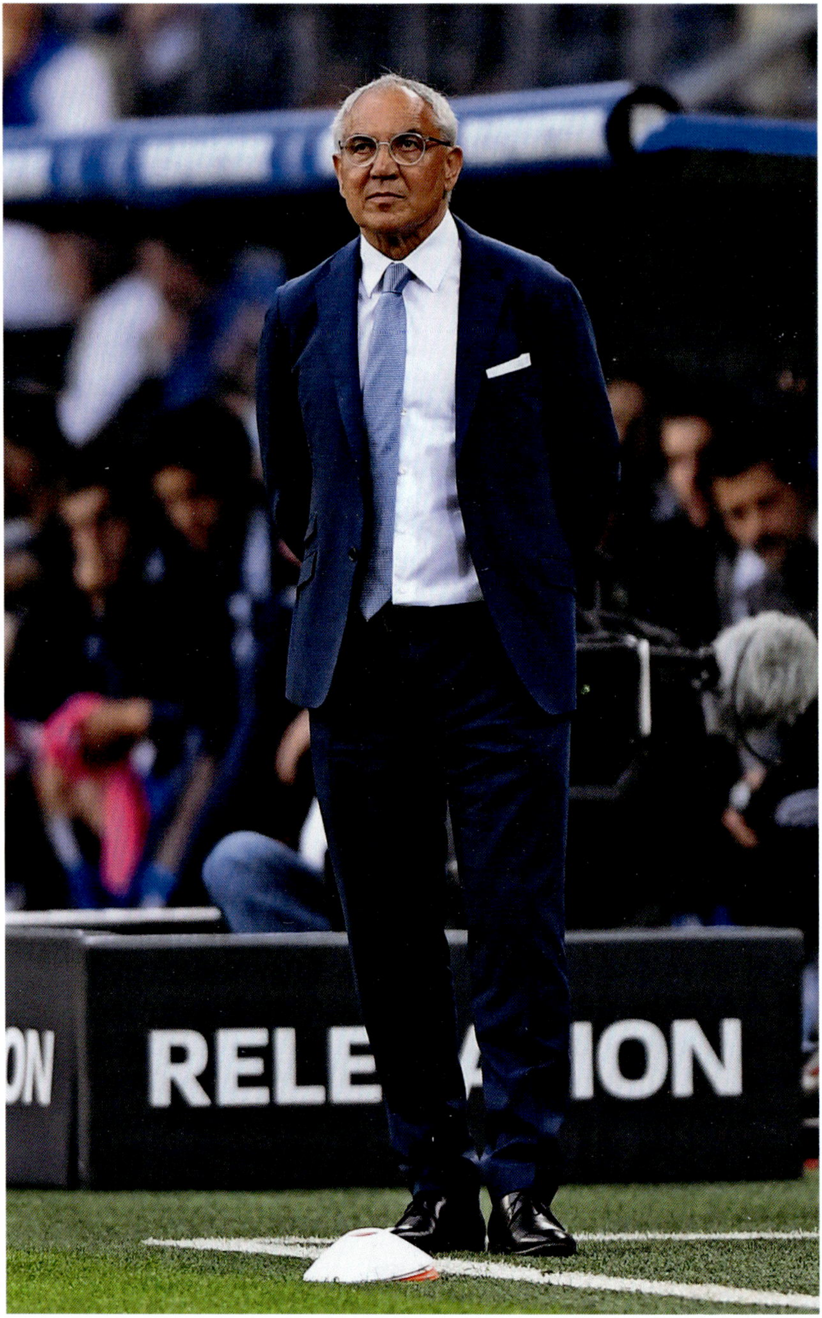

Ausgerechnet: Als Cheftrainer von Hertha BSC muss Magath in der Relegation 2021/22 gegen „seinen" HSV ran – und hält die Berliner in der Bundesliga.

Sofort setzte das nach Trainerentlassungen übliche und beliebte Spielchen ein: Einige Profis hätten sich beim Präsidium um Uwe Seeler über das zu harte Training und die mangelnde Kommunikationsfähigkeit des Fußballlehrers beschwert, hieß es in der Presse. Richard Golz sah dies anders und erklärte, der HSV verliere einen ausgezeichneten Trainer. Magath erhielt eine Abfindung von 520.000 Mark und sollte noch einmal 350.000 Mark kassieren, wenn er bis 1. Januar 1998 keinen neuen Vertrag unterzeichnen würde.

„Dass mich diese Entlassung ins Mark traf, dass ich sie noch heute als die mit Abstand größte Enttäuschung meiner Zeit als Trainer empfinde, sage ich hier nicht zum ersten Mal. Aber ich glaube auch, dass das Hamburger Präsidium dem eigenen Verein mit dieser Entscheidung keinen Gefallen getan hat. Zum zweiten Mal nach 1987 wurde ein Mann weggeschickt, der die besten Jahre der HSV-Geschichte als Spieler mitgeprägt und danach in verantwortlicher Position versucht hatte, den Weg zu weiteren Erfolgen zu ebnen. Andere Klubs, allen voran der FC Bayern oder der FC Liverpool, haben es verstanden, ihre erfolgreichsten Spieler in die operative Geschäftsführung zu integrieren und von deren Erfahrung zu profitieren – der HSV lange Zeit nicht. Immerhin leitet Horst Hrubesch mittlerweile die Nachwuchsabteilung.

Für mich stellte sich nun die Frage, ob ich überhaupt weitermachen wollte in diesem Geschäft. War ich vielleicht zu naiv für den Profifußball, weil es mir einzig und allein um den Erfolg ging und ich nicht wie einige andere vor allem danach trachtete, vor der Öffentlichkeit gut dazustehen? Ich entschloss mich dabeizubleiben, zu versuchen, mir meine Naivität zu bewahren und weiterhin ausschließlich Entscheidungen so zu fällen, wie ich sie aus sportlicher Sicht für richtig erachtete.“

1. FC Nürnberg
1997–1998

Der 1. FC Nürnberg hatte soeben das schwärzeste Kapitel seiner Vereinsgeschichte zugeklappt und sofort nach dem Abstieg in die drittklassige Regionalliga 1996 den Wiederaufstieg geschafft. Georg Volkert, Magaths früherer Mitspieler beim HSV, war von Präsident Michael A. Roth nach einem Jahr auf Honorarbasis zum hauptamtlichen Manager befördert worden. Die 2. Bundesliga dürfe für den FCN nur eine Durchgangsstation auf dem Weg zurück in die Bundesliga sein, erklärte Roth im Sommer 1997, spätestens zum 100. Vereinsjubiläum im Jahr 2000 müsse der Verein wieder im Oberhaus mitmischen, „wenn's schon in dieser Saison klappt, umso besser".

Doch in den ersten fünf Punktspielen der Saison 1997/98 kassierte der Club vier Niederlagen, dazu scheiterte er in der ersten Hauptrunde des DFB-Pokals beim Regionalligisten Aachen. Nach dem 1:4 in Frankfurt am fünften Spieltag und dem Sturz auf den letzten Tabellenplatz musste Trainer Willi Entenmann gehen, und Volkert machte sich auf die Suche nach einem Nachfolger.

„Anfang September rief mich Schorsch Volkert an, mit dem mich nach unserer gemeinsamen Zeit in Hamburg immer ein enges Verhältnis verbunden hatte. Er spürte, dass ich vier Monate nach meiner Entlassung beim HSV großes Interesse

hatte, eine neue Aufgabe zu übernehmen. Tags darauf fuhr ich zum ersten Mal mit dem Zug nach Nürnberg, und schon nach den ersten Schritten aus dem Hauptbahnhof Richtung Innenstadt fühlte ich mich in meine Kindheit und Jugend in Aschaffenburg zurückversetzt: In dieser Stadt tickten die Uhren noch anders als in der Weltstadt Hamburg!

Eine der wichtigsten Voraussetzungen für ein erfolgreiches Arbeiten ist, dass die Führungscrew des Vereins am gleichen Strang zieht. Diesen Eindruck vermittelten mir die Gespräche mit Roth und Volkert, und so verzichtete ich auf die 350.000 Mark, die ich dreieinhalb Monate später vom HSV erhalten hätte, und unterschrieb beim Tabellenletzten der 2. Bundesliga einen Zweijahresvertrag. Das Ziel des direkten Durchmarschs in die höchste Spielklasse erschien zu diesem Zeitpunkt utopisch, ich aber handelte eine Prämie für den Aufstieg noch in der gleichen Saison aus – 600.000 Mark.

Weil ich ohne meine schwangere Partnerin Nicola nach Nürnberg ging, zog ich zunächst in das Arotel von Präsident Roth in Eibach; nach ein paar Wochen wechselte ich dann in eine Zweizimmerwohnung im Nordosten der Stadt. Vor meiner ersten Trainingseinheit am Valznerweiher suchte ich das Gespräch mit Peter Knäbel, dem Kapitän und Libero. Der Kapitän besitzt innerhalb einer Mannschaft eine herausragende Stellung: Als Bindeglied zwischen mir und den Spielern nimmt er eine entscheidende Rolle in unserer Kommunikation ein, ihm fällt mehr Verantwortung zu als den anderen Profis. Knäbel konnte mir bei unserer Unterhaltung nicht das Gefühl vermitteln, dass er bereit sei, diese Verantwortung für die gesamte Mannschaft zu übernehmen, und so beschloss ich, die schwierige Aufgabe mit einem neuen Kapitän anzugehen. Die gleiche Entscheidung traf ich übrigens gut zwei Jahre später in Frankfurt aus demselben Grund noch einmal.

Auf der Suche nach einem neuen Spielführer fiel mein Blick schnell auf Michael Wiesinger. Der talentierte Rechtsaußen trainierte hervorragend, jedoch fehlte es ihm zu Beginn noch am nötigen Selbstbewusstsein. Auch um ihn zu unterstützen, streifte ich ihm die Kapitänsbinde über – knapp zwei Jahre später holte ihn der FC Bayern. Zum neuen Libero machte ich den jungen, technisch starken Frank Baumann; schon gut zwei Jahre später, 1999, schaffte er den Sprung in die deutsche Nationalelf.

Ein ungewöhnliches Problem stellte die Situation im Tor dar. Rainer Berg, der für München 1860 schon in der Bundesliga zwischen den Pfosten gestanden hatte und erst vor Saisonbeginn nach Nürnberg gewechselt war, hatte den FCN aus Solidarität mit Entenmann schon nach dessen Entlassung wieder verlassen. Eine im Fußballgeschäft sehr ungewöhnliche Aktion, die großen Respekt verdient. Allerdings führte dies dazu, dass wir als Tabellenletzter nun ohne eine Nummer eins dastanden. Ich musste auf den 22-jährigen Christoph Müller bauen, der zuvor lediglich zwei Jahre Erfahrung in meiner Heimatstadt bei der Aschaffenburger Viktoria gesammelt hatte."

Im Heimspiel gegen den KFC Uerdingen saß Magath bei seiner zweiten Trainerstelle zum ersten Mal auf der Bank an der Seitenlinie. In den fünf Spielen bis dahin hatte sich der Club 14 Gegentore eingefangen; so galt es in den ersten Wochen vor allem, die Defensive zu stabilisieren und das Abwehrverhalten zu verbessern. Mit Erfolg: Die Partie gegen Uerdingen endete torlos, zum ersten Mal in der Saison hatten die Franken kein Gegentor kassiert. Taktische Ordnung und Disziplin stimmten, aber die Kraft reichte nur für 60 Minuten.

Nun galt es, die Spieler läuferisch und körperlich für volle 90 Minuten fitzumachen. In Magaths erstem Auswärtsspiel beim

SV Meppen hielt der Club 88 Minuten lang ein 0:0. „Wie lange noch?“ fragte er den neben ihm sitzenden Mannschaftsbetreuer Albert Üblacker. „Zwei Minuten, Trainer“, antwortete der, „da passiert nichts mehr.“ Sekunden später fabrizierte Abwehrspieler Thomas Richter im eigenen Strafraum eine Kerze, Müller griff daneben, und Daniel Stendel, der unter Magath beim HSV zum Bundesliga-Spieler geworden war, erzielte das entscheidende 1:0 für den Gastgeber.

„Nach der Uhrzeit habe ich Albert nach diesem Spiel nie mehr gefragt, doch er wurde zu einem meiner wichtigsten Vertrauten und Unterstützer beim Club.

Zwei Spiele, ein Punkt – klar, den Start hatte ich mir anders vorgestellt, doch es gab keinen Grund, unruhig zu werden. In beiden Spielen hatten wir mehr als nur mitgehalten, die Spieler zogen hervorragend mit, und so war ich mir sicher: Das Blatt würde sich bald wenden.

Genau so kam es. Wir legten als Mannschaft von Spiel zu Spiel körperlich zu, lieferten taktisch disziplinierte und kämpferisch überzeugende Leistungen ab, und Müller half mit nahezu fehlerfreien Leistungen, den Laden hinten dichtzumachen. Nach den überaus soliden Auftritten unseres jungen Schlussmannes in den ersten sechs Spielen unter meiner Leitung fiel es mir nicht leicht, ihm Ende Oktober zu eröffnen, dass Volkert und ich eine neue Nummer eins verpflichtet hatten, um noch etwas mehr Qualität in die Mannschaft hineinzutragen – den Schweizer Nationaltorhüter Andreas Hilfiker. Als Trainer musst du konsequent sein, um erfolgreich arbeiten zu können, und auch wenn die Tabelle etwas anderes aussagte, hatte ich schon zu diesem Zeitpunkt den festen Glauben, dass es möglich sein müsste, noch in dieser Saison Außergewöhnliches zu erreichen.“

Zunächst mit Müller, danach mit Hilfiker zwischen den Pfosten gelang es Magath in kurzer Zeit, aus der Schießbude der Liga eine gefestigte und konkurrenzfähige Mannschaft zu machen – zwischen dem achten und dem 19. Spieltag fuhren die Nürnberger acht Siege mit dem knappsten aller Ergebnisse, einem 1:0, ein. Als Tabellenfünfter, nur einen Punkt hinter dem Zweiten Frankfurt, gingen sie in die Winterpause, in der zwei Dinge passierten: Magaths schwangere Partnerin Nicola, in Hamburg als Senior-Marketing-Managerin bei Unilever für das Langnese-Eis verantwortlich, das er so gerne aß, zog mit Beginn des Mutterschutzes zu ihm nach Nürnberg, und Volkert holte einen Stürmer namens Sasa Ciric zum Club. Die Ablöse von einer Mio. Schweizer Franken, die für den schon 30-jährigen Mazedonier an den FC Aarau floss, musste der mit rund 17 Mio. Mark verschuldete Verein fremdfinanzieren, was im wie häufig sehr nervösen Umfeld des FCN so manche kritische Stimme lautwerden ließ. Doch die Überzeugung, dank seiner Ballsicherheit und Spielintelligenz werde Ciric den Club spielerisch spürbar weiterbringen, bewahrheitete sich zu hundert Prozent, obendrein erzielte er in der Rückrunde zehn Treffer. Der FCN gewann die ersten vier Partien des Jahres 1998, ehe die Franken am 9. März, einem Montagnachmittag, nach Uerdingen aufbrachen.

„Als ich unsere Wohnung verließ, sagte meine mittlerweile hochschwangere Partnerin noch: ‚Irgendwie geht's mir nicht gut heute. Kannst du nicht hierbleiben?' Leider konnte ich nicht, ich fuhr mit der Mannschaft im Bus nach Krefeld. Noch bevor wir die Zimmer in unserem Hotel beziehen konnten, rief mich Nicola an und klagte über Schmerzen. Sie ließ sich ins Krankenhaus bringen, wo sie sofort stationär aufgenommen wurde. ‚Morgen früh um halb sieben wollen sie das Kind per Kaiserschnitt holen', erzählte sie mir kurz darauf bei ihrem nächsten Anruf. Üblacker mietete mir ein Auto, ich

düste sofort wieder zurück nach Nürnberg. Kurz nach vier Uhr morgens kam ich im Krankenhaus an, und um 6:42 Uhr wurde Leonard geboren, unser erstes gemeinsames Kind. Ich durfte nicht mit in den Kreißsaal hinein, aber sie brachten den Jungen sofort nach der Entbindung heraus und legten ihn mir in die Arme. Ein unglaubliches Gefühl, erst recht, als Nicola sagte, dies sei der schönste Tag ihres Lebens.

Morgens flog ich direkt zurück in den Westen, wir machten ein Superspiel in Uerdingen und siegten 3:0. Auf der Heimfahrt bat ich unseren Busfahrer Klaus Härtle, an der ersten Autobahntankstelle Halt zu machen. ‚Besorg uns zwei Kästen Bier, wir müssen auf meinen Sohn anstoßen', sagte ich zu Üblacker und drückte ihm 100 Mark in die Hand. ‚Trainer, nach 24 Uhr dürfen die doch keinen Alkohol mehr abgeben', antwortete er. ‚Sieh zu, dass du die zwei Kästen auftreibst', sagte ich. Kurz darauf schleppte Albert tatsächlich zwei Kästen Bier in den Bus, und wir feierten – einen wertvollen Sieg und Leonards Geburt."

Ein bitteres 0:1 in einem echten Spitzenspiel zu Hause gegen Eintracht Frankfurt beendete die stolze Serie, doch die Party ging weiter: Schon im nächsten Punktspiel fuhr der FCN mit einem 4:0 gegen Meppen den höchsten Sieg unter Magaths Regie ein. Trotz eines kleinen Einbruchs im letzten Saisonviertel, in das eine weitere 0:1-Heimniederlage gegen den Lokalrivalen Greuther Fürth fiel, und obwohl der Club keine der letzten fünf Partien für sich entscheiden konnte, besiegelte ein 1:1 bei den Stuttgarter Kickers am vorletzten Spieltag den vor dem Amtsantritt des Trainers nie mehr erwarteten Wiederaufstieg.

„Es war ein ganz besonderer Moment für mich: Eine Mannschaft auf dem letzten Platz zu übernehmen und mit ihr am Ende trotz aller Widrigkeiten in die Bundesliga aufzusteigen,

so etwas gibt es nur einmal im Leben. Auf der Rückreise aus Degerloch dirigierte ich den Mannschaftsbus zunächst zur Alten Vogtei in Wolframs-Eschenbach, wo uns Gastwirt Georg Dörr und seine Frau das ganze Jahr über vor den Heimspielen kostenlos beherbergt und bewirtet hatten. Wir sagten ‚danke', sodass wir erst um halb zwei Uhr nachts im Hotel des Präsidenten in Nürnberg einliefen, um dann bis weit in den Morgen hinein zu feiern.

Auf einer großen Fete auf dem Hauptmarkt nach dem 3:3 im Saisonfinale gegen Energie Cottbus am 7. Juni rief Roth den 30.000 siegestrunkenen Anhängern zu: ‚Unser Supertrainer bekommt einen Vierjahresvertrag', und er erntete dafür tosenden Applaus. Ich hielt mich im Hintergrund und konnte angesichts dieser Worte nur in mich hineinlächeln. Klar, es stimmte, nach dem Cottbus-Spiel hatte mir Roth noch auf dem Parkplatz vor dem Frankenstadion einen Vertrag über vier Jahre angeboten. ‚Zwei Jahre reichen mir, Herr Roth', hatte ich geantwortet, doch unterzeichnet war der Vertrag noch nicht, und auch in den Tagen und Wochen danach passierte nichts. Wir hatten den Aufstieg mit vielen 1:0-Siegen geschafft, mit einer aus meiner Sicht nicht erstligatauglichen Mannschaft. ‚Mit diesem Kader wird es nicht möglich sein, uns in der Bundesliga zu behaupten', sagte ich zu Roth und Volkert; der Verein müsse umdenken und die Mannschaft entscheidend verstärken. Ich wusste, dass sich in den vier Jahren seit dem Bundesliga-Abstieg des FCN 1994 wirtschaftlich vieles verändert hatte; Gehälter von einer Mio. Mark und mehr, wie sie Roth für unmoralisch erachtete, waren mittlerweile an der Tagesordnung.

‚Wir werden sehen, was machbar ist', erklärte Roth, per Handschlag besiegelten wir den neuen Zweijahresvertrag. Am Abend vor meiner Abreise nach Frankreich, wo ich Urlaub machen und bei der am 10. Juni beginnenden Weltmeister-

schaft mögliche Neuzugänge beobachten wollte, ging ich essen – mit Gerd Schmelzer, Präsident des FCN von 1983 bis 1991 und so etwas wie Roths Lieblingsfeind. In den frühen neunziger Jahren hatten sich die beiden Unternehmer darin gefallen, die Verantwortung für die finanzielle Schieflage des Vereins untereinander hin- und herzuschieben. Schmelzer und ich hingegen schätzten uns, seit er 1988 nach dem Rücktritt Heinz Höhers versucht hatte, mich als Trainer nach Nürnberg zu holen.

Nach zwei Wochen in Frankreich meldete ich mich zurück, um einen Termin für die vom Präsidenten angekündigte Vertragsunterschrift festzuklopfen, doch Roth wollte von einem Zweijahresvertrag plötzlich nichts mehr wissen. Statt des bis dahin an den Tag gelegten väterlich-freundschaftlichen Umgangstons trat er nun geschäftsmännisch-unterkühlt auf, und ich sollte nur noch einen Einjahresvertrag erhalten. Als einzig möglichen Grund für diesen Sinneswandel sehe ich noch heute, dass Roth von meinem Essen mit Schmelzer erfahren hatte und damit nicht umgehen konnte. Roth hat es nie verstanden, dass ich nicht für ihn, sondern für den 1. FC Nürnberg arbeitete und es mir völlig egal war, ob er und Herr Schmelzer sich mögen oder nicht.

Ich hätte den Club verklagen können, schließlich hatte mir Roth auf dem Hauptmarkt einen Vierjahresvertrag zugesprochen. Da ich den Verein, der nach zwei Aufstiegen hintereinander vor einer schwierigen Bundesliga-Saison stand, jedoch nicht auch noch mit rechtlichen Problemen belasten wollte, verzichtete ich auf eine Klage und auch auf eine Abfindung, auch wenn dies in der Öffentlichkeit, von wem auch immer, anders verbreitet wurde.“

So endete die Erfolgsgeschichte schon nach weniger als einem Jahr, was allerorten Kopfschütteln und Unverständnis auslöste, auch bei der bayerischen Konkurrenz. „Das ist ein Riesenrückschritt für den Club", polterte Bayern-Manager Uli Hoeneß. „Ich hätte Magath einen Zehnjahresvertrag gegeben." Magath selbst betont, „diese besondere Spielzeit" werde ihm trotz des unschönen Abschieds „immer mehr als positiv" in Erinnerung bleiben, beim FCN hingegen währte die Freude nur kurz: In der folgenden Saison konnten gleich drei Trainer, Willi Reimann, Thomas Brunner und Friedel Rausch, den sofortigen Wiederabstieg nicht verhindern.

Werder Bremen
1998–1999

„In meiner Zeit als Trainer habe ich mir jedes Jahr eine neue Brille gegönnt. Weil mein Beispiel zeige, dass das Tragen von Augengläsern ‚die eigene Persönlichkeit unterstreicht und Sympathie weckt', wurde ich 2004 vom Berliner Kuratorium für Gutes Sehen zum Brillenträger des Jahres gekürt – auch ein Titel.

Die Brille, mit der ich im Oktober 1998 bei Werder Bremen als Nachfolger von Wolfgang Sidka meine zweite Trainerstelle in der Bundesliga in Angriff nahm, hatte einen sechseckigen Rahmen, und dies passte wie die Faust aufs Auge: Irgendwie lief es von Beginn an nicht rund. Werder und ich, das konnte nicht klappen, und im Prinzip spürte ich dies auch schon vor meiner ersten Trainingseinheit. Einer wie ich, der immer gewinnen will, dem es einzig und allein um den Erfolg geht, in einem Klub, in dem die Kultur der sogenannten ‚Werder-Familie' eine wichtige Rolle spielte und den Leistungsgedanken schon mal in den Hintergrund drängte: Vom ersten Tag an fühlte ich mich als Außenseiter in dem Verein, der nach dem achten Spieltag mit nur vier Punkten das Tabellenende zierte. Doch ich war froh, wieder in der Bundesliga zu trainieren, und natürlich traute ich es mir zu, die Mannschaft, die mir besser erschien als ihr Tabellenplatz, aus dem

Keller zu führen. Also versuchte ich das Bauchgrummeln, das ich vom ersten Tag an verspürte, zu unterdrücken und stürzte mich in die Arbeit.“

Nach längerer Beratung mit Co-Trainer Karl-Heinz Kamp und Torwarttrainer Dieter Burdenski nahm Magath in seinem Premierenspiel beim Hamburger SV eine entscheidende Umstellung vor: Er zog Europameister Dieter Eilts aus dem Mittelfeld auf die Liberoposition zurück und erreichte immerhin ein 1:1. Nach dem etwas unglücklichen Aus in der zweiten Runde des UEFA-Pokals gegen Olympique Marseille – im Hinspiel im Weserstadion hatten die Bremer noch unter Sidka 1:1 gespielt, in Frankreich verloren sie 2:3 – und nur einem Punkt aus den Heimspielen gegen Dortmund und Kaiserslautern startete Werder mit einem 2:0-Erfolg in Frankfurt zu einem echten Höhenflug. Magath schaffte es, die Unsicherheit, die Angst vor dem Abstieg, die sich im Verein breitgemacht hatte, zu vertreiben; seine Mannschaft gewann vier der letzten fünf Bundesliga-Spiele des Jahres 1998 und zog durch ein 2:1 gegen Tennis Borussia Berlin ins Viertelfinale des DFB-Pokals ein.

In der Winterpause lud ihn das Präsidium zu einem Gespräch. „Sagen Sie doch mal, Herr Magath, was sollten wir Ihrer Meinung nach für die neue Saison tun?“, fragte ihn Präsident Franz Böhmert. Er überlegte kurz, dann antwortete er offen: „Wir haben zu viele Spieler, die schon über ihren Zenit hinaus sind wie Dieter Eilts, Andreas Herzog und Yuriy Maksymov. Von denen müssen wir uns über kurz oder lang trennen und die Mannschaft verjüngen.“

„Als er diese Aussage hörte, zuckte Böhmert sichtlich erschrocken zusammen, einen echten Meinungsaustausch gab es nicht. Wie ich später aus der Branche erfuhr, rief er unmittelbar nach unserem Gespräch Schalke-Manager Rudi Assauer an, den er aus dessen Bremer Zeit gut kannte, und erzählte ihm alles. Auch die Spieler erfuhren vom Inhalt

unserer Unterhaltung, was sich bald als fatal erweisen sollte. Sicherlich gibt es mehrere Gründe, warum der SC Freiburg und Union Berlin seit Jahren so erfolgreich sind im deutschen Fußball und ein kleiner Verein wie der 1. FC Heidenheim für Furore sorgt; einer davon ist auf jeden Fall, dass die Spieler dieser Klubs in der Vereinsführung keine Anlaufstelle finden, bei der sie sich ausweinen können. Wer ihnen diese Möglichkeit eröffnet, macht den Trainer schwach und auf Sicht kaputt, weil die Spieler von einem schwachen Trainer nichts mehr annehmen.

Zunächst ließen sich die Mannschaft und ich noch nicht irritieren, wir legten eine gute Vorbereitung hin. Am Samstag vor unserem ersten Bundesliga-Spiel des Jahres 1999 in Nürnberg aber bestritten wir im schleswig-holsteinischen Kropp ein Testspiel gegen den Hamburger SV. Nach der Partie fuhren wir mit dem Bus nach Bremen zurück, wo am Abend im Congresszentrum ein großes Vereinsfest, der Werder-Jahrhundertball, stieg. Als Trainer erlaubte ich mir vor unserer Ankunft die Durchsage, dass am Sonntagmorgen um zehn Uhr trainiert werde. Natürlich wusste ich, dass dem einen oder anderen Spieler somit ein paar Stunden Schlaf fehlen würden, aber dies spielte eine Woche vor dem Pflichtspielauftakt aus meiner professionellen Sicht keine Rolle.

Beim Fest am Abend kreuzten sie dann der Reihe nach an meinem Tisch auf: Die Spieler um Kapitän Andreas Herzog, das gesamte Präsidium und als Krönung schließlich sogar der ebenfalls eingeladene Bundeskanzler Gerhard Schröder – alle redeten auf mich ein und versuchten mich dazu zu bringen, auf das sonntägliche Training zu verzichten. Ich ließ es natürlich nicht ausfallen; es ging ja nicht darum, eine harte Einheit zu absolvieren, sondern sich nach einem langen Abend ein bisschen zu lockern, zu bewegen und den Alkohol auszuschwitzen.“

Die Gesichter der Profis vor, während und nach dem Training sprachen Bände, sie hatten kein Verständnis für Magaths Maßnahme, und noch weniger begeisterten sich die älteren Spieler für seine öffentlich gewordenen Zukunftspläne. Entsprechend schlecht begann die Rückrunde. Im Februar, März und April gewann Werder nur zwei von elf Spielen – in der Bundesliga in Freiburg und im Pokal-Halbfinale in Wolfsburg. Immer deutlicher traten die Risse zwischen Mannschaft und Trainer zu Tage. Einem 0:0 gegen den HSV Mitte April folgten drei Niederlagen, bis die Bremer an einem Freitagabend Anfang Mai Eintracht Frankfurt empfingen. Die Norddeutschen verloren erneut 1:2 und rutschten wieder in den Abstiegsstrudel.

„Immer wieder wurde mir vorgehalten, dass der spätere Bundesliga-Torschützenkönig Ailton unter mir als Trainer nur ein einziges Tor erzielte. Doch wenn du einen Verein im Herbst als Tabellenletzten übernimmst, musst du dich zunächst auf das Wesentliche konzentrieren – die Mannschaft stabilisieren, die Defensive stärken, für Struktur im Spiel sorgen. Ailton, der erst wenige Tage vor mir aus Mexiko, einem völlig anderen Kulturkreis, nach Bremen gewechselt war, hatte als klassischer Torjäger nichts als den Torabschluss im Sinn; von einem Spiel gegen den Ball hatte er anscheinend noch nie etwas gehört. Nachdem er kein Wort Deutsch sprach, konnte ich ihm zunächst auch im Training nicht klarmachen, wie er sein Spiel verändern müsse, also saß er öfter mal auf der Bank. Aber er war ein guter Junge, der sich nie hängen ließ, auch im Ausdauertraining und bei Waldläufen nicht, sodass er im Lauf der Rückrunde immer besser Tritt fasste.

Nach dem Frankfurt-Spiel wusste jeder bei Werder, dass nun etwas passieren musste, und so liefen meine Gespräche mit dem Präsidium schnell auf eine Trennung hinaus. Noch an jenem Maiwochenende stieg ich vorzeitig aus meinem bis Juni 2000 laufenden Vertrag aus.

Ich habe in meiner Trainerkarriere immer das getan, was ich als das Beste für den Verein erachtete, und im Interesse der Vereine habe ich auch Entscheidungen getroffen, die sich für mich persönlich negativ auswirkten – wie in diesem Fall: Mit meinem Rücktritt brachte ich mich selbst um das erste Endspiel und den ersten Titel als Trainer. Unter meinem Nachfolger Thomas Schaaf gewann Werder einen Monat später gegen den FC Bayern im Elfmeterschießen nach einem 1:1 nach Verlängerung den DFB-Pokal.“

Eintracht Frankfurt
1999–2001

DIE ERSTE SAISON

„Fast ein halbes Jahr lang war ich nach der Trennung von Werder ohne Arbeit. Ich saß zu Hause in Hamburg, schaute mir im Fernsehen die Bundesliga an und dachte mir nach den Spielen am Samstagabend: ‚Vielleicht könntest du nächste Woche ja da einsteigen? Oder vielleicht dort?' Doch wo das Telefon alle fünf Minuten klingelt, wenn du irgendwo unter Vertrag stehst, da meldete sich diesmal niemand, monatelang. Ich hatte vier Kinder, für die ich die Verantwortung trug, und damals hast du weder als Spieler noch als Trainer so viel verdient, dass du dich schon mit 45 Jahren entspannt zurücklehnen konntest. Ich hatte schwer zu knabbern an dieser Situation, und auch wenn ich mich nicht mit akuten Existenzängsten herumschlagen musste: Der Druck, möglichst schnell eine neue Stelle zu finden, war da. Seitdem glaube ich zu wissen, wie sich ein Arbeitsloser fühlen muss."

Zwei Tage vor Weihnachten schneite ihm endlich der langersehnte Anruf ins Haus – von einem Mann namens Rainer Leben, im normalen Leben Geschäftsführer eines internationalen Beratungsunternehmens, nebenbei seit kurzer Zeit Schatzmeister der Frankfurter Eintracht. Die Hessen hatten in der Saison zuvor in letzter

Sekunde durch das Tor des Norwegers Jan Age Fjörtoft zum 5:1 gegen den 1. FC Kaiserslautern bei gleicher Punktzahl und Tordifferenz wie der 1. FC Nürnberg den Klassenerhalt geschafft und taumelten nun nach sechs Niederlagen in Folge, zuletzt einem desaströsen 0:3 bei Aufsteiger SSV Ulm, mit nur elf Punkten auf Platz 17 stehend erneut dem Abstieg entgegen.

„Ich war glücklich, meiner deprimierenden Situation ein Ende setzen zu können, und natürlich dachte ich sofort daran, dass Ernst Kreuz, das Idol meiner Kindheit, von 1960 bis 1962 bei der Eintracht gespielt hatte. Ich unterschrieb einen bis 30. Juni 2000 laufenden Vertrag. Dass ich ein Händchen dafür hatte, Mannschaften in sportlich und wirtschaftlich schwierigen Situationen nach oben zu führen, hatte ich in Hamburg, Nürnberg und Bremen bewiesen, doch ich wusste, dass in Frankfurt die bis dahin härteste Aufgabe auf mich wartete. In der Führung der Eintracht herrschte Chaos: Präsident Rolf Heller stand unter Beschuss von vielen Seiten, einen Manager gab es nicht. Den Verein drückten Verbindlichkeiten von 14 Mio. Mark, und mir blieben nur vier Wochen Vorbereitungszeit und 17 Rückrundenspiele, um acht Punkte Rückstand auf einen Nichtabstiegsplatz wettzumachen.

Zu einer wichtigen Ansprechpartnerin für mich vor allem in der Anfangszeit wurde Pressesprecherin Katja Kraus, die später beim HSV zur ersten Frau im Vorstand eines Bundesligisten aufstieg. Katja übernahm unter anderem die Aufgabe, mich in das Frankfurter Abend- und Nachtleben einzuführen. Nachdem ich wieder ohne Familie unterwegs war, empfand ich es als sehr angenehm, mich außerhalb des Trainingsgeländes auch mal über andere Dinge als Fußball unterhalten zu können. Auch mit unserem Zeugwart Franco Lionti verband mich bald ein sehr gutes, fast schon freundschaftliches Verhältnis, das bis heute gehalten hat.“

Als erste Amtshandlung führte Magath ein Gespräch mit Olaf Janßen, der seit einer Leistenverletzung Ralf Webers im November die Kapitänsbinde trug. Wie zwei Jahre zuvor Peter Knäbel in Nürnberg ließ auch Janßen keine Bereitschaft erkennen, zumindest einen Teil der Verantwortung für die missliche Lage der Mannschaft zu übernehmen. Magath setzte ihn nicht mehr ein, und im Lauf der Rückrunde lieh ihn die Eintracht an den AC Bellinzona aus, wo er seine Laufbahn beendete.

Probleme gab's auch anderweitig genug. In der Frankfurter Amateurelf kickte mit Albert Streit ein junger, technisch hochveranlagter Spieler, den viele im Verein gerne sofort in der Profimannschaft gesehen hätten, zumal die Eintracht kein Geld hatte und händeringend nach Verstärkungen suchte.

„Ich sah mir Streit ein paar Mal an und wusste dann, dass ich kurzfristig im Abstiegskampf nichts mit ihm anfangen konnte, weil er glaubte, sämtliche Herausforderungen der 90 Minuten spielerisch, allein dank seiner technischen Qualitäten lösen zu können. ‚Ein paar Mark sind noch da', sagte Rainer Leben zu mir, ‚damit können wir allenfalls ein, zwei Spieler holen.' Ich traf mich mit zwei Profis von Bayer Leverkusen, Torhüter Dirk Heinen und Stürmer Thomas Reichenberger, und wusste nach den Gesprächen sofort, dass uns die beiden weiterhelfen würden. Wir verpflichteten sie, meinem Gefühl folgend und dem, was ich in ihren Bundesliga-Spielen bis dahin gesehen hatte, ohne vorher Hunderte von Daten und Informationen einzuholen. Videos, Datenanalysen und Berichte von Scouts können sehr hilfreich sein, aber neben den fußballerischen Fähigkeiten der einzelnen Spieler entscheidet eben auch ihr Charakter und die damit verbundene Leistungsbereitschaft über sportlichen Erfolg oder Misserfolg.

In Hamburg und Nürnberg hatte ich vormittags jeweils um neun Uhr trainieren lassen, sodass die Profis spätestens um halb neun auf dem Vereinsgelände eintrudeln mussten. Auch um den Spielern zu zeigen, dass ich durchaus bereit bin, auf ihre Wünsche einzugehen, und weil schon zur Jahrtausendwende früh morgens dichter Verkehr die Autobahnen rund um Frankfurt verstopfte, verschob ich den Trainingsbeginn auf zehn Uhr. Das kam gut an, und so habe ich es dann auch auf meinen weiteren Stationen gehalten.

Nachdem der langjährige Stammtorhüter Oka Nikolov in der Hinrunde nicht überzeugt und mir auch im Training keinen guten Eindruck vermittelt hatte, machte ich Heinen zur neuen Nummer eins. Mit ihm im Tor und Reichenberger im Angriff starteten wir Anfang Februar bei der SpVgg Unterhaching in die Rückrunde. Den Einstand vermasselte mir Jochen Seitz, der nach einer Stunde im Strafraum zu einer Schwalbe ansetzte und einen Elfmeter zugesprochen bekam, den Altin Rraklli zum Tor des Tages nutzte. Seitz, den ich 1996 aus meiner Heimatstadt Aschaffenburg nach Hamburg geholt hatte, begegnete mir später in meiner Zeit in Stuttgart noch einmal – zum Glück für mich: Am 24. Mai 2003 wurde er im entscheidenden Spiel für die Qualifikation zur Champions League gegen Wolfsburg im Strafraum gefoult, es gab Elfmeter für uns, den Krassimir Balakov zum 2:0 verwandelte.“

Nach der Auftaktpleite blühten die Hessen auf. Von den folgenden neun Bundesliga-Spielen verloren sie nur ein einziges, 1:4 beim FC Bayern. Obwohl ihr einziger Nationalspieler Ralf Weber Ende März wegen einer seiner vielen Verletzungen die Saison und in der Folge sogar seine Karriere beenden musste, erklommen sie nach einem 1:0 gegen Bremen am 29. Spieltag Rang 14.

Zwei Tage später wurde der Abstiegskampf durch eine schier unglaubliche Gedankenlosigkeit beeinflusst. Weil die Eintracht in der Winterpause gegen Lizenzauflagen verstoßen und zwei neue

Spieler verpflichtet hatte, wurden ihr zwei Punkte abgezogen, dazu musste der Verein eine Geldstrafe von 500.000 Mark berappen.

„Die Entscheidung an sich will und kann ich nicht beurteilen, wohl aber die Art und Weise, wie alles ablief. Am Freitag gegen 17 Uhr, nach dem Abschlusstraining vor dem Auswärtsspiel in Kaiserslautern am 30. Spieltag, saßen wir bereits im Bus, um zu unserem Hotel in der Pfalz zu fahren, als im Radio das Urteil des DFB-Sportgerichts verkündet wurde. Kein Witz, wir erfuhren von den verlorenen Punkten aus dem Radio, am späten Freitagnachmittag! Meine Mannschaft konnte diese Nachricht auf die Schnelle nicht verarbeiten, seinen 1:0-Sieg am Tag darauf hatte der FCK in erster Linie dem DFB zu verdanken.

Danach kehrten wir aber sofort in die Erfolgsspur zurück. Wir gewannen die Heimspiele gegen den HSV und den VfL Wolfsburg und konnten so trotz einer 1:4-Niederlage in Leverkusen am letzten Spieltag gegen Ulm den Klassenerhalt sichern, schon ein Unentschieden hätte gereicht. Doch nach einem Foul an Reichenberger verwandelte Horst Heldt kurz vor dem Abpfiff einen Elfmeter zum 2:1-Sieg, der die endgültige Rettung bedeutete. In der Rückrundentabelle belegten wir mit 28 Punkten gemeinsam mit dem HSV den dritten Tabellenplatz, hinter Leverkusen, das den Titel am letzten Spieltag durch ein 0:2 in Unterhaching verschenkte, und dem alten und neuen Meister FC Bayern.

Diesen Klassenerhalt mit der Eintracht im Jahr 2000 sehe ich heute als eine der größten Leistungen meiner gesamten Trainerkarriere an.“

DIE ZWEITE SAISON

Seinen auslaufenden Vertrag hatte Magath schon im März um drei Jahre verlängert, mit dem Ziel, in Frankfurt etwas Großes aufzubauen. Doch vor der Saison 2000/01 fehlte das Geld weiterhin an allen Ecken und Enden, obwohl mit dem amerikanischen Vermarktungsriesen Octagon ein neuer strategischer Partner gewonnen wurde, der den Verein teilweise entschuldete. Teure Transfers konnte sich die Eintracht nach wie vor nicht leisten; so holte Magath Sasa Ciric, mit dem er schon in Nürnberg erfolgreich zusammengearbeitet hatte, nach dem Lizenzentzug für Tennis Borussia Berlin ablösefrei in die Bundesliga zurück. Für den mazedonischen Torjäger begann die Saison denn auch wie gemalt, beim 3:0-Sieg im Heimspiel gegen Unterhaching glückte ihm sofort ein Treffer.

Die zweite Partie in Köln endete mit einer 1:4-Niederlage, und schon nach dem dritten Pflichtspiel der Saison hing der Haussegen schief: In der ersten Hauptrunde des DFB-Pokals Ende August ging die Eintracht bei der Amateurmannschaft des VfB Stuttgart mit 1:6 baden.

„Drei, vier Tage nach dem Debakel bestellte mich der Aufsichtsratsvorsitzende Reinhard Gödel zu sich ins Büro und meinte: ‚Herr Magath, wir brauchen dringend Geld, wir müssen spätestens im Winter Spieler verkaufen.‘ Nachdem ich immer versucht habe, mich mit Dingen, die ich nicht ändern kann, irgendwie zu arrangieren, antwortete ich: ‚Okay, wenn das so ist, dann schaue ich, was ich machen kann.‘

Das deutsche Transferfenster hatte bereits geschlossen, und so durchforstete ich den Kader nach Spielern, die auf dem internationalen Markt Interesse hervorrufen könnten. Ich fand nur einen einzigen: Jan Age Fjörtoft. Bald verhandelte ich mit Stabaek Football, einem Verein aus Fjörtofts Heimat, und wir einigten uns auf einen Wechsel des Frankfurter Pub-

likumslieblings zu der im Frühjahr 2001 beginnenden Saison in Norwegen. Eine stattliche Ablöse, so viel war klar, würde der Transfer eines 34-jährigen Profis ein halbes Jahr vor dessen Vertragsende nicht bringen, immerhin aber eine spürbare Entlastung auf der Gehaltsseite."

Das erste Saisondrittel verlief durchwachsen. Mit Ausnahme eines Unentschiedens gegen Dortmund entschied die Eintracht alle Heimspiele für sich, auswärts aber ergatterte sie nur in Bremen einen Punkt – bis zum 13. Spieltag, als in München der FC Bayern wartete. Fast ein Vierteljahrhundert lang hatten die Hessen beim Rekordmeister nicht mehr gewonnen; an jenem 18. November vertrieben sie den Fluch und siegten nach Toren von Alexander Schur und, wie der Fußball so spielt, Fjörtoft mit 2:1.

Nach Spielschluss gab Fjörtoft ein Fernsehinterview, in dem er erklärte, Magath habe ursprünglich nicht ihn, sondern den Busfahrer aufstellen wollen, „doch der hatte seine Fußballschuhe vergessen". Eine, wie er glaubte, unglaublich witzige Anspielung darauf, dass er in einigen Punktspielen zuvor mit Blick auf seinen näher rückenden Wechsel nicht oder nicht von Beginn an eingesetzt worden war. Nach dem Interview kletterte er auf die Tribüne des Olympiastadions und ließ sich dort vom versammelten Frankfurter Vorstand feiern.

„Am nächsten Tag bat mich Gödel erneut zum Gespräch. ‚Herr Magath, ich weiß, was ich von Ihnen verlangt habe', sagte er zu mir, ‚aber Fjörtoft können wir nicht verkaufen.' ‚Moment mal', antwortete ich, ‚Sie selbst haben mir den Auftrag gegeben, Spieler von der Gehaltsliste zu entfernen. Fjörtoft ist verkauft, daran gibt es nichts mehr zu rütteln.'

Damit war das Gespräch beendet, doch ich spürte genau, dass Gödel die Verantwortung für den Fjörtoft-Abgang an mich weitergeben wollte und der überragende Erfolg der Vor-

saison bei den Bossen schon kaum mehr etwas zählte. Das Arbeiten wurde schwieriger, erst recht, als wir nach dem Bayern-Spiel gegen Hertha BSC, in Bochum, gegen Wolfsburg, in Stuttgart und in Unterhaching den Platz fünfmal in Folge als Verlierer verließen.

Ich erlebte einen unruhigen Jahreswechsel. Wir überwinterten auf Platz 15, nur durch die bessere Tordifferenz vom 16., Energie Cottbus, getrennt, dazu warteten Nicola und ich täglich auf die Geburt unseres zweiten Kindes. Am 18. Januar, mitten in der Vorbereitung auf die Rückrunde, wurde unser zweiter Sohn Raffael geboren; wieder kam das Kind durch einen Kaiserschnitt zur Welt. Nicola lag noch im Krankenhaus, als wir neun Tage später im ersten Spiel des Jahres 2001 trotz zweier Neuzugänge, Stürmer Pawel Kryszalowicz von Amica Wronki und dem tschechischen Nationallibero Karel Rada von Slavia Prag, zu Hause gegen Aufsteiger Köln schon zur Pause 0:4 zurücklagen und schließlich mit 1:5 untergingen. Am Sonntagmorgen baten mich der Vorstandsvorsitzende Steven Jedlicki und Sportdirektor Rolf Dohmen zu einem Gespräch, am Abend dann rief mich Jedlicki erneut an und erklärte, ich solle mich am Montagmorgen bei ihm einfinden.

‚Die entlassen dich', sagte Nicola zu mir, während ich es noch nicht glauben wollte. Natürlich behielt sie recht: Am Montag wurde ich beurlaubt – für mich unfassbar.

Diese Entlassung traf mich fast genauso hart wie die in Hamburg gut dreieinhalb Jahre zuvor, in mir machte sich grenzenlose Enttäuschung breit. In den 13 Monaten bei der Eintracht hatte ich unglaublich viel Kraft und Energie investiert, den Verein vor dem sicheren Abstieg gerettet und ihm danach eine Zukunft gegeben. Ohne Geld hatte ich eine neue Mannschaft zusammengebaut, die nach dem 13. Spieltag 2000/01 nur zwei Punkte hinter dem späteren Meister

FC Bayern auf Rang fünf in Richtung Europa marschierte. Sicher, danach verloren wir sechs Spiele in Folge, aber glauben Sie, ich hätte in diesen Wochen der Niederlagen irgendetwas anders gemacht als in all den Monaten zuvor? Oder spielte es nicht eher eine entscheidende Rolle, dass viele Verantwortliche die Mannschaft nach dem Auswärtssieg bei den Bayern schon wieder in Sphären wähnten, die faktisch noch weit entfernt waren? Und dass sich die Vereinsführung im Fall Fjörtoft offen gegen mich gestellt hatte, sodass genau wie zuvor in Bremen die Beziehung zwischen Mannschaft und Trainer zerbrach?

Wir packten unser Auto voll mit dem wichtigsten Krimskrams und düsten mit Leonard und dem Baby nach Hamburg – die Februarmiete für unser Reihenhaus wollten wir uns auf jeden Fall sparen. Am nächsten Tag mietete ich einen Transporter und fuhr noch einmal allein zurück, um das restliche Mobiliar einzuladen. Endlich fertig, knallte ich die Türen zu und merkte dann, dass ich den Autoschlüssel mit in den Wagen geworfen hatte. Bei völliger Dunkelheit musste ich noch einmal alles ausräumen, bis ich den Schlüssel fand und Frankfurt endlich verlassen konnte.

Mit Dohmen als Interimstrainer wurde es übrigens nicht besser – am Saisonende stieg die Eintracht ab.“

VfB Stuttgart
2001–2004

DIE ERSTE SAISON

„Eigentlich hatte ich die Nase voll. Denn egal, ob nun beim HSV, in Bremen oder in Frankfurt: Jedes Mal hatte ich einen sportlich erfolglosen und finanziell schwer angeschlagenen Verein übernommen, vor dem Abstieg gerettet und nach oben geführt. Und jedes Mal fingen dann, wenn wir fast Unmögliches erreicht hatten, die Probleme an, und irgendwann wurde ich gefeuert. Nein, sagte ich mir, so mache ich nicht weiter, zumal ich mich nirgendwo, auf keiner meiner Stationen, wirklich zu Hause gefühlt hatte. Ich dachte ernsthaft daran, in die Heimat meines Vaters auszuwandern und auf Puerto Rico Jungs zu trainieren, die noch barfuß Fußball spielen.

Doch schon rund einen Monat nach meiner Entlassung in Frankfurt warf Ralf Rangnick nach dem Achtelfinal-Aus im UEFA-Pokal bei Celta Vigo in Stuttgart das Handtuch. VfB-Manager Rolf Rüssmann, selbst erst seit wenigen Wochen im Amt, rief mich an und redete lange auf mich ein. ‚Okay, Rolf, ich komme', sagte ich schließlich. Ich entschloss mich, es noch einmal zu versuchen – ein letztes Mal.

Wir zogen nach Waiblingen, wo wir uns als Familie sehr wohlgefühlt haben. Meine Frau und Leonard begannen dort mit dem Tennis, und bald forderte Nicola mich heraus. Ihre

Rückhand ist technisch zweifellos besser als meine, dank meiner Laufstärke aber behielt ich meist die Oberhand.

Zum ersten Mal war ich bei einem Verein erst nach der Winterpause gelandet, das Transferfenster hatte geschlossen. Aber auch so hätte ich keine Möglichkeit gehabt, neue Spieler zu verpflichten: Als ich im Februar 2001 anfing, war der VfB so klamm, dass er keine Überweisung herausgeben durfte, ohne zuvor die Erlaubnis der Bank einzuholen. Sportlich krebste die Mannschaft nach 22 Spieltagen auf Abstiegsplatz 17 herum.“

Magath musste mit dem Kader auskommen, den er vorfand, und er hatte nur zwölf Spiele Zeit. Zum Auftakt zitterten sich die Schwaben zu einem wertvollen torlosen Unentschieden bei Schlusslicht Bochum. Das erste Heimspiel gegen Wolfsburg gewannen sie mit 2:1, es folgten vier Spiele ohne Sieg, darunter ein bitteres 0:3 zu Hause gegen Köln. Vor dem Saisonfinale spitzte sich die Situation dramatisch zu: Am vorletzten Spieltag empfing der VfB Spitzenreiter Schalke 04. Bei einer Niederlage wäre es zum Saisonschluss zum Endspiel gegen den Abstieg in Frankfurt gekommen – gegen die gleiche Eintracht, die Magath noch vier Monate zuvor trainiert hatte.

Krassimir Balakov ersparte ihm dieses Endzeitszenario. Bis in die Nachspielzeit hinein hielt der VfB gegen den von 20.000 Anhängern begleiteten Titelanwärter ein 0:0, dann zog der Bulgare nach einem Getümmel am Strafraum der Gelsenkirchener aus 18 Metern mit links ab; der Ball schlug unhaltbar für Torhüter Oliver Reck rechts unten ein – Tor! Dieses 1:0 in letzter Sekunde bedeutete die Rettung für die Schwaben, während die Schalker nun auf eine Niederlage des FC Bayern im letzten Spiel in Hamburg hoffen mussten. (Die auch gekommen wäre, hätte Schiedsrichter Markus Merk in der letzten Sekunde der Partie im Volksparkstadion nach einem Rückpass, der keiner war, nicht auf Freistoß für die Münchner entschieden.)

„Ein unhaltbarer Linksschuss aus 18 Metern und halblinker Position in einem entscheidenden Spiel – da war doch was, rund 18 Jahre zuvor in Athen?! Klar, die Bilder im Kopfkino, doch es ginge zu weit, wenn ich sagen würde, dass ich in Balakov so etwas wie den jungen Felix Magath sah. Dazu unterschieden wir uns als Fußballer zu sehr: Ich leistete wesentlich mehr Defensivarbeit und half häufiger in der Abwehr aus als er, dessen überragende Stärken in der Offensive, im Spiel mit dem Ball am linken Fuß lagen.

Zu meinen wichtigsten Vertrauten beim VfB zählte Balakov auf jeden Fall. Mit ihm und dem defensiven Mittelfeldspieler Zvonimir Soldo, den ich Jahre später als meinen Co-Trainer nach China holte, setzte ich mich vor fast jeder Begegnung zusammen, wir unterhielten uns über unsere Mannschaft und die des Gegners. Ich halte es für eine Selbstverständlichkeit, dass sich ein Trainer die Meinung erfahrener Weltklassespieler anhört, bevor er seine Entscheidungen trifft. Autoritätsprobleme musste ich dadurch auf keiner meiner Stationen fürchten. Die Spieler haben mich stets gesiezt, obwohl ich dies nie von ihnen verlangt habe. Männer wie Balakov oder Soldo hätten mich jederzeit auch mit ‚du' ansprechen dürfen, ein 18-jähriger Jungspund natürlich nicht.

Dass ein Fußballlehrer binnen einer Saison zwei verschiedene Bundesligisten trainiert, sehe ich nicht als fragwürdig an. Was schon lange nicht mehr passt in Deutschland, ist die Art und Weise, wie wir Trainer von allen Seiten geschwächt werden. Ein Trainer kann nicht auf die Unterstützung der Spieler hoffen, wenn er etwas von ihnen fordert, nicht auf die Unterstützung des Präsidiums und damit des Vereins, wenn es eine Zeit lang nicht wie gewünscht läuft, und schon gar nicht auf die Unterstützung des DFB. Trainer in Deutschland sind die ärmsten Hunde, und dann muss sich auch niemand aufregen, wenn einer von uns innerhalb einer Saison mal die Seiten wechselt.

Natürlich freute ich mich, dass wir nach dem Sieg gegen Schalke entspannt nach Frankfurt fahren konnten, denn die Nervenbelastung vor einem Endspiel gegen den Abstieg ist unermesslich. Ich hatte es bei der Eintracht erlebt, und auch in Wolfsburg und zuletzt in Berlin durfte ich das letzte Spiel einer Saison um keinen Preis verlieren. Dieser extreme Druck führt dazu, dass du in der ganzen Woche vor dem Anpfiff nachts nicht schlafen kannst, dass du nervös und angespannt bist. Gut, dass ich alle drei Abstiegsendspiele gewonnen habe – ein Triple der anderen Art.

Der Vollständigkeit halber: Wir verloren in Frankfurt 1:2 und landeten in der Endtabelle auf Rang 15. Drei Klubs hatten wir hinter uns gelassen: Unterhaching, Bochum und – die Eintracht. Auch wenn mir viele das nicht glauben werden: So etwas wie Schadenfreude empfand ich dabei nicht, denn ich bin anders gestrickt. So lange ich Angestellter des Vereins bin, der mich bezahlt, gebe ich alles, mit dem Ende der Zusammenarbeit aber endet dann auch meine Beziehung zu diesem Klub. Na gut, eine Ausnahme gibt es …“

DIE ZWEITE SAISON

„Erneut hatte ich einen Verein vor dem Abstieg bewahrt, doch diesmal fühlte ich mich erschöpft und ausgelaugt wie nie zuvor. ‚Ich brauche dringend Urlaub‘, sagte ich zu Rüssmann. Noch einen Satz gab ich unserem Manager vor meinem Flug nach Puerto Rico mit auf den Weg: ‚Mach was du willst, nur verpflichte Rui Marques nicht für dieses Geld.‘ Den angolanischen Innenverteidiger hatte der VfB für ein halbes Jahr von Hertha BSC ausgeliehen und seine feste Verpflichtung sollte uns, die wir nach wie vor kein Geld hatten, nun mehr als

eine Mio. Mark kosten; viel zu viel, wie ich fand. Als ich nach drei Wochen aus der Karibik zurückkehrte, hatte Rolf Rüssmann genau einen Spieler geholt – Rui Marques.

Dass ich mich darüber wunderte, ist klar, doch mittlerweile hatte ich gelernt, über solche Dinge kurz den Kopf zu schütteln, sie dann zu akzeptieren und weiterzumachen. Mein Verhältnis zu Rüssmann veränderte sich dadurch nicht."

Nach dem Marques-Einkauf hatte der VfB endgültig keine müde Mark mehr. Magath holte zwei Offensivspieler aus der Regionalliga- bzw. der A-Juniorenmannschaft des VfB nach oben, Robert Vujevic und Kevin Kuranyi; die jungen Andreas Hinkel und Timo Wenzel hatten sich schon in der Rückrunde der Vorsaison ihre ersten Sporen in der Bundesliga verdient. Viele Unterhaltungen des Trainers mit Balakov und Soldo in den ersten Saisonwochen drehten sich um einen anderen Nachwuchsspieler, um Aliaksandr Hleb, einen jungen Mittelfeldspieler aus Weißrussland, der ein Jahr zuvor aus der zweiten Mannschaft zu den Profis gestoßen, jedoch nur sechsmal zum Einsatz gekommen war. In den ersten drei Spielen der neuen Saison hatte ihn Magath nur einmal eingewechselt, und auch für die Partie in Nürnberg am vierten Spieltag plante er noch nicht mit ihm. Balakov und Soldo aber rieten ihrem Trainer, Hleb in die Startelf einzubauen, Magath ließ sich überzeugen, und der Schachzug ging auf: Die Last des Spielaufbaus lag nicht mehr allein auf Balakovs Schultern, der junge Hleb zeigte ein überragendes Spiel und bereitete beim 4:2-Sieg des VfB drei Tore vor. Danach verpasste er kein einziges Saisonspiel mehr.

„In der Winterpause schaffte es Rüssmann an der Seite von Präsident Manfred Haas über eine neu gegründete Beteiligungs-GmbH, Geld für einen Neueinkauf aufzutreiben. Ich wusste, dass wir uns keinen Fehler erlauben konnten – wir hatten einen einzigen Schuss, und der musste sitzen. Rüss-

mann brachte Fernando Meira ins Spiel, den blutjungen Kapitän von Benfica Lissabon. ‚Schau ihn dir mal an', sagte er. Wir studierten ein paar Videos und flogen dann zusammen nach Portugal, beobachteten Meira in einem Punktspiel und verpflichteten ihn schließlich für satte 7,5 Mio. Euro.

Viel Geld und ein großes Risiko, doch wir hatten den richtigen Riecher. Meira schlug voll ein, mit ihm und Hleb als Stammspieler erreichten wir nach einer wechselvollen Rückrunde und einem 4:3 im Saisonfinale gegen Kaiserslautern immerhin den achten Platz, sodass wir uns für den UI-Cup qualifizierten. Von da an gelang es mir ein Jahrzehnt lang Jahr für Jahr, die von mir betreuten Vereine in den Europapokal zu führen.

Eine lustige Randnotiz stellt sicher der erste und einzige Bundesliga-Einsatz von Steffen Handschuh am 7. April dar. Der Stürmer unserer zweiten Mannschaft, Sohn des Mannes, für den ich 1975 in meinem ersten B-Länderspiel eingewechselt worden war, hatte eine Woche zuvor in einem Punktspiel Gelb-Rot gesehen und war somit an diesem Wochenende gesperrt – für die Amateure. Ich aber nahm ihn mit zum Bundesliga-Spiel nach Freiburg und schickte ihn in der 64. Minute für Christian Tiffert aufs Feld. Unser Ersatztorhüter Adnan Masic rief ihm hinterher, dass Steffen gleich ein Tor erzielen werde, und so kam es wirklich: In der 79. Minute holte Handschuh einen Freistoß heraus, der zum Führungstor führte, und kurz vor Schluss gelang ihm selbst der Treffer zum 2:0-Endstand.

Vor der neuen Saison rückte Handschuh in unseren Profikader auf, blieb jedoch aufgrund von Verletzungen, die ihn zu einem frühen Karriereende zwangen, ohne weiteren Einsatz. Aber ein Bundesliga-Spiel, ein Tor – es gibt schlechtere Bilanzen."

DIE DRITTE SAISON

Ein Wettbewerb, der nicht nur Magath bis dahin allenfalls am Rande interessiert hatte, beherrschte die ersten Wochen der Saison 2002/03. Über den KSC Lokeren, AC Perugia und die Kroaten von Slaven Pelupo drang der VfB ins Finale des UI-Cups vor.

> *„Drei Tage vor dem ersten Finalspiel gegen den OSC Lille begann bereits die neue Bundesligasaison mit einem Heimspiel gegen Kaiserslautern. Wie vor jeder Bundesliga-Partie versammelten wir uns am Vorabend gegen 21:30 Uhr im Hotel zu unserer traditionellen Bierrunde. Dabei kam die gesamte Mannschaft zusammen, jeder Spieler durfte ein oder zwei Bier trinken, und wir unterhielten uns, nicht nur über Fußball. Als ich an jenem Abend kurz nach halb zehn zu den Spielern stieß, sah ich, wie unser Stürmer Viorel Ganea auf einem Stuhl saß und einen riesigen Eisbecher löffelte. ‚Geht's noch, Vio?', fragte ich ihn. ‚Wie kommst du auf die Idee, dir ein Eis zu bestellen?' Ganea stand wortlos auf, packte den Becher und warf ihn haarscharf an meinem Kopf vorbei gegen die Wand. Ich schickte ihn sofort nach Hause. Weil er sich danach bei mir entschuldigte, berief ich ihn schon für das nächste Spiel in Lille wieder in den Kader – ich bin nicht nachtragend."*

Mit Rücksicht auf den UI-Cup hatte Magath anders, weniger intensiv trainieren lassen als normalerweise in der Saisonvorbereitung. Prompt blieben die Stuttgarter in der Liga in den Startblöcken hängen, gewannen keins der ersten fünf Spiele und krebsten noch nach dem siebten Spieltag auf Rang 15 herum. Der 2:0-Heimsieg gegen Lille, mit dem sie die 0:1-Hinspielniederlage wettmachten, verlieh ihnen neues Selbstvertrauen. Sie überstanden die ersten drei Runden im UEFA-Pokal, und bald ging's auch in der Bundesliga steil bergauf. Im Oktober und November verlor der VfB nur ein einziges Punktspiel; am Ende der Hinrunde belegte er schon Platz fünf.

Die Winterpause selbst begann mit einem Paukenschlag: Fünf Tage vor Weihnachten musste Rüssmann gehen. Auch wegen geplanter Gehaltskürzungen für die Mannschaft hatte sich der Manager mit seinen beiden Vorstandskollegen und mit wichtigen Personen im Umfeld des Vereins überworfen. Geld besaß der VfB nach wie vor nicht, und so fragte Präsident Manfred Haas an, ob sich Magath die Doppelfunktion als Manager und Trainer zutraue.

> *„Ich fiel aus allen Wolken; nicht eine Sekunde lang hatte ich mich bis dahin mit diesem Thema beschäftigt, und auf diese Idee wäre ich selbst auch nie gekommen. Im Interesse des Vereins sagte ich ja, ohne dass sich sonst noch irgendetwas änderte – übrigens auch an meiner Gehaltsabrechnung nicht.*
>
> *Im Nachhinein wurde diese Zusage gern als Beweis meines großen Machtanspruchs gewertet – auch so eine Geschichte, die durch mehrfaches Erzählen und Kommentieren nicht wahrer wird. Nach Rolf Rüssmanns Entlassung hatte ich beim VfB keine Macht, sondern nur die sportliche Verantwortung, für den Verein das Maximale anzustreben. Mit dem olympischen Gedanken, nur dabei zu sein, konnte ich nie etwas anfangen; ich wollte und will immer gewinnen, immer das Maximale erreichen.“*

In den ersten sechs Spielen nach der Winterpause feierte der VfB fünf Siege. Das UEFA-Pokal-Aus gegen Celtic Glasgow (1:3 und 3:2) dämpfte kurzzeitig die Freude, doch die Schwaben ließen sich nicht beirren und steuerten auch in der Rückrunde geradewegs auf Kurs Champions League. Am 34. Spieltag schossen Kuranyi, der in seiner ersten Bundesliga-Saison 15 Tore erzielte, und Balakov im letzten Bundesliga-Spiel seiner Karriere per Foulelfmeter einen 2:0-Sieg gegen Wolfsburg heraus. Beim Blick auf die Abschlusstabelle, meinte Magaths große Entdeckung Kuranyi, könne einem „fast ein wenig schwindlig werden“: Der VfB beendete die Saison tatsächlich auf Platz zwei, 16 Punkte hinter Meister Bayern, einen Punkt vor Borussia Dortmund, und durfte 2003/04 erstmals im Kreis der ganz Großen mitmischen, in der Champions League.

DIE VIERTE SAISON

„In der Sommerpause beendete Balakov mit 37 Jahren seine aktive Karriere und unterschrieb beim VfB einen Anschlussvertrag als Co-Trainer. Mit ihm verabschiedete sich ein Spieler, den ich als absolut pflegeleicht kennengelernt hatte. Obwohl er ein wirklicher Star war, ein Weltklassefußballer, hatte er sich nie irgendwelche Privilegien herausgenommen oder mir auch nur das kleinste Problem bereitet. Ich wundere mich noch heute, warum ihm, der so unglaublich viel für den Verein geleistet hatte, in Stuttgart die verdiente Anerkennung nie so ganz zuteilwurde.

Auswärts in Rostock starteten wir in die neue Saison. Wir führten 1:0, als ich in der 76. Minute einen jungen Abwehrspieler einwechselte – Philipp Lahm. Bayerns Amateurtrainer Hermann Gerland hatte den 19-Jährigen, der in München einen Vertrag bis 2007 besaß, bei den Profis jedoch nicht zum Zug kam und für ein Jahr ausgeliehen werden sollte, vor Saisonbeginn diversen Klubs in der Bundesliga angeboten. ‚Wir holen ihn‘, sagte ich, unter der Voraussetzung, dass Lahm bis 2005 bleiben dürfe, was die Münchner zunächst ablehnten. Doch wenn ich einen jungen Spieler schon ein Jahr lang fördere, dann muss mein Verein auch etwas davon haben, indem er mindestens zwei Jahre auf den Spieler zählen kann. Die Bayern lenkten schließlich ein, und Lahm entwickelte sich bei uns in kürzester Zeit zur Stammkraft. Nur gut ein halbes Jahr nach seinem ersten Bundesliga-Einsatz trug er beim 2:1-

Sieg gegen Kroatien in Split erstmals das Trikot der Nationalmannschaft, für die er insgesamt 113-mal auflief und die er 2014 in Brasilien als Kapitän zum WM-Titel führte.“

Die Partie bei Hansa gewann der VfB mit 2:0 und kletterte mit diesem Sieg auf eine Wolke, die ihn fast durch die gesamte Hinrunde trug. An den ersten acht Spieltagen kassierte Timo Hildebrand kein einziges Tor; die neue Bundesliga-Rekordserie des jungen Stuttgarter Schlussmanns von 884 Minuten ohne Gegentreffer wurde erst am neunten Spieltag beim 3:1-Sieg in Bremen gestoppt – auf irreguläre Weise: Bevor Angelos Charisteas einschoss, hatte der Ball die Torauslinie deutlich überschritten.

Auch in der Champions League zeigte die von den Medien schnell „junge Wilde“ getaufte VfB-Elf keine Angst vor großen Namen: Nach einer 1:2-Auftaktniederlage bei den Glasgow Rangers feierte sie gegen Manchester United und Panathinaikos Athen zwei verdiente Heimsiege. Beim 2:1-Erfolg gegen den hohen Favoriten aus Manchester verwandelten zwei Tore durch Imre Szabics und Kuranyi binnen drei Minuten die Mercedes-Benz-Arena in ein Tollhaus, und Rechtsverteidiger Hinkel schaltete einen 18-jährigen Angreifer aus, der sein erstes Champions-League-Spiel absolvierte: Cristiano Ronaldo.

In weniger als zwei Jahren hatte Magath eine Mannschaft entwickelt, aus der mit Hinkel, Kuranyi, Lahm und Hildebrand gleich vier deutsche A-Nationalspieler hervorgingen und die dank ihrer erfrischend-angriffslustigen Spielweise an der Spitze der Bundesliga mitmischte.

Im Stil einer Top-Mannschaft führte der VfB noch vor dem vorletzten Hinrundenspiel die Tabelle an, obwohl vor allem bei eigenem Ballbesitz immer mehr Sand ins Getriebe rieselte. Ein unglückliches 0:1 beim FC Bayern stürzte die Schwaben von der Spitze, und auch das letzte Spiel des Jahres 2003 ging verloren, 2:3 zu Hause gegen Leverkusen.

„Zwei Tage später durfte ich mich wieder als Gewinner fühlen: Begleitet von rund 50 Gästen, zu denen auch die drei Kinder aus meiner ersten Ehe zählten, heirateten Nicola und ich im Rathaus von Hamburg-Altona. Nach der Trauung ging's bei misslichen Witterungsbedingungen, peitschendem Regen und heftigem Wind, also typischem Hamburger Wetter, auf eine Hafenrundfahrt. Unser Sohn Raffael hatte sich am Tag vor der Hochzeit einen Magen-Darm-Infekt eingefangen, der sich bei hohem Wellengang auf der schaukelnden Barkasse sofort wieder meldete, sodass er seinen schönen neuen Anzug schon nach ein paar Minuten wechseln musste. In einem Haus an der Alster feierten wir weiter, wobei wir die Hochzeitstorte erst nachts um drei anschneiden konnten, weil sie der Caterer einfach in der Küche vergessen hatte.

Rund zwei Monate nach der Hochzeit, im Februar 2004, saßen wir erstmals in meinem Wohnzimmer in Stuttgart zusammen: Bayerns Vorstandsvorsitzender Karl-Heinz Rummenigge, Geschäftsführer Karl Hopfner, Nicola und ich. Unter Trainer Ottmar Hitzfeld lief der FCB Gefahr, den angepeilten dritten Meistertitel in Folge zu verpassen, Tabellenführer Bremen war bereits um neun Punkte enteilt. Wir unterhielten uns drei, vier Stunden lang und verabredeten uns dann erneut für zwei Wochen später in München. Im Schutz der Dunkelheit lenkte ich meinen Mercedes mit Stuttgarter Kennzeichen zum zweiten Treffen, nun auch mit Manager Uli Hoeneß, im Haus der Rummenigges in Grünwald; gesichtet werden wollte ich in München zu diesem Zeitpunkt auf keinen Fall. Kalles Frau Martina kochte für uns, und dann unterbreitete mir das Bayern-Trio ein Angebot für einen Wechsel an die Säbener Straße. Einig freilich waren sich die drei nicht: Hopfner und Rummenigge wollten mich bereits für die Saison 2004/05 verpflichten, Hoeneß erst ab 2005/06.

Hoeneß setzte sich erstmal durch. Hitzfeld, der die Münchner in den sechs Jahren seit seinem Amtsantritt 1998 zu acht internationalen und nationalen Titeln – die drei Ligapokalsiege nicht mitgerechnet – geführt hatte, sollte seinen bis 30. Juni 2005 laufenden Vertrag erfüllen dürfen. ‚Wir müssen noch über Geld sprechen, Felix', sagte Uli schließlich. ‚Das Geld ist mir nicht so wichtig', hörte ich mich noch antworten, ehe ich unter dem Tisch einen heftigen Schlag gegen mein Schienbein verspürte: Nicola hatte mich getreten, um zu verhindern, dass ich mich wieder einmal unter Wert verkaufe. Noch an diesem Februarnachmittag unterschrieb ich einen ab 1. Juli 2005 gültigen Vertrag bei den Bayern – für weniger Geld, als es die Marktlage hergegeben hätte. Ich sollte in München etwa doppelt so viel verdienen wie in Stuttgart.

Weder die Bayern noch ich ließen nach diesem Vertragsabschluss etwas nach außen dringen, dennoch wurde ich aufgrund meiner Erfolge mit dem VfB und der weiterhin wenig überzeugenden Auftritte der Münchner in den Medien immer wieder mit ihnen in Verbindung gebracht. Anfangs fühlte ich mit diesen Spekulationen auch durchaus wohl, doch je weiter die Saison voranschritt, desto mehr erschwerten die Schlagzeilen meine Arbeit in Stuttgart. Seit meinem Amtsantritt im Februar 2001 hatten wir verdammt viel bewegt beim Verein für Bewegungsspiele, und nun, 2003/04 hatten wir als Champions-League-Neuling die Gruppenphase überstanden und segelten in der Bundesliga erneut auf Kurs Königsklasse.“

Mit drei Neuen, Mittelfeldspieler Hakan Yakin und Angreifer Marco Streller vom FC Basel sowie Innenverteidiger Boris Zivkovic vom FC Portsmouth, starteten die Stuttgarter ins Jahr 2004. Nach einem schwachen Februar und dem knappen Aus im Champions-League-Achtelfinale gegen den FC Chelsea – beim 0:1 im Hinspiel in Stuttgart unterlief Meira ein überaus unglückliches Eigentor, im Rückspiel an der Stamford Bridge verhalf Magath einem 18-jährigen Stürmer namens Mario Gomez zu seinem Profidebüt – fingen sie sich wieder, landeten im März und April in der Bundesliga sechs Siege bei zwei Unentschieden, darunter ein spektakuläres 4:4 gegen Bremen, und bissen sich auf Rang drei fest.

„Am 12. März wurde unsere Tochter Chiara in Stuttgart geboren, für Nicola und mich gemeinsam das dritte, für mich persönlich das sechste Kind. Noch ein siebtes, und der Bundespräsident hätte die Patenschaft übernommen, und wir dachten auch ernsthaft daran, ein paar Jahre später noch ein Kind zu adoptieren, doch dann entschieden wir uns anders. Die Kinder aus meiner ersten Ehe sehe ich vor allem aufgrund der Entfernung zwischen Hamburg und München nicht mehr allzu häufig, was leider auch für meine mittlerweile drei Enkelkinder, zwei Jungen und ein Mädchen, gilt."

Aufgrund weiterhin schwankender Leistungen konnte der FC Bayern die Lücke zu Spitzenreiter Werder auch im letzten Saisondrittel nicht schließen. So ergab sich die pikante Konstellation, dass die Bremer am drittletzten Spieltag mit sechs Punkten Vorsprung nach München fuhren und mit einem Sieg im Olympiastadion ihren vierten Meistertitel unter Dach und Fach bringen konnten. Es entwickelte sich ein denkwürdiges Spiel; zur Halbzeit lagen die Bayern 0:3 hinten, verloren schließlich 1:3 und mussten nach dem Abpfiff neidvoll mit ansehen, wie die Werder-Profis um den brasilianischen Torschützenkönig Ailton ausgerechnet unter dem berühmten Zeltdach tanzten und feierten.

Angesichts dieser Schmach setzte Uli Hoeneß zur Rolle rückwärts an. Er rückte von seinem Plan ab, Hitzfeld einen ehrenvollen Abgang zu gestatten, rief Magath noch am gleichen Wochenende an und sagte: „Felix, du musst jetzt doch sofort kommen!" „Okay", antwortete der, „das sollte möglich sein." Hatte er sich im Winter 2001/02, bei der Verlängerung seines Vertrags bis 2005, doch eine Klausel einbauen lassen, die es ihm unter gewissen Voraussetzungen erlaubte, jeweils zum Ende einer Saison zu kündigen. So hätte ihm der Vorstand nach Balakovs Abgang eine angemessene Summe zur Verstärkung der Mannschaft zur Verfügung stellen müssen, was nicht geschehen war.

An besagtem drittletzten Spieltag unterlagen die Stuttgarter in Hamburg 1:2, sodass ihr Vorsprung auf den Vierten Leverkusen auf zwei Punkte zusammenschrumpfte. Platz drei, der zu den Qualifikationsspielen um den Einzug in die Champions-League-Gruppenphase berechtigte, geriet mehr und mehr in Gefahr.

„Am 33. Spieltag empfingen wir zu Hause die Bayern. Vor dem Spiel trafen sich VfB-Präsident Erwin Staudt und der Aufsichtsratsvorsitzende Dieter Hundt in Stuttgart mit Rummenigge, Hoeneß und Hopfner, um über meine Zukunft zu sprechen. Am Ende einigten sich beide Seiten auf eine vorzeitige Auflösung meines Vertrags sowie auf eine sechsstellige Ablösesumme, die die Münchner an den VfB zahlen sollten. Am Nachmittag besiegten wir Bayern 3:1, doch, bitter für uns, gleichzeitig ging Werder nach 23 Punktspielen ohne Niederlage im Weserstadion als Folge der feucht-fröhlichen Meisterschaftsfeiern während der Woche mit 2:6 gegen unseren Konkurrenten Leverkusen unter.

Und da bin ich wieder bei der vernichtenden Kritik an unserem Österreich-Spiel bei der WM in Spanien. Warum wurde Werder damals für die unterirdische Leistung im ersten Spiel nach dem Gewinn der Meisterschaft nicht genauso kritisiert wie wir, die deutsche Nationalmannschaft, 1982? Warum sagte in diesem Fall jeder, es sei doch nur allzu menschlich und verständlich, wenn man im Wissen um einen Riesenerfolg die Zügel ein wenig schleifen lasse? Ist es nicht mindestens genauso menschlich, wenn ich im letzten Gruppenspiel eines Turniers mit einem Tor Unterschied gewinnen muss, schnell 1:0 führe und dann einen Gang zurückschalte?

So kam's zum dicken Ende: Zum Saisonfinale mussten wir nach Leverkusen, und obwohl wir uns mehr Torchancen herausspielten als Bayer, unterlagen wir 0:2, fielen auf Rang vier zurück und büßten den Champions-League-Qualifikationsplatz ein. Der VfB durfte 2004/05 ‚nur' im UEFA-Pokal antreten.

Es war mein letztes Spiel als Trainer des VfB, der sich in meiner Zeit von einem Fast-Absteiger zu einem Fixpunkt in Europa entwickelt, einmal die Champions League und zweimal den UEFA-Pokal erreicht hatte. Nirgendwo saß ich länger auf der Bank als in Stuttgart, bis heute trainierte keiner den VfB durchgehend dreieinhalb Jahre."

Bayern München
2004–2007

DIE ERSTE SAISON

„Dass es schwierig werden würde in München, wusste ich von dem Augenblick an, da ich meinen Dreijahresvertrag unterschrieb. Die Bayern hatten unter Ottmar Hitzfeld in den sechs Jahren zuvor großartige Erfolge gefeiert, die Champions League und den Weltpokal, viermal die Deutsche Meisterschaft und zweimal den DFB-Pokal gewonnen. Mir war klar, dass die Toleranzgrenze für Niederlagen in diesem Verein deutlich tiefer liegt als bei allen anderen deutschen Klubs, und dass die Spieler schon nach den ersten Trainingseinheiten fragen würden: Warum machen wir dies oder jenes plötzlich so ganz anders als zuvor?

Sicher kam mir zugute, dass die Münchner gerade zum zweiten Mal in den 2000er Jahren den Titel verpasst hatten. Und natürlich hatte sich auch mein Image gewandelt, nach fast einem Jahrzehnt im Trainerberuf war es mir gelungen, den Ruf eines Feuerwehrmanns abzustreifen. Beim VfB hatte ich in dreieinhalb Jahren eine Mannschaft stetig weiterentwickelt; dennoch blieben die Möglichkeiten für mich in Stuttgart begrenzt. In München war alles anders. Beim FC Bayern lebst du auf einer anderen Höhe. Zum ersten Mal in meiner Karriere als Trainer konnte ich mich vor Saisonbeginn hinstellen und sagen ‚Ich will Deutscher Meister werden' – ohne mich lächerlich zu machen.

Doch in den ersten Wochen der Saison 2004/05 hätte es jeder Trainer, ob nun Müller, Meier oder Magath, schwer gehabt in München. Viele Spieler, allen voran Torhüter Oliver Kahn, liebäugelten nach der für alle völlig unbefriedigenden Vorsaison mit einem Vereinswechsel, allgemein herrschte große Unsicherheit und Unzufriedenheit. Hinzu kam, dass die EM-Teilnehmer, die deutschen Nationalspieler um Kahn und Michael Ballack, aber auch der Engländer Owen Hargreaves erst drei Wochen vor Saisonbeginn zum Kader stießen – enttäuscht nach dem frühen Aus ihrer Nationen bei der Europameisterschaft in Portugal.

Die Bayern hatten mich aufgrund meiner Erfolge mit dem VfB geholt, aber auch, weil ich bewiesen hatte, dass ich in der Lage bin, Spieler durch intensives Training und Konsequenz konditionell auf europäisches Top-Niveau zu bringen. Von der ersten Trainingswoche an versuchte ich den Spielern zu zeigen: Ich bin anders, als es euch manche Medien weismachen wollen, mit mir kann man reden. Doch als ich dann erklärte, bei mir gebe es montags keinen Wochenplan, ich würde stets leistungsbedingt entscheiden, wann und wie viel wir trainieren, löste ich ein erstes Zähneknirschen aus – im gesamten Verein, nicht nur bei den Profis."

Die Münchner erwischten keinen guten Start, obwohl sie zum Auftakt in Hamburg 2:0 siegten. Gegen Hertha BSC erreichten sie zu Hause nur ein 1:1, am dritten Spieltag setzte es mit 1:4 in Leverkusen eine deftige Klatsche. Nach dieser Niederlage machte sich Unruhe breit im Verein, Unruhe, die sich auch nach dem 1:0-Zittersieg gegen Bielefeld nicht legte, und Magath fragte sich: Können die Spieler nicht, oder wollen sie nicht? Er hielt eine Ansprache in der Kabine, einige Profis meldeten sich zu Wort, und er unterhielt sich lange mit Michael Ballack, der sich schnell zu seinem wichtigsten Ansprechpartner entwickelte.

„Plötzlich wurde mir klar, wie unterschiedlich die Beurteilung unserer Trainingsarbeit ausfiel. Die Spieler glaubten offenbar, sie würden super mitziehen, während ich überzeugt war, dass angesichts der großen Fähigkeiten jedes Einzelnen ganz andere Trainingsleistungen möglich sein müssten.

Nach einem glücklichen 2:2 in Dortmund hatten wir nach fünf Spieltagen gerade einmal acht Punkte auf dem Konto. Ich hatte dem Rekordmeister den schlechtesten Saisonauftakt seit 25 Jahren beschert, doch ich blieb einigermaßen gelassen, denn die Gründe lagen auf der Hand: In der Vorbereitung hatten wir wesentlich intensiver gearbeitet, als die Spieler dies gewohnt waren, und dies hatten einige von ihnen noch nicht hundertprozentig verkraftet.

Auch Uli Hoeneß versuchte Ruhe auszustrahlen. Eines Abends lud er meine Frau und mich zum Essen zu sich nach Hause ein. Es wurde ein schöner, harmonischer Abend, von dem mir eine Situation für immer in Erinnerung bleiben wird. Die, als Uli mich fragte: ‚Was meinst du, Felix, was möchte ich sein, wenn ich nicht Manager des FC Bayern wäre?' ‚Keine Ahnung', antwortete ich. ‚Da gibt es nur zwei Möglichkeiten', fuhr er fort. ‚Trainer bei Bayern oder Hund bei Hoeneß.'"

Wie in der Meisterschaft lief es auch in der Champions League schleppend an. Zum Auftakt quälten sich die Bayern am israelischen Neujahrstag bei Maccabi Tel Aviv zu einem mühevollen 1:0-Sieg, den Roy Makaay nach gut einer Stunde per Elfmeter sicherte. Der Angreifer war es dann auch, der für die große Wende sorgte. Im Fußball reicht bisweilen ein einziges Spiel, um die Welt zu verändern, und dieses eine Spiel legten die Münchner Ende September zu Hause gegen Ajax Amsterdam hin. Nach einer halben

Stunde des Abtastens erzielte Makaay mit einem fulminanten Rechtsschuss das 1:0 – ein Traumtor, das alle Blockaden löste. Zum ersten Mal unter Magaths Regie sprudelten die Bayern vor Spielfreude, zeigten sie herrliche Angriffszüge. Makaay traf noch zwei weitere Male, Zé Roberto einmal zum hochverdienten 4:0-Sieg.

„Nach diesem Sieg wusste die Mannschaft, dass auch mit meiner Spielauffassung guter und erfolgreicher Fußball möglich sein würde. Die Spieler brauchen Automatismen, jeder einzelne muss zu jeder Zeit genau wissen, wie sich seine Mitspieler verhalten. Deshalb ist es wichtig, dass du im Training die gleichen Dinge ständig wiederholst. Wenn ein Trainer seine Spieler immer wieder auf verschiedenen Positionen einsetzt, dann fehlen auf absolutem Spitzenniveau die Automatismen – für mich der Grund, warum Manchester City trotz seiner überragenden Einzelspieler erst 2023 erstmals die Champions League gewonnen hat.

Ich persönlich lege auch nicht so viel Wert auf die Beobachtung der gegnerischen Mannschaften, weil ich dies nicht als zielführend erachte. Klar, ich schaue mir die Gegner an, und auf Außergewöhnliches reagiere ich. Vor dem Auswärtsspiel in Dortmund in meiner ersten Saison als Cheftrainer beim HSV wies ich Hasan Salihamidzic an, bei einem Ballverlust sofort seine rechte Seite zu verlassen und sich zu Matthias Sammer zu orientieren. ‚Sieh zu, dass der keinen Ball bekommt‘, sagte ich zu ihm. Es klappte hervorragend, beim alten und neuen Meister holten wir ein überraschendes 1:1. Insgesamt aber schaue ich vor allem auf meine eigene Mannschaft: Ich versuche jeden Spieler so einzusetzen, dass er seine Stärken am besten einbringen kann.

Auch in der Bundesliga stellten wir die Weichen für den Weg nach oben, wenige Tage nach dem 4:0 gegen Ajax in Bremen – eine Niederlage beim ebenfalls holprig gestarteten

Meister hätte uns vielleicht schon entscheidend zurückgeworfen. ‚Wir wollen Werder in deren eigenem Stadion zeigen, dass im Titelrennen kein Weg an uns vorbeiführt‘, sagte ich zu den Spielern vor dem Anpfiff in der Kabine. Und so traten wir dann auch auf: Hart und aggressiv, nicht jedoch unfair, auch wenn dies hinterher so dargestellt wurde, weil Michael Ballack dem Bremer Frank Fahrenhorst bei einem unglücklichen Zweikampf im Strafraum das Nasenbein brach und Oliver Kahn einen Nasenstüber gegen Miroslav Klose verteilte. Wir gewannen das Schlüsselspiel nach Toren von Ballack und Bastian Schweinsteiger mit 2:1 und rückten dem Spitzenduo Wolfsburg und Stuttgart auf die Pelle.

Immer, wenn ich Bastian Schweinsteiger heute als Experte bei den Fußballübertragungen der ARD im Fernsehen sehe, muss ich an meine erste Begegnung mit ihm denken. Anders als Kahn, Ballack und Hargreaves war er voller Selbstbewusstsein, mit stolzgeschwellter Brust von der Europameisterschaft in Portugal zurückgekehrt. Für einen jungen Spieler ist es eine neue und überwältigende Situation, national und sogar international von der Presse in den Himmel gehoben zu werden, doch ich habe in meiner Zeit im Fußball viele große Talente miterlebt, denen nach anfänglich starken Leistungen und schneller medialer Anerkennung die große Karriere versagt blieb. Um zu verhindern, dass Schweinsteiger die Bodenhaftung verliert, ging ich vor seinem ersten Training bei mir auf ihn zu und fragte: ‚Und wer sind Sie?‘ Er schaute mich völlig verständnislos an und sagte: ‚Der Bastian Schweinsteiger!‘ ‚Aha‘, sagte ich nur und schickte ihn erst einmal zu Hermann Gerland und unserer zweiten Mannschaft in die Regionalliga. Dort aber zeigte sich schnell sein guter Charakter und sein Wille, erfolgreich zu sein: Er ließ sich nie hängen und trainierte unter Gerland so gut, dass ich ihn bald wieder zu uns hochholte. Noch im Verlauf der Hinrunde eroberte er sich mit beherzten Auftritten wie in Bremen einen Stammplatz und begann sich Richtung Leistungsträger zu bewegen. Aus meiner Sicht steigerte er sich auch in der Nationalelf von Turnier zu Turnier, mit dem absoluten Höhepunkt der WM 2014, wo er voranging und die Mannschaft zum Titel führte.

Ähnlich erfreulich verlief die Leistungskurve des Brasilianers Lucio. Der wie ich soeben erst nach München gewechselte Innenverteidiger wirkte in den ersten Saisonwochen übermotiviert, erlaubte sich einige Fehler und drohte zu einem echten Problemfall zu werden. Doch wie die gesamte Mannschaft bekam er mit dem Bremen-Spiel die Kurve und wuchs zu einer unserer Führungsfiguren heran.“

Am 14. Spieltag schoben sich die Münchner durch ein 3:1 gegen Kaiserslautern erstmals an die Tabellenspitze; als Herbstmeister, punktgleich mit Schalke 04, gingen sie in die Winterpause. Magaths erklärtes Ziel, nach den drei Meisterschaften als Profi auch den ersten Titel als Trainer zu ergattern, rückte immer näher.

Im Winter kehrte Bixente Lizarazu aus Marseille zurück, der die Schwachstelle auf der linken Abwehrseite beseitigte. Die Bayern steigerten sich spielerisch von Spiel zu Spiel, sodass sie den Platz nur noch zweimal als Verlierer verließen: Beim 1:3 in Bielefeld und am 25. Spieltag, als sie im Spitzenspiel auf Schalke mit 0:1 unterlagen und für eine Woche auf Rang zwei abrutschten. Dann jedoch brachen die Königsblauen ein, während die Münchner von Sieg zu Sieg eilten. So durfte Magath schon am 30. April, dem Tag, an dem er exakt 28 Jahre zuvor sein erstes Länderspiel für die A-Nationalmannschaft bestritten hatte, jubeln: Mit einem 4:0-Sieg in Kaiserslautern am 31. Spieltag machte er den ersten Meistertitel seiner Trainerlaufbahn perfekt, den 19. in der Geschichte des FC Bayern. Bis dahin hatte er in der gesamten Saison keinen einzigen Schluck Alkohol getrunken, dies änderte sich in den Stunden nach dem Spiel auf dem Betzenberg grundlegend.

„Ich hatte es immer gewusst: Um in München akzeptiert zu werden, muss ich Titel gewinnen, das hatte ich nun schon in meiner ersten Saison geschafft. Zwei Wochen nach Saisonschluss gewannen wir auch das Pokalfinale gegen die gleichen Schalker, gegen die wir im Saisonverlauf zweimal verloren hatten, mit 2:1."

Den durchaus möglichen historischen Dreifachtriumph allerdings verpassten die Bayern: In der Champions League scheiterten sie im Viertelfinale am FC Chelsea. Im Hinspiel an der Stamford Bridge fälschte Lucio schon nach 200 Sekunden einen Schuss Joe Coles unglücklich zum 0:1 ab. Nach der Pause glich Schweinsteiger aus, ehe 20 schwache Minuten fast schon alles zunichtemachten: Chelsea erzielte drei Treffer zum 4:1, erst in der Nachspielzeit konnte Ballack per Elfmeter auf 4:2 verkürzen und die Hoffnung aufs Halbfinale aufrechterhalten.

„Kaum zu fassen, dass der gleiche Lucio auch im Rückspiel nach 30 Minuten einen Distanzschuss Frank Lampards zum 0:1 ins eigene Netz lenkte – zwei Eigentore eines erstklassigen Abwehrspielers in Folge in einem Wettbewerb, so etwas hatte ich noch nie erlebt. Wir gewannen 3:2, zu knapp, um die Runde der letzten Vier zu erreichen. Kein Zweifel, mit etwas mehr Glück hätten wir Chelsea ausschalten und dann auch im Halbfinale gegen den FC Liverpool bestehen können.

Auf unserer großen Meisterfeier auf dem Münchner Marienplatz sprach Hoeneß vor 15.000 Fans einen vielumjubelten Satz: ‚Ich hoffe, dass wir in einem Jahr mit einem anderen Titel hier oben stehen.' Diese Worte des Managers lösten in mir gemischte Gefühle aus. Natürlich hatte auch ich das große Ziel, mit den Bayern 2005/06 die Champions League zu gewinnen, doch ich wusste auch, dass dies mit unserem Kader sehr schwierig, wenn nicht unmöglich sein würde. So fehlte uns im Vergleich zu anderen europäischen Spitzenklubs ein durchsetzungsfähiger Top-Stürmer. Makaay, ein technisch starker Mann mit einer hervorragenden Schusstechnik, liebte das körperlose Spiel; Zweikämpfe mit robusten, zweikampfstarken Abwehrspielern, wie sie damals auf europäischem Spitzenniveau noch an der Tagesordnung waren, schmeckten ihm weniger.

Uli Hoeneß aber dachte gar nicht daran, das üppige Festgeldkonto des Vereins anzugreifen. ‚Der FC Bayern wird niemals 20 oder 30 Mio. Euro für einen Spieler ausgeben', erklärte er. Eine Aussage mit einer verblüffend geringen Halbwertszeit, wie sich zeigen sollte.

Das Verhältnis zwischen dem Manager und mir hatte schon während meines ersten Jahres an der Isar ein paar Kratzer erlitten. Uli war es aus den Zeiten meines Vorgängers gewohnt, sich am Vorabend eines Spiels im Hotel mit dem Trainer zusammenzusetzen, mit ihm eine Flasche Rotwein zu trinken und sich dabei über die Aufstellung des nächsten Tages zu unterhalten. In den ersten Wochen meiner Zeit in München versuchte er dieses Ritual mit mir fortzusetzen, doch das Vorhaben scheiterte aus zwei Gründen. Erstens: Ich bin ein Trainer, der seine Anfangself am Abend vor dem Anpfiff noch längst nicht immer im Kopf hat; oft schaue ich mir die Spieler erst beim Frühstück am Spieltag oder beim anschließenden Spaziergang noch einmal genau an und entscheide dann aus dem Bauch, aus dem Gefühl heraus. Zweitens, vielleicht sogar das größere Hindernis: Während der gesamten Saison habe ich keinen einzigen Schluck Alkohol getrunken.

Nach Saisonende kürten mich die deutschen Sportjournalisten zum zweiten Mal nach 2003 zum ‚Trainer des Jahres'. Als Profi hatte ich die Auszeichnung ‚Fußballer des Jahres' nie erhalten; 1983 beispielweise hatte ich als Spielmacher des

Deutschen Meisters HSV auch noch das goldene Tor im Europapokalfinale gegen Juventus geschossen, dennoch wurde nicht ich, sondern Rudi Völler gewählt. 2009 gewann ich die Trainerwahl dann ein drittes Mal.“

DIE ZWEITE SAISON

„In meinem ersten Jahr hatte ich bewiesen, dass man mit meiner Arbeitsweise auch in einem Verein wie dem FC Bayern große Erfolge feiern konnte. Meine Hoffnung, die beiden Titelgewinne würden mir in der neuen Saison zu etwas mehr Einfluss auf die Transferpolitik des Vereins verhelfen, erfüllte sich jedoch nicht. ‚Uli, wir sollten Makaay verkaufen‘, sagte ich vor Saisonbeginn zu Hoeneß, ‚wir brauchen einen internationalen Top-Stürmer, wenn wir die Champions League gewinnen wollen.‘ Mit Ballack hatten wir bereits einen Spieler im Kader, dessen große Stärke – wie die Makaays – im Abschluss lag, ein großgewachsener, durchsetzungsfähiger und kopfballstarker Stürmer hingegen fehlte uns. Doch der Manager hörte nicht auf mich, Makaay blieb. Damit ich Asiens Fußballer des Jahres 2004, den Iraner Ali Karimi, verpflichten durfte, den weder Uli Hoeneß noch Kalle Rummenigge haben wollten, musste ich einen Kompromiss eingehen: Ich stimmte einer einjährigen Vertragsverlängerung für den Brasilianer Zé Roberto zu, der in meinen Planungen keine große Rolle mehr spielte.“

Sportlich surften die Bayern weiter auf der Erfolgswelle. Nach dem Umzug in die aus dem Fröttmaninger Boden gestampfte, moderne Allianz Arena spielten sie die erfolgreichste Hinrunde aller Zeiten, mit 14 Siegen und nur einer Niederlage, einem 0:2 beim HSV, und überwinterten sowohl in der Champions League als auch im DFB-Pokal.

Spätestens, als die Münchner auch im Januar und Februar ungeschlagen blieben und durch ein 3:2 gegen Mainz 05 ins Pokal-Halbfinale einzogen, begannen viele im Verein von einer Wiederholung des Double zu reden, einem Kunststück, das noch kein Bundesligist zuvor geschafft hatte. Und doch meldeten sich auch die ersten Nörgler aus den eigenen Reihen zu Wort. Ganz nach dem Motto: Wenn die Punkteausbeute stimmt und du dem Trainer dennoch am Zeug flicken willst, musst du etwas anderes finden – die Spielweise etwa oder seine Art des Umgangs mit den Spielern. Magath wurden Schlagzeilen wie „Saison mit überdurchschnittlichem Erfolg, aber nicht mit überdurchschnittlichem Spaß" um die Ohren gehauen, und er erfuhr, dass einige Profis bei Hoeneß vorstellig geworden waren und ebenfalls über „nicht genügend Spaß in den täglichen Übungseinheiten" gejammert hatten.

„Spaß im Fußball ist gut, doch Erfolge sind besser. Ich war 2004 nicht zuletzt deshalb geholt worden, weil die Bayern-Bosse darauf setzten, dass ich mit meiner Arbeitsweise wieder mehr Disziplin in die Mannschaft bringen und sie durch intensive Trainingsarbeit zurück in die Erfolgsspur führen würde. Dies war gelungen, und doch wurde genau diese Arbeitsweise plötzlich angeprangert.

Nachdem ich mich schon bei meiner Unterschrift darauf eingestellt hatte, das Ende meines Vertrags vielleicht nicht mehr als Bayern-Trainer zu erleben, hätte ich kein Problem gehabt, wenn der Vorstand nach Saisonschluss gesagt hätte: ‚Wir haben unsere Ziele erreicht, jetzt brauchen die Spieler einen Trainer mit einer anderen Philosophie.' Aber dass man dicht vor dem neuerlichen Gewinn von Meisterschaft und Pokal so viel Wert auf Spielermeinungen legt und öffentlich sagt, ‚wir spielen nicht schön genug, wir haben zu wenig Spaß', das gibt es in Deutschland wohl nur beim FC Bayern.

Fast schon logisch, dass diese Geplänkel auch das sportliche Geschehen beeinflussten. Überschattet von den vereinsinternen Diskussionen verabschiedeten wir uns im Achtelfinale der Champions League gegen den AC Mailand: Nach einem 1:1 in München kassierten wir im Giuseppe-Meazza-Stadion eine herbe 1:4-Schlappe.

Der Traum vom Triple war ein zweites Mal geplatzt, wobei ich es für völlig unerheblich halte, ob du nun im Achtel-, Viertel- oder Halbfinale ausscheidest, Misserfolg ist Misserfolg. Ich fühlte mich nicht mehr wohl in München und erwog, selbst aus dem Vertrag auszusteigen, doch Uli Hoeneß überredete mich weiterzumachen. Wir verlängerten um ein Jahr bis 2008, um die Diskussion um meine Person verstummen zu lassen, und gewannen zum zweiten Mal in Folge das Double. Die Freude über diesen Erfolg freilich hielt sich in Grenzen, vor allem bei mir selbst.“

DIE DRITTE SAISON

„Der Beginn meiner dritten Saison in München stand ganz im Zeichen des Weggangs von Michael Ballack. Der Poker um die Zukunft des Nationalmannschaftskapitäns hatte uns, Verantwortliche wie Mannschaft, monatelang beschäftigt, und als Michael Anfang April seinen Wechsel zum FC Chelsea bekanntgab, empfand Uli dies als eine seiner größten Niederlagen. Bei Bixente Lizarazu und Jens Jeremies nahte das Ende der Karriere; um zu vermeiden, dass noch mehr Spieler das Weite suchten, setzte sich Hoeneß über eine zu Beginn meiner Zeit bei Bayern getroffene Vereinbarung hinweg: Neue Verträge sollten nur dann geschlossen werden, wenn sowohl Rummenigge als auch ich zustimmten. Nun aber stattete der Manager gleich mehrere Bayern-Profis mit neuen, besser dotierten Arbeitspapieren aus – ohne Absprache mit mir.

Dass er Willy Sagnol, der bereits bei Juventus Turin zugesagt hatte, mit einer spürbaren Gehaltserhöhung umdrehen konnte, erfuhr ich aus der Zeitung.

Natürlich bekamen auch die Spieler mit, dass ich als Trainer zu diversen Personalentscheidungen nicht mehr befragt worden war. Vielleicht habe ich mich deshalb zu wenig dagegen aufgelehnt, dass Ballack nicht ersetzt wurde, obwohl sogar meine Frau mir riet, mit mehr Vehemenz auf den Einkauf neuer Spieler zu pochen. Doch außer Mark van Bommel stieß kein weiterer Mittelfeldspieler neu zu uns, und der konnte als völlig anderer Spielertyp den Verlust Ballacks nicht annähernd auffangen. Für Lukas Podolski, den Uli Hoeneß ebenfalls neu verpflichtete, erwies sich der FC Bayern als eine Nummer zu groß.

Wie auf all meinen Stationen akzeptierte ich auch diesmal die Entscheidungen der Vorstandsetage. Doch wo es zunächst immer hieß, in einer Übergangssaison wie dieser könne auch ein FC Bayern einmal Zweiter werden, da breitete sich schon nach wenigen Saisonwochen Hektik und Unruhe aus. Dabei wussten auch Rummenigge und Hoeneß nur zu genau, dass die Qualität dieses Kaders nicht ausreichte, um in der europäischen Spitze mitzumischen. Nicht umsonst stand vereinsintern längst fest, dass die Bayern für die neue Saison an der Verpflichtung der internationalen Hochkaräter Franck Ribery und Luca Toni arbeiteten.“

Nicht, dass die Bayern eine miserable Hinrunde gespielt hätten; in der Champions-League-Vorrunde gegen Spartak Moskau, Inter Mailand und Sporting Lissabon zogen sie als ungeschlagener Gruppensieger ins Achtelfinale ein. In der Bundesliga aber schafften sie es nicht, Konstanz in ihre Leistungen zu bringen und kassierten Auswärtsniederlagen in Bielefeld, Wolfsburg und Bremen.

Die Unruhe im Verein wuchs, und Magath spürte, dass seine Tätigkeit immer kritischer betrachtet wurde. Am elften Spieltag unterlagen die Münchner in der im 23. Bundesliga-Heimspiel erstmals nicht ausverkauften Allianz Arena 0:1 gegen Hannover. Obwohl sie danach eine kleine Serie hinlegten und bis zur Winterpause nicht mehr verloren, beendeten sie die Hinrunde nur als Tabellendritter, je drei Punkte hinter Bremen und Schalke, doch immerhin einen Punkt vor dem späteren Meister Stuttgart. Kurz vor Weihnachten, im letzten Spiel des Jahres 2006, schieden sie durch ein 2:4 bei Alemannia Aachen aus dem DFB-Pokal aus, und im ersten Rückrundenspiel verloren sie in Dortmund mit 2:3.

„Ich ahnte, was nun kommen würde. Am Dienstag, 30. Januar, stand unser erstes Rückrundenheimspiel gegen Bochum an. Nach ansehnlichem, aber torlosem Start verkrampften wir in der zweiten Halbzeit immer mehr und mussten uns unter den Pfiffen der Zuschauer mit einem enttäuschenden 0:0 begnügen. Nach dem Regenerationstraining am nächsten Morgen verabschiedete ich mich von der Mannschaft mit einem ‚Bis morgen'. Doch es gab kein Morgen als Bayern-Trainer mehr für mich. Angeblich aus Sorge, gänzlich aus den Champions-League-Rängen zu fallen, wurde ich am 31. Januar beurlaubt.

Die Entlassung an sich überraschte mich nicht, und sie warf mich erst recht nicht um. Ich betrachtete sie eher als Anerkennung, dass ich die Erwartungen, die an meine Verpflichtung geknüpft waren, voll und ganz erfüllt hatte: Ich hatte eine Mannschaft durch intensives Training wieder in die Erfolgsspur geführt. Die unnötigen Seitenhiebe, die Uli Hoeneß danach verteilte, von wegen, ich müsse mir die Frage stellen, warum die Spieler bei jedem Verein eine Party feierten, wenn ich weg sei, interessierten mich nicht. Es ist sicher richtig, dass sich einige Bayern-Profis über meine Ablösung gefreut haben. Ich habe nirgendwo so gearbeitet, dass ich mir die Spieler – oder auch den Manager – zu Freunden fürs Leben machen wollte. Höchstleistung bringt ein Mensch nur unter Druck, den habe ich auch in München ausgeübt, doch einige Spieler waren nicht mehr bereit, in jedem Training alles zu geben und hundert Prozent Leistung für ihren Verein zu bringen.“

Deutscher Meister 2006/07 wurde der VfB Stuttgart – mit seiner Mannschaft der „jungen Wilden“, die Magath in gut drei Jahren am Neckar maßgeblich mit geformt und aus dem Tabellenkeller ins internationale Geschäft geführt hatte. Nun stand Armin Veh mit den Schwaben ganz oben.

VfL Wolfsburg
2007–2009

„Vier Monate lang machte ich nichts, wirklich nichts. Obwohl Hamburg für mich die schönste Stadt der Welt ist und Nicola dort geboren wurde, entschlossen wir uns gemeinsam, in unserem Haus in München-Harlaching wohnen zu bleiben. Unser Umfeld in München und die bessere Schulbildung, die die Kinder in Bayern genießen, spielten dabei die Hauptrolle. Dazu rechnete uns unser Sohn Leonard irgendwann vor, dass die durchschnittliche Verweildauer eines Fußballlehrers bei einem Bundesligisten weniger als zwölf Monate beträgt, und in jeder Stadt brauchst du Zeit, um dich einzugewöhnen und einen neuen Freundeskreis aufzubauen. Wir aber wollten es unseren Kindern ermöglichen, Wurzeln zu schlagen, was auch gelungen ist. Mittlerweile fühlen sich alle drei als Münchner.

Fans des FC Bayern sind sie nicht geworden, obwohl Leonard in der Jugend dort Fußball spielte. Seine Begeisterung für diesen Verein verflog von einer Sekunde zur anderen – an besagtem 31. Januar. Wir saßen zu fünft im Auto, die drei Kinder hinten drin, als wir im Radio die Meldung hörten: ‚Felix Magath ist nicht mehr Trainer des FC Bayern.' Sofort sagte Leonard: ‚Dann gehe ich nicht mehr dorthin ins Training.' Das hat er auch durchgezogen und wie sein Bruder Raffael von da an nur noch Tennis gespielt.

Ende Mai lag ich mit Nicola und den drei Kindern am Pool hinter dem Haus meines Vaters in Puerto Rico. Im Garten grasten zwei Pferde, dazwischen tollten ein paar Hunde herum. Ich hatte mir gerade ein Glas Tee eingeschenkt, als mich Martin Winterkorn anrief, der Vorstandsvorsitzende des Wolfsburger Hauptsponsors Volkswagen AG: ‚Herr Magath, der VfL braucht einen neuen Sportdirektor. Können wir uns unterhalten?' Natürlich konnten wir. Schon am nächsten Tag flog ich über New York nach London und von dort mit einem VW-Flieger weiter nach Braunschweig, wo mich der Aufsichtsratsvorsitzende Hans-Dieter Pötsch, Volkswagen-Kommunikationschef Stephan Grühsem und VW-Vorstand Francisco Garcia Sanz empfingen und nach kurzer Zeit fragten: ‚Herr Magath, wenn Sie Manager des VfL wären, wen würden Sie als Trainer holen?' ‚Da fällt mir im Moment nur einer ein', antwortete ich wahrheitsgemäß, ‚mich'.

Eigentlich wollte ich nur einen Spaß machen, fand mich dann aber plötzlich in der Doppelfunktion Trainer und Manager wieder. ‚Okay', sagte Pötsch, ‚aber wenn Sie so viel Verantwortung übernehmen werden, dann müssen Sie zusätzlich auch noch das Amt des Geschäftsführers übernehmen.' Ich willigte ein, schließlich werden in einem Verein wie dem VfL, der so eng mit der Volkswagen AG verbunden ist, viele Entscheidungen vom Unternehmen selbst gefällt, von dessen Aufsichtsrat und der Marketing- und Öffentlichkeitsabteilung, sodass es für den sportlichen Bereich verantwortlichen Geschäftsführer des Vereins einfacher zu arbeiten ist als bei einem Traditionsklub, wo oftmals unzählige Abstimmungsrunden mit unterschiedlichen Gremien zu absolvieren sind.

Über Frankfurt und Madrid flog ich zurück zu meiner Familie in die Karibik. Nicola, die mich mit dem Auto meines Vaters vom Flughafen in San Juan abholen wollte, stellte den Wagen ins Halteverbot und wartete – zehn Minuten, 20 Minuten. Nach einer halben Stunde rief sie mich an und fragte, was los sei. ‚Ich werde hier drinnen festgehalten', antwortete ich, ‚weil ich bei der Zollkontrolle die neue Adresse meines Vaters nicht nennen konnte.' Erst ein Anruf von Felix senior bei der Flughafenpolizei befreite mich aus der peinlichen Situation."

DIE ERSTE SAISON

Unter Klaus Augenthaler hatte der VfL im Mai in letzter Minute den Klassenerhalt geschafft, danach hatte sich die Mannschaft in alle Winde zerstreut. Als Magath kam, umfasste der Kader zwölf Spieler – zwölf! Er musste Transfers tätigen, wohl oder übel; die Zeiten, da der FC Bayern auf dem Weg zu seinem ersten Bundesliga-Meistertitel 1968/69 nicht mehr als 13 Spieler einsetzte, sind lange vorbei. Magath nahm mehr als ein Dutzend neuer Spieler unter Vertrag, darunter für eine Ablöse von 3,9 Mio. Euro den bosnischen Angreifer Edin Dzeko vom tschechischen Klub FK Teplice, dazu den defensiven Mittelfeldspieler Josue vom FC Sao Paulo und die Deutschen Marcel Schäfer, Sascha Riether und Christian Gentner. Und am letzten Tag der sommerlichen Transferperiode verpflichtete er für rund 7,9 Mio. Euro einen in Deutschland völlig unbekannten Stürmer namens Grafite. Der Brasilianer hatte auf seiner ersten Station in Europa, beim französischen Erstligaaufsteiger UC Le Mans, in gut eineinhalb Jahren 17-mal getroffen.

„Noch eine Woche vor Transferschluss war mir ein anderer brasilianischer Nationalstürmer angeboten worden, und ich beschäftigte mich intensiv damit, ihn zu verpflichten. Am Ende entschied ich mich aus dem Bauch heraus gegen ihn und für Grafite.

Auch zwei Profis von Energie Cottbus fanden sich plötzlich bei uns ein, Mittelfeldspieler Vlad Munteanu und Stürmer Sergiu Radu. Mit unserem Aufsichtsrat hatte ich mich zuvor über die beiden Rumänen ausgetauscht, mit denen schon vor meiner Verpflichtung Gespräche geführt worden waren, und dabei betont, als reine Konterspieler seien sie für mein Spielsystem nicht geeignet. Irgendwann erfuhr ich, dass sich unser Finanzvorstand Wolfgang Hotze gemeinsam mit Marketing-Geschäftsführer Klaus Fuchs auf den Weg nach Cottbus gemacht hatte, um die beiden unter Vertrag zu nehmen. ‚Ich brauche diese Spieler nicht', sagte ich noch einmal, doch dann hieß es, man habe Hotze und Fuchs nicht mehr erreicht und nun sei es zu spät."

Wie nicht anders zu erwarten angesichts des völlig neu zusammengestellten Kaders, begann die Saison wenig erbaulich. Jede Mannschaft braucht Zeit, um zusammenwachsen, überdies zog sich der als neuer Abwehrchef vorgesehene Portugiese Ricardo Costa im Pokalspiel in Würzburg einen Kreuzbandriss zu. So konnte der VfL kein einziges der ersten vier Bundesliga-Heimspiele für sich entscheiden, gegen Bielefeld und Karlsruhe setzte es Niederlagen. Einem zufriedenstellenden Oktober folgte der November mit drei Niederlagen in drei Spielen, darunter einem 3:5 bei Aufsteiger Bochum.

„Am 1. Dezember erwarteten wir in der VW-Arena Frankfurt. Simon Jentzsch, der langjährige Stammtorhüter des VfL, hatte schon im ersten Saisondrittel mit seinen Leistungen enttäuscht. Trotz seiner hünenhaften Statur strahlte er keine Ruhe, keine Sicherheit aus und leistete sich darüber hinaus den einen oder anderen Patzer, ohne dass ich ihn öffentlich angezählt hätte; schließlich sind Torhüter und Stürmer Spielertypen, die mehr vom Selbstvertrauen leben als die anderen.

Monatelang hatte ich gehofft, Simon würde es schaffen, denn ich wusste, dass es ihm nicht am notwendigen Können mangelte: In meiner Zeit in Stuttgart hatte er mir 2001/02 durch hervorragende Leistungen im Tor von München 1860 in der Bundesliga und im Pokal-Achtelfinale zwei Heimniederlagen binnen drei Tagen zugefügt.

In der 35. Minute des Eintracht-Spiels dann, wir führten 1:0, blieb er nach einer Ecke auf der Linie kleben, sodass der Brasilianer Chris aus drei Metern Entfernung mühelos zum Ausgleich einköpfen konnte. Das Fass war übergelaufen, Jentzsch hatte genug Chancen gehabt. In der Pause nahm ich ihn aus dem Kasten und beorderte unseren Ersatztorhüter Andre Lenz für die zweiten 45 Minuten und die restlichen beiden Hinrundenbegegnungen beim VfB und gegen Dortmund zwischen die Pfosten.

Diese Entscheidung fiel mir alles andere als leicht. Zum einen sah ich in Lenz keine klassische Nummer eins; was wäre passiert, wenn wir das Spiel durch einen groben Torhüterfehler verloren hätten? Zum anderen war klar, dass es für Jentzsch kein Zurück geben würde: Wenn du einen wie ihn in der Halbzeit auswechselst, kannst du ihn danach nicht mehr bringen.

Die Partie endete 2:2, Lenz hielt, was zu halten war. Am 16. Spieltag unterlagen wir in Stuttgart mit 1:3, und schon sah ich die Schlagzeilen vor Augen, wenn wir auch das letzte Spiel des Jahres zu Hause gegen die Borussia nicht gewonnen hätten: ‚Magath beschert dem VfL die schlechteste Hinrunde aller Zeiten.' Doch mit einem 4:0 landeten wir unseren höchsten Saisonsieg und schlossen das Jahr 2007 als Tabellenelfter ab."

Magath holte Diego Benaglio vom portugiesischen Erstligisten Nacional Funchal, den der VfB schon 2002 als Nummer drei nach

Stuttgart gelotst hatte, als neuen Torhüter. Mit dem Schweizer zwischen den Pfosten ließ sich die zweite Serie wesentlich besser an. Durch Siege gegen Schalke und den HSV zogen die Wolfsburger ins Pokal-Halbfinale ein, in den vier Bundesliga-Spielen des Februars blieben sie ungeschlagen. Zwar versperrte ihnen ausgerechnet der FC Bayern mit einem 2:0 den Weg zum Pokal-Endspiel nach Berlin, doch dank eines starken Bundesliga-Finales mit drei Siegen und einem 0:0-Unentschieden gegen die Bayern schob sich der VfL noch auf Platz fünf nach vorne und zog in den UEFA-Pokal ein. Nie zuvor seit ihrem Bundesliga-Aufstieg 1997 hatten die Niedersachsen besser abgeschnitten.

„In Wolfsburg war vieles neu für mich, und ich habe Dinge getan, die ich zuvor so nicht gekannt hatte, wobei mir die Trennung von meiner Familie, die mir außerordentlich schwerfiel, in diesem Fall sogar zugutekam: Ich hatte keine anderen Aufgaben als den Fußball. Ein Jahr lang wohnte ich im Hotel, ehe ich in ein wunderbar am Wald gelegenes Haus zog. Vor unseren Heimspielen übernachteten wir mit der Mannschaft in einem Schulungscenter von VW, ein ganzes Stück außerhalb der Stadt auf der grünen Wiese. Am Wochenende verlor sich nichts und niemand auf dem gesamten Gelände, außer einer kleinen Notbesetzung an Personal, die uns mit Essen und Trinken versorgte. So kam ich auf die Idee, die Abende vor den Spielen nicht draußen im Niemandsland zu verbringen, sondern nach dem Essen mit dem Bus in die 20 Minuten entfernte Innenstadt zu fahren und dort im Kino einen Film anzuschauen, meist wenig anspruchsvolle Action-Streifen. Nach der Vorstellung ging's zurück, und wir tranken noch ein Bier miteinander, ehe wir uns schlafen legten. Offenbar nicht die schlechteste Spielvorbereitung, wie sich zeigen sollte."

DIE ZWEITE SAISON

„Vor der Saison 2008/09 sprach mich unser Aufsichtsrat Bernd Osterloh an, der VW-Betriebsratsvorsitzende, dessen Frau aus Italien stammte. ‚Herr Magath‘, sagte er, ‚wir haben so viele italienische Gastarbeiter. Wäre es denkbar, mal einen bekannten italienischen Spieler zu verpflichten?‘ Ich musste nicht lange überlegen, denn auf der Suche nach zwei starken neuen Abwehrspielern hatte ich auch den italienischen Markt sondiert. Ich holte mit Andrea Barzagli und Cristian Zaccardo zwei Weltmeister von 2006, von denen sich vor allem Barzagli als Glücksgriff und herausragende Verstärkung erwies.

Auf der Position im offensiven Mittelfeld nahm ich einen Wechsel vor, der für Schlagzeilen sorgte: Wir trennten uns vom Brasilianer Marcelinho und verpflichteten Zvjezdan Misimovic aus Nürnberg. Marcelinho war zur Rückrunde 2006/07 nach Wolfsburg gekommen, nicht zuletzt er hatte den VfL vor dem Abstieg gerettet. Auch unter mir zählte er immer zu den eifrigsten im Training, ein technisch guter und laufstarker offensiver Mittelfeldspieler, aber eher eine hängende Spitze, die selbst den Abschluss suchte, kein Spielmacher, der die Spitzen Grafite und Dzeko in Szene setzen konnte. Ich sprach mit Marcelinho, erklärte ihm die neue Situation und versuchte, ihm über einen Berater einen neuen Verein zu verschaffen – ein großer Vorteil meiner neuen Dreifachfunktion: Ich hatte ein festes Budget und musste niemanden um Erlaubnis fragen, um Transfers zu tätigen. Auch wenn es Uli Hoeneß nicht glauben mag: Es gab viele Spieler, die sehr gern unter mir trainiert haben, Marcelinho wollte nicht weg. Erst zwei Tage nach unserem ersten Pflichtspiel im DFB-Pokal in Heidenheim ging sein Wechsel zu Flamengo Rio de Janeiro über die Bühne.“

Wieder hatte der VfL mit Anlaufschwierigkeiten zu kämpfen, besetzten mit Barzagli und Misimovic doch erneut zwei Neueinkäufe Schlüsselpositionen in der Abwehr und im Mittelfeld. So deutete lange nichts darauf hin, was diese Saison bringen sollte – die neben der Meisterschaft des 1. FC Kaiserslautern als Aufsteiger 1998 größte Sensation seit Gründung der Bundesliga im Jahr 1963. Zwar überzeugte Magaths Mannschaft in der ersten Saisonhälfte in der Gruppenphase des UEFA-Pokals mit Siegen bei Sporting Braga und zu Hause gegen den FC Portsmouth und den SC Heerenveen sowie einem 2:2 beim AC Mailand, in der Bundesliga aber standen sieben Siegen und einem Unentschieden in der Volkswagen-Arena vier Unentschieden und fünf Niederlagen in fremden Stadien gegenüber.

„Einen aus zweierlei Sicht wertvollen Erfolg feierten wir am 14. Spieltag gegen den VfB Stuttgart. In der Halbzeit lagen wir trotz klarer Überlegenheit 0:1 zurück, auch weil der Unparteiische Dr. Helmut Fleischer einige falsche Entscheidungen zu unseren Ungunsten getroffen hatte. So ging ich in der Pause nicht zu meinen Spielern in die Kabine, sondern lief aufs Feld Richtung Schiedsrichtergespann, wandte mich an Fleischer und sagte in aller Ruhe zu ihm: ‚Herr Dr. Fleischer, Ihre Spielleitung ist unter aller Sau!‘

Außer mir und den drei Unparteiischen hatte niemand meine Worte gehört, sodass ich nichts Ehrenrühriges darin sehen kann. Fleischer aber schickte mich sofort auf die Tribüne und schwärzte mich beim Verband an; das DFB-Sportgericht verurteilte mich kurz darauf wegen ‚unsportlichen Verhaltens‘ zu einer Geldstrafe von 10.000 Euro. Ich legte Berufung ein, die jedoch verworfen wurde, ich musste zahlen. Zunächst ärgerte ich mich, doch heute bin ich überzeugt, dass uns diese Aktion im weiteren Saisonverlauf zugutekam. Die Spieler waren sichtlich sauer über meinen Platzverweis und nahmen gleichzeitig wahr, wie sehr ich mich für sie einsetzte, die Beziehung zwischen der Mannschaft und mir wurde dadurch noch einmal gestärkt. Und das Spiel gegen den VfB gewannen wir nach einer tollen zweiten Halbzeit noch mit 4:1.

Nach der Hinrunde fanden wir uns mit 26 Punkten auf Rang neun wieder, neun Punkte hinter Herbstmeister TSG Hoffenheim und dem FC Bayern. In der Öffentlichkeit hielt ich mich mit Aussagen bewusst zurück, intern aber gab ich das Ziel Champions-League-Platz aus. Daran, dass sogar noch mehr herausspringen könnte, verschwendete ich keinen Gedanken."

Es fällt Magath noch heute schwer, Worte zu finden für das, was in der Rückrunde passierte. Zwar strich der VfL in den beiden Pokalwettbewerben gegen Paris Saint-Germain bzw. Werder Bremen die Segel, in der Bundesliga aber hamsterte er unglaubliche 43 von 51 möglichen Punkten. Allein die beiden Auswärtsspiele in Cottbus und Stuttgart gingen verloren, in Köln gab's ein Unentschieden, die restlichen 14 Begegnungen gewannen die Wolfsburger durch die Bank.

Auch im Heimspiel am 4. April verließen sie den Platz als Sieger. An diesem 26. Spieltag trafen sie auf den FC Bayern, den Titelverteidiger, der einen Punkt hinter Tabellenführer Hertha BSC punktgleich mit ihnen auf Platz zwei rangierte – vor dem Anpfiff.

„*Es entwickelte sich ein denkwürdiges Spiel, eines, von dem die Menschen in Wolfsburg noch in 100 Jahren sprechen werden. Bis zur 63. Minute stand es nach Toren von Christian Gentner und Luca Toni 1:1, danach brachen alle Dämme. Meine Mannschaft, das darf ich ohne Übertreibung sagen, spielte Zauberfußball; binnen einer Viertelstunde erzielten Dzeko und Grafite je zwei Tore, und der Treffer zum 5:1 zählt mit Sicherheit zu den spektakulärsten der gesamten Bundes-*

liga-Geschichte: Grafite ließ im Münchner Strafraum zuerst Andreas Ottl, dann Christian Lell und Torhüter Michael Rensing und schließlich Breno aussteigen und bugsierte den Ball mit der Hacke ins linke Eck.

5:1 in der 77. Minute – wir steuerten schnurstracks auf unseren achten Punktspielsieg in Folge zu –, da entschloss ich mich, ein Versprechen einzulösen, das ich in der Winterpause gegeben hatte. Damals war unser Ersatztorhüter Andre Lenz mit der Bitte um eine Gehaltsaufbesserung bei mir vorstellig geworden. ‚Mehr Geld kann ich dir nicht bieten', entgegnete ich. Da ihm in seinem Vertrag aber eine hohe Einsatzprämie garantiert worden war, versprach ich ihm: ‚Wenn wir irgendwann in der Rückrunde in einem Heimspiel kurz vor Schluss klar in Führung liegen, wechsle ich dich ein.' Bis zu jenem Apriltag hatten wir zu Hause jedoch nie mit mehr als zwei Toren Differenz gewonnen.

Minutenlang grübelte ich über der Frage, ob ich den spektakulären Torhütertausch nun wagen sollte, ausgerechnet gegen Bayern. Aber ich konnte nicht wissen, ob sich eine solche Gelegenheit noch einmal bieten würde, also wies ich Lenz fünf Minuten vor dem Abpfiff an, sich auf seinen Einsatz vorzubereiten. Schnell merkten die Zuschauer, was sich da anbahnte, ein Raunen ging durch das Stadion, und natürlich rochen auch die Bayern Lunte. Sie kochten vor Wut, Mark van Bommel und zwei, drei andere Spieler rasten auf mich zu und beschimpften mich auf unflätige Weise. Ich ließ mich jedoch nicht beirren und schickte Lenz in der 89. Minute zwischen die Pfosten.

Die Münchner werteten diese Einwechslung als pure Provokation, und am folgenden Tag las ich dann Schlagzeilen wie ‚Magaths Rache'. Aber ich sage es noch einmal: Es ging mir zu keiner Sekunde darum, den Bayern etwas heimzuzahlen. Ich entscheide nie gegen einen anderen Verein, sondern immer für meinen eigenen und in diesem Fall für unseren Ersatztorhüter, einen stets loyalen zweiten Mann, der Benaglio über die gesamte Saison hinweg hervorragend unterstützt hatte.

Mit diesem 5:1-Erfolg kletterten wir erstmals auf Rang eins, punktgleich mit dem HSV, und den Platz an der Sonne verteidigten wir mit Siegen in Mönchengladbach sowie gegen Leverkusen und Hoffenheim – bei einer Niederlage in Cottbus – bis in den Mai hinein. In der Woche vor unserem Auswärtsspiel beim VfB am viertletzten Spieltag dann donnerte ein Paukenschlag durch die Liga: Die Information, dass ich den VfL zum Saisonende verlassen und zu Schalke 04 wechseln würde, gelangte an die Öffentlichkeit. Gedruckt wurde die Meldung zuerst von einer der zwei Stuttgarter Tageszeitungen, doch wer hatte sie lanciert? Wer versuchte, gezielt Unruhe zu stiften, um dem VfL oder mir persönlich zu schaden und uns die Meisterschale doch noch zu entreißen? Wie und wer auch immer, den Plan, meinen für die Öffentlichkeit überraschenden Entschluss erst nach Saisonende bekanntzugeben, war zerstört.

Natürlich hatte ich in den Wochen zuvor lange nachgedacht, ob es denkbar sei, einen Verein zu verlassen, den ich gerade auf die Zielgerade seines Sensationswegs zum Meistertitel geführt hatte. Ich hatte 2007 in Wolfsburg einen Vertrag mit der Vereinbarung unterschrieben, dass sich der im VW-Konzern für Finanzen und Controlling verantwortliche Vorstand Hans-Dieter Pötsch und ich im Winter 2008 zusammensetzen und über eine Verlängerung über 2009 hinaus sprechen sollten. Pötsch hatte mir auch bereits dargelegt, wie der neue Vertrag aussehen könnte, doch zu konkreten Verhandlungen kam es nicht. Im Dezember und Januar ließ er sich mehrmals entschuldigen; ausgerechnet in dieser Phase erforderte die geplante Übernahme der VW AG durch Porsche seine ganze Arbeitskraft. Zu diesem Zeitpunkt hätte ich meinen Vertrag wahrscheinlich noch verlängert. Im Februar dann flatterte überraschend das Angebot aus Schalke auf den Tisch; ich begann zu überlegen und entschied mich schließlich für den Wechsel.

Einen Spieltag lang sah es so aus, als sollte die Strategie unserer Gegner aufgehen. In Stuttgart gerieten wir schon nach wenigen Sekunden durch ein Tor von Mario Gomez in Rückstand und unterlagen am Ende 1:4. Nur dank der etwas besseren Tordifferenz gegenüber den Bayern verteidigten wir die Spitze.

Es ist ein schönes Gefühl, wenn man es schafft, sämtliche Knüppel, die einem zwischen die Beine geworfen werden, aus dem Weg zu räumen. Dies gelang uns in den folgenden Wochen auf eindrucksvolle Weise; wir siegten 3:0 gegen Dortmund und 5:0 in Hannover, während die Bayern beim 2:2 in Hoffenheim Federn ließen. Im letzten Saisonspiel gegen Bremen reichte uns nun schon ein Unentschieden zur Meisterschaft.

Nach der Partie in Hannover flog ich zu meiner Familie nach München, um mich zu entspannen und neue Kraft zu tanken. In der Woche zuvor hatte der Bayerische Rundfunk angefragt, ob ich vor dem Saisonfinale für ein Interview zur Verfügung stünde. Ich hatte ein paar Tage überlegt und dann zugesagt, obwohl ich damit ein großes Risiko einging: Ich wusste um die Häme, die auf mich eingeprasselt wäre, wenn wir den Titel in letzter Minute noch verspielt hätten. Und noch einmal klipp und klar: Nicht ich habe den Ort des Interviews vorgeschlagen, sondern der Redakteur des Senders, und der spielte nicht mit offenen Karten – zunächst erwähnte er den Balkon, auf dem ich meine beiden Meistertitel mit den Bayern gefeiert hatte, mit keinem Wort, er sprach stets nur vom Marienplatz. Erst, als ich dort ankam, sagte er: ‚Wir müssen hoch auf den Balkon gehen.‘ Nicht nur deswegen war das Gerede von wegen ‚Provokation' oder ‚Stillosigkeit gegenüber den Bayern' völlig daneben. Im Nachhinein hat uns das Interview und der Zirkus, der auch von den Münchnern drum herum gemacht wurde, einen letzten Schub gegeben."

Denn der VfL zog das Ding durch, mit einem 5:1 gegen Werder feierte er im 17. Heimspiel der Saison den 16. Sieg und machte die ganz große Sensation perfekt. Grafite, der zweimal traf, krönte sich mit 28 Toren zum neuen Torschützenkönig, dazu knackten der Brasilianer und Dzeko mit insgesamt 54 Treffern den Uraltrekord eines Sturmduos, den Gerd Müller und Uli Hoeneß 1971/72 und 1972/73 mit je 53 Toren aufgestellt hatten. Misimovic erzielte sieben Tore selbst und bereitete darüber hinaus 20 weitere direkt vor – ebenfalls absoluter Rekord.

„Von neun auf eins – nie zuvor hatte es einen Deutschen Meister mit einer schlechteren Platzierung nach der Hinrunde gegeben. Wir holten die Schale, ohne auch nur annähernd so viel Geld in die Hand zu nehmen wie der FC Bayern. Dort waren allein für Franck Ribery und Luca Toni rund 50 Mio. Euro investiert worden – von wegen, Bayern werde nie mehr als 20 Mio. für einen Spieler ausgeben.

Dieser Titel bedeutete mir mehr, viel mehr als die beiden Doublesiege mit dem FC Bayern. In Wolfsburg hatte ich aufgrund meiner Aufgabenfülle wesentlich mehr Einfluss als in München, und wie zuvor schon in Stuttgart hatte sich gezeigt, dass es von Vorteil ist, den Kreis der Entscheidungsträger möglichst klein zu halten. In diesen zwei Jahren hatte ich alles gegeben, was ich habe, im VfL steckte ein Teil von mir – nicht nur in dem mittlerweile legendären ‚Hügel der Leiden', eine Art natürliches Fitnesszentrum mit drei Treppen und zwei Rampen, das auf dem neuen Trainingsgelände hinter der Osttribüne des Stadions errichtet wurde.

Eine Mannschaft, die eigentlich keine Chance hatte, stand plötzlich ganz oben. Durch Disziplin, Einsatz, Fleiß, Kampf- und Laufbereitschaft haben wir technische Mängel ausgeglichen, und wir haben kaum vermeidbare Fehler gemacht – nichts anderes ist 2009 passiert. Als Nebenprodukt der Meisterschaft hatten Spieler wie Grafite, Dzeko, Misimovic oder Benaglio ihren Marktwert vervielfacht, Gentner und Schäfer waren zu Nationalspielern aufgestiegen.

Am Abend des 23. Mai 2009 trugen wir uns nach einer Cabriofahrt durch Wolfsburg im Rathaus ins goldene Buch der Stadt ein, die mich zu ihrem Ehrenbürger ernannte. Nach dem Bankett im noblen Ritz-Carlton sagte ich dann ‚auf Wiedersehen', und ich war sicher, den richtigen Zeitpunkt für meinen Abschied gewählt zu haben. Ich ging, als es am schönsten war."

FC Schalke 04
2009–2011

DIE ERSTE SAISON

Am 1. Juli trat Magath seinen Vierjahresvertrag als Trainer, Manager und Vorstandsmitglied beim FC Schalke an, der in der Wolfsburger Meistersaison auf Platz acht eingelaufen war; auch das Ressort Kommunikation und Öffentlichkeitsarbeit bekam er zugeordnet. Weil es der Aufsichtsratsvorsitzende Clemens Tönnies so wollte, unterschrieb er zum einzigen Mal in seiner Trainerkarriere einen Vertrag ohne leistungsabhängigen Anteil. Außerdem sah die Vereinbarung vor, dass er seine Assistenten Seppo Eichkorn und Bernd Hollerbach, dazu Konditionstrainer Werner Leuthard, Rehatrainer Markus Zetlmeisl, Torwarttrainer Bernd Dreher sowie einen Mann fürs Marketing mitbringen würde.

„Vor meiner ersten Trainingseinheit erfuhr ich, dass Tönnies mit den Co-Trainern Michael Büskens und Youri Mulder sowie mit Torwarttrainer Oliver Reck noch nicht gesprochen hatte. So fiel mir als erste Amtshandlung die unschöne Aufgabe zu, die drei darüber zu informieren, dass sie nicht zu meinem Trainerstab gehören würden. Dass die Helden des Schalker UEFA-Pokal-Siegs von 1997 nicht mehr an Bord sein sollten, löste im Umfeld des Traditionsvereins verständlicherweise keinen großen Beifall aus. Ich bot dem Trio sogar an, andere Posten im Klub zu über-

nehmen, schließlich dachte ich, dass sie wie ich das Ziel hatten, mit Schalke Meister zu werden; Büskens etwa hätte unsere Amateurmannschaft trainieren können. ‚Das mache ich nicht', sagte er, und auch Mulder und Reck lehnten das Angebot ab, in anderer Funktion im Klub zu bleiben.

Wo man in Wolfsburg mit einem ansehnlichen Etat arbeiten konnte, da hatten wir in Gelsenkirchen kaum Geld, um es in die Mannschaft zu investieren. Schalke war in der Vorsaison in der Champions-League-Qualifikation an Atletico Madrid und danach sang- und klanglos in der Gruppenphase des UEFA-Pokals gescheitert. Viele Spieler besaßen hochdotierte Verträge, die allein durch die Einnahmen aus dem Bundesliga-Geschäft nicht zu finanzieren waren.

Genau dies aber reizte mich: Ich wollte das Maximale erreichen und noch einmal quasi aus dem Nichts eine Meistermannschaft formen. Natürlich saß ich nicht gerade hoch erfreut vor dem Fernseher, als sich mein Ex-Verein Wolfsburg ohne mich in der Champions-League-Gruppenphase mit Manchester United, ZSKA Moskau und Besiktas Istanbul messen durfte – und den Sprung ins Achtelfinale verpasste. Aber auf Schalke etwas aufbauen, unter erschwerten Bedingungen den ersten Meistertitel seit 1958 in den Pott holen, diese Aufgabe ging ich voller Elan an.

Bei unseren Vertragsgesprächen hatte mir Clemens Tönnies noch erklärt, das Minus in der Kasse betrage rund fünf Mio. Euro; kurz nach Saisonbeginn aber war der Schuldenberg urplötzlich auf 35 Mio. angewachsen. Um finanziell einigermaßen über die Runden zu kommen, trennten wir uns von teuren Profis wie Mladen Krstajic oder Orlando Engelaar und verliehen Carlos Grossmüller an seinen Heimatverein Danubio in Uruguay – so ließ sich eine schöne siebenstellige Summe an Gehalt einsparen. Zur Ergänzung des Kaders holte ich die ursprünglich für unsere zweite Mannschaft vorgesehenen Christoph Moritz und Lukas

Schmitz zu uns nach oben, dazu einen Abwehrspieler aus der eigenen Jugend namens Joel Matip. Alle drei entwickelten sich noch in der Hinrunde zu Stammspielern.

Weil immer wieder Gerüchte um einen Wechsel zum FC Bayern herumschwirrten, suchte ich noch während meiner ersten Wochen auf Schalke das Gespräch mit Torhüter Manuel Neuer über eine Verlängerung seines 2012 auslaufenden Vertrags. Schon bald jedoch merkte ich, dass ich gegen Windmühlen kämpfte: Neuer zeigte keinerlei Bereitschaft, die Gespräche zu vertiefen, und erweckte in mir den Eindruck, dass der Wechsel des im Juni 2009 zum Nationalspieler aufgestiegenen Schlussmanns nach München längst feststand. Da konnte auch Sir Alex Ferguson, der Neuer zu Manchester United locken wollte, nichts mehr ausrichten."

Ohne jede personelle Verstärkung gegenüber der Vorsaison lief die Hinrunde zur Überraschung aller – auch der Magaths – erstaunlich gut. Die Gelsenkirchener starteten mit sieben Punkten aus den ersten drei Partien und mischten von Anfang an ganz oben mit.

Nach einem starken Dezember mit drei Siegen in drei Spielen überwinterten die Königsblauen auf Rang zwei, einen Punkt hinter Herbstmeister Leverkusen, einen Punkt vor den Bayern. Es kam noch besser, nach der Winterpause drehten sie so richtig auf: In den elf Begegnungen zwischen dem 18. und dem 28. Spieltag feierten sie sieben Siege bei drei Unentschieden und nur einer einzigen Niederlage, einem 1:2 in Wolfsburg; das Pokal-Halbfinale in der Veltins-Arena gegen die Bayern allerdings verloren sie 0:1. Obwohl auch die Münchner eine starke Rückrunde hinlegten, führte Schalke die Tabelle vor den letzten sechs Spielen mit zwei Punkten Vorsprung an.

„Die Entscheidung fiel im Gipfeltreffen Erster gegen Zweiter, Schalke gegen Bayern, am 29. Spieltag. Mit einem Sieg gegen die Münchner wären wir zwar noch nicht durch, aber um fünf

Punkte voraus gewesen – dieses Polster hätten wir mit Sicherheit bis zum Schluss verteidigt. Ausgerechnet in der Woche vor dem Spiel wurde über die sozialen Medien bekannt, dass unser Torjäger Kevin Kuranyi seinen auslaufenden Vertrag nicht verlängern, sondern nach Saisonende zu Dinamo Moskau wechseln würde. Der Stürmer, der zu diesem Zeitpunkt die Bundesliga-Torschützenliste mit 17 Treffern anführte, verlor den Faden und entfernte sich mit jeder Woche weiter von seiner Top-Form.

Im Spitzenspiel gegen die Bayern in der restlos ausverkauften Veltins-Arena erzielte Kuranyi sein letztes Tor in dieser Saison. Es war der Treffer zum 1:2-Endstand nach einer halben Stunde; Ribery und Thomas Müller hatten zuvor binnen 60 Sekunden ein 2:0 für die Münchner herausgeschossen. Für immer in Erinnerung bleiben wird mir der zweite Treffer der Bayern: Unser Brasilianer Rafinha, eigentlich ein technisch hervorragender Spieler, leistete sich unmittelbar nach dem Anstoß einen unfassbaren Stockfehler und ließ sich den Ball von Hamit Altintop abluchsen, zwei schnelle Pässe später fiel das Tor.

Einen Punkt zurück statt fünf Punkte voraus: Von diesem Tiefschlag erholten wir uns nicht mehr. Auch die nächste Begegnung in Hannover verloren wir mit 2:4, bis zum Saisonende gewannen wir nur noch zweimal, während die Bayern marschierten. Mit fünf Punkten Abstand zu den Münchnern landeten wir schließlich auf Rang zwei.“

DIE ZWEITE SAISON

„Vizemeister, Champions League – ein stolzer Erfolg angesichts des achten Platzes in der Saison zuvor, und doch auch eine Enttäuschung für mich, hatten wir uns doch bis zu Rafinhas kapitalem Bock auf einer Höhe mit dem FC Bayern bewegt.

Aber ich hatte in Gelsenkirchen ja nicht zufällig einen langfristigen Vertrag unterzeichnet. Auf ein Neues in der neuen Saison, sagte ich mir, nach wie vor mit Manuel Neuer übrigens, gegen dessen Verkauf ein Jahr vor Vertragsende ich mich mit Händen und Füßen gewehrt hatte. ‚Manu bleibt, bis sein Vertrag ausläuft', sagte ich zu Tönnies. Spätestens von diesem Zeitpunkt an wurde die vereinsinterne Kritik an mir immer lauter, obwohl wir in meinem ersten Jahr sportlich sehr viel erreicht hatten.

In einem Interview vor Saisonbeginn erklärte Clemens Tönnies, ich könne in der neuen Saison nur so viel Geld ausgeben, wie durch Spielerverkäufe wieder in die Kasse fließen würde. Ich antwortete mit einem Interview im kicker, *in dem ich sagte: ‚Wir brauchen mindestens 30 Millionen. Wenn wir die nicht investieren, werden wir in der Champions League keine Rolle spielen und auch in der Bundesliga nicht vorne dabei sein.'"*

Tönnies griff dann doch noch in seine Tasche, und Magath verpflichtete Klaas-Jan Huntelaar vom AC Mailand, der sich 2011/12 zum einzigen niederländischen Torschützenkönig der Bundesliga-Geschichte krönen sollte, dazu den Spanier Raúl. Schon im März hatte Magath in Madrid mit der Real-Ikone und dessen Berater gesprochen und sich mündlich geeinigt; unterschrieben wurde der Vertrag jedoch erst im Juli, mitten in der Vorbereitung auf die neue Bundesliga-Saison.

„Raul kreuzte in einem alles andere als guten körperlichen Zustand bei uns auf. Werner Leuthard aber kümmerte sich gleich intensiv um den nicht nur als Sportler überragenden Spanier und brachte ihn sehr schnell auf Vordermann. Dazu entschloss ich mich, den bereits 36-jährigen Abwehrchef Marcelo Bordon abzugeben, der zu den Top-Verdienern auf Schalke gehörte. Im Interesse des Vereins suchte ich nach

einem jüngeren Mann für die Zukunft und fand ihn in dem damals noch unbelasteten Christoph Metzelder. Der deutsche Nationalspieler kam ablösefrei von Real Madrid; weil er jedoch zuvor lange das Trikot der Dortmunder Borussia getragen hatte, machten einige Fans schon in unserem Trainingslager in Österreich vor Saisonbeginn massiv Stimmung gegen ihn, sodass er völlig verunsichert nach Gelsenkirchen zurückkehrte."

Mit 14 neuen Spielern im Kader und einer gegenüber dem Vorjahr völlig veränderten Mannschaft verloren die Schalker die ersten vier Spiele, darunter, besonders schmerzlich, mit 1:3 auch das Revierderby zu Hause gegen Dortmund. Der Gegenwind blies Magath immer stärker ins Gesicht, mit nur einem Sieg aus den ersten zehn Spielen legte seine Mannschaft den schlechtesten Saisonstart der königsblauen Bundesliga-Geschichte hin.

Nach einem steten Auf und Ab im Herbst bezwangen die Gelsenkirchener am 15. Spieltag die Bayern dank eines überragenden Neuer im Tor mit 2:0 und schlossen die Hinrunde mit zwei weiteren Siegen, einem 1:0 in Mainz und einem 3:0 gegen Köln ab; dabei markierte Raúl einen Hattrick.

Nachdem die Schalker nach einer Auftaktniederlage bei Olympique Lyon in der Champions-League-Gruppenphase vier Siege und ein Unentschieden erzielt hatten, als Gruppensieger ins Achtelfinale eingezogen waren und auch im DFB-Pokal überwinterten, glaubte Magath, die schwierigste Phase des Mannschaftsumbaus mit einem blauen Auge überstanden zu haben. Doch natürlich waren bei nur sieben Punkten Vorsprung auf den Tabellensechzehnten Köln noch nicht alle Sorgen vertrieben, zumal sich große Verletzungsprobleme hinzugesellten. Magath nahm Anthony Annan aus Trondheim, der den zum FC Sevilla abgewanderten Ivan Rakitic ersetzen sollte, dazu die ablösefreien Angelos Charisteas und Ali Karimi unter Vertrag – zwei Verpflichtungen ohne jedes finanzielle Risiko. Aus der eigenen Jugend zog er einen Mittelfeldspieler namens Julian Draxler nach oben, auf den er große Stücke hielt.

Zur Ruhe kam der Verein nicht, im Gegenteil: Nach zwei Niederlagen in den ersten beiden Heimspielen des Jahres 2011 schwoll die Wut der Fans weiter an. Wegen seiner Billigeinkäufe wurde Magath als „Ramschkönig" verunglimpft, in den sozialen Medien machten Vorwürfe die Runde, er hätte bei den Transferaktivitäten des Winters nicht satzungskonform gehandelt.

„Es stellte sich dann heraus, dass man im Aufsichtsrat längst meine Entlassung vorbereitete. Aber erstmal gewannen wir das DFB-Pokal-Halbfinale beim FC Bayern durch einen Raúl-Treffer mit 1:0. Zu unserem Achtelfinalrückspiel in der Champions League gegen den FC Valencia am 9. März brachte Tönnies schon die Dokumente zur Auflösung meines Vertrags mit. Weil wir durch ein umkämpftes 3:1 nach dem 1:1 des Hinspiels den Viertelfinaleinzug schafften und ich als Vorstandsmitglied erst noch schriftlich zur Anhörung durch den Aufsichtsrat geladen werden musste, durfte ich am 12. März ein letztes Mal in einem Bundesliga-Spiel auf der Schalker Bank sitzen. Wir besiegten Frankfurt mit 2:1, dank des entscheidenden Tores durch Charisteas, dessen Verpflichtung bis dahin immer wieder kritisiert worden war.

Bei nunmehr fünf Punkten Vorsprung vor einem Abstiegsplatz hatten wir uns Luft verschafft. Ich selbst ließ den für Montag angesetzten Termin beim Aufsichtsrat platzen, weil mir keinerlei konkrete Inhalte mitgeteilt worden waren. Wenig später verkündete der Aufsichtsrat meine Entlassung, und unsere Anwälte einigten sich dann sehr schnell auf eine Vertragsauflösung.

Irgendwie war ich froh, dass es zu Ende war, und erneut hatte ich erfahren müssen, dass es nicht jedem Menschen in der Führungsetage um den Erfolg des Vereins geht. Wir hatten in den knapp 21 Monaten in Gelsenkirchen enorme Werte geschaffen, wenn ich allein bedenke, welche Summe der Verein später am Verkauf Draxlers nach Wolfsburg verdient und wie ein Klaas-Jan Huntelaar den Klub über Jahre geprägt hat.

In diesen Märztagen machten sich zum zweiten Mal in meiner Karriere Symptome einer Depression bemerkbar, viel schlimmer diesmal als gegen Ende meiner aktiven Zeit in Hamburg. Morgens klingelte der Wecker, aber ich wollte nicht aufstehen, ich stand dicht vor einem Burnout. Ein Jahr lang hatte ich mich, trotz aller Erfolge wie der Vizemeisterschaft in der Bundesliga, immer wieder gegen persönliche Angriffe aus verschiedenen Richtungen wehren müssen, das hatte mich mürbe gemacht. Nach vielen intensiven Gesprächen mit einem Professor der P3 Klinik für Psychiatrie, Psychotherapie und Psychosomatik in Tutzing weiß ich heute, dass permanente Kritik, noch dazu oft unter der Gürtellinie, gepaart mit Misserfolgen den idealen Nährboden für einen Burnout bildet.

Wenn ein Spieler nach einer langen Laufbahn in einem Verein in dessen Führungsebene überwechselt, entsteht eine intensive Bindung, wie beispielsweise bei Max Eberl in Mönchengladbach. Wenn er irgendwann sagt, die Arbeit mache ihn krank, er fühle sich ausgelaugt und erschöpft, dann kann ich mich hundertprozentig in ihn hineinversetzen. Auch ich habe immer Verantwortung übernommen, ich hatte immer Druck. Und in diesem Geschäft bist du als Spieler wie als Trainer und erst recht in einer Dreifachfunktion ein öffentlicher Mensch, der kaum geschützt wird.“

VfL Wolfsburg
2011–2012

DIE ERSTE SAISON

„Keine 24 Stunden nach meiner Entlassung erhielt ich einen Anruf Martin Winterkorns. ‚Komm zurück nach Wolfsburg', sagte er; acht Spieltage vor Saisonschluss schwebte sein VfL als Tabellenvorletzter in akuter Abstiegsgefahr. Bei einem Treffen einen Tag später bei mir zu Hause in München stellte mir der Volkswagen-Chef frei, ob ich sofort, ein paar Wochen später oder gar erst zum Beginn der Saison 2011/12 einsteigen wollte. Dass es mir psychisch schlecht ging, habe ich schon gesagt, und natürlich wusste ich, dass ich dringend eine Pause brauchte. ‚Eigentlich darfst du in diesem Zustand nicht arbeiten', sagte ich mir. Doch ich hatte mehrmals bewiesen, dass ich die Fähigkeit hatte, abstiegsbedrohte Vereine in der Bundesliga zu halten, und so dachte ich: Du wirst es trotz allem schaffen!

So stand ich schon zwei Tage nach dem Gespräch mit Winterkorn als Nachfolger Pierre Littbarskis auf dem Trainingsplatz in Wolfsburg, erneut erhielt ich einen Vertrag als Geschäftsführer, Manager und Trainer in Personalunion. Es wäre kein Problem für mich gewesen, die Summe zu fordern, die ich auf Schalke jährlich erhalten hatte. Der VfL wollte mich unbedingt, und vermutlich hätte ich sogar noch weitaus mehr verlangen können und auch bekommen. Ich aber unterschrieb für exakt die gleiche Summe, die mir Herr Pötsch zwei Jahre zuvor bei unserem Gespräch über eine Vertragsverlängerung angeboten hatte.

Natürlich will ich Geld verdienen, wenn ich arbeite, und in meinem Leben habe ich mit dem Fußball sehr gut verdient. Über allem aber stand für mich immer der Verein; ich habe es nie ausgenutzt, wenn mich ein Klub unbedingt haben wollte, und nie versucht, meinen Arbeitgeber bis zum letzten Tropfen auszupressen. Dass mir ein anderes Image anhängt, liegt an der Struktur des Geschäfts. Wenn ein Verein einen Trainer entlässt oder es nicht schafft, dessen Vertrag zu verlängern, werden von den Verantwortlichen gerne irgendwelche Geschichten erzählt, um vor der Öffentlichkeit besser dazustehen. Da ist es dann natürlich das Einfachste zu sagen: Der Trainer hat zu viel Geld gefordert, deshalb mussten wir uns trennen – so, wie es Herr Roth in Nürnberg gemacht hat, und keiner konnte beweisen, dass dies eine Lüge war. Für die größte Farce aber halte ich die Vertragsklausel, die es dem Trainer verbietet, sich negativ über seinen ehemaligen Arbeitgeber zu äußern. Das heißt, wenn – auch über Dritte – falsche Behauptungen über dich verbreitet werden, um von eigenen Fehlern abzulenken, musst du dies hinnehmen und darfst dich öffentlich nicht verteidigen. Die Verbände lassen die Trainer auch in diesem Bereich hängen.“

Schon einen Tag nach Magaths erster Trainingseinheit brach der VfL-Tross wieder auf, das Auswärtsspiel in Stuttgart wartete. Die Wolfsburger lieferten ein sehr gutes Spiel und führten durch ein Grafite-Tor aus der 40. Minute mit 1:0, der Brasilianer Diego und zweimal Grafite vertändelten große Chancen zur Entscheidung. In der vierten Minute der Nachspielzeit traf der Stuttgarter Innenverteidiger Georg Niedermeier, alles andere als ein Torjäger, in bester Stürmermanier zum 1:1-Endstand.

„Im gleichen Augenblick, da der Ball im Netz zappelte, krampfte sich alles in meinem Magen zusammen, mein ganzer Körper bebte und sofort schoss es mir durch den Kopf: Jetzt geht's bis zur letzten Sekunde gegen den Abstieg.

Am Montag nach der Partie stattete ich dem Aufsichtsratschef des VfL, Herrn Garcia Sanz, meinen Antrittsbesuch ab. Wir unterhielten uns lange, dann sagte ich zu ihm: ‚Mit Diego, das geht nicht mehr!' Der frühere Bremer Diego war vor Saisonbeginn nach einem Jahr bei Juventus in die Bundesliga zurückgekehrt und galt mit seiner Ablöse von 15,5 Mio. Euro als teuerster Wolfsburger Spieler aller Zeiten. Doch in Stuttgart hatte ich erkannt, dass er, obwohl technisch und läuferisch stark, vor allem für sich spielte und nicht mehr für die Mannschaft. ‚Herr Magath, Herr Magath', antwortete Garcia Sanz, ‚bitte tun Sie uns den Gefallen, machen Sie weiter mit ihm.' Und ich sagte ich zu ihm: ‚Okay, ich versuch's.' Die Gründe für die Haltung des Aufsichtsratschefs lagen auf der Hand: Auch ein VfL Wolfsburg kann es sich nicht leisten, in kurzer Zeit so viel Geld zu verbrennen.

Immer wieder sprach ich mit Diego, ‚trenn dich schneller vom Ball, spiel nicht für die Galerie, sondern für die Mannschaft', und bot ihn weiter von Beginn an auf. In den fünf Spielen des April sammelten wir acht Punkte, und am 33. Spieltag vergaben wir durch ein 1:2 zu Hause gegen Kaiserslautern die große Chance, den Klassenerhalt fast schon perfekt zu machen.

So kam es, wie ich nach Niedermeiers Treffer in Stuttgart geahnt hatte: Im letzten Spiel in Hoffenheim ging's um alles. Mit 35 Punkten belegten wir Platz 15 vor den punktgleichen Mönchengladbachern, nur einen Punkt vor dem 17., Frank-

furt. Wir mussten in Hoffenheim gewinnen, so viel war klar. Die ganze Woche über grübelte ich, beobachtete Diego, aber auch den Dänen Thomas Kahlenberg, mit dessen Einsatz ich liebäugelte. Immer wieder stellte ich mir eine Frage: Wenn ich Diego aus der Mannschaft nehme und Kahlenberg bringe, mache ich das dann aus der Überzeugung heraus, dass dieser Spielertausch das Beste für den VfL ist?

In der Nacht vor dem Spiel schlief ich keine einzige Minute. Ich überlegte und überlegte: Machst du's? Machst du's nicht? Es war die schwierigste Entscheidung meiner gesamten Trainerkarriere.

Kurz vor der Mannschaftssitzung am späten Vormittag stand mein Entschluss fest, Diego auf die Bank zu setzen. Meine Sitzungen vor den Spielen liefen so ab, dass ich zunächst ein paar Minuten lang sprach und danach die Aufstellung an die Tafel in der Kabine malte. Nach dem Torhüter, den Verteidigern und den defensiven Mittelfeldspielern kam ich zum offensiven Mittelfeld; ich hatte den Namen ‚Kahlenberg' noch nicht ausgeschrieben, da hörte ich hinter mir ein Rascheln und Stühlerücken. Ich drehte mich um und bemerkte, dass sich Diego anschickte, den Raum zu verlassen. Seine Mitspieler versuchten noch, ihn davon abzuhalten, doch ich sagte: ‚Lasst ihn, kein Problem für mich.'

Ich sah Diego den ganzen Tag nicht mehr, nicht beim Mittagessen, nicht während des Spiels, nicht auf unserer Heimfahrt mit den Fans im Zug. Durch zwei Tore von Mario Mandzukic und einen Grafite-Treffer binnen 18 Minuten in der zweiten Halbzeit verwandelten wir einen 0:1-Rückstand in einen 3:1-Sieg, der den Klassenerhalt bedeutete.

Ich hatte den VfL 2009 als Deutscher Meister verlassen; alle Spieler, die eine tragende Rolle gespielt hatten, waren bis mindestens Juni 2010 gebunden. Anderthalb Jahre später wäre der gleiche VfL fast abgestiegen – unfassbar. Vor allem einige Transfers meines Manager-Vorgängers Dieter Hoeneß im Winter der Saison 2010/11 hatten der Mannschaft nicht geholfen; so wurde Barzagli an Juventus abgegeben, Dzeko an Manchester City verkauft. Neuzugänge wie der Koreaner Ja-Cheol Koo oder der aus Monaco ausgeliehene Mbokani aus dem Kongo entstammten einem völlig anderen Kulturkreis, sprachen kein Wort Deutsch und wussten absolut nichts von der Bundesliga. So konnten sie in einer ohnehin verunsicherten Mannschaft im Abstiegskampf nie Fuß fassen.“

DIE ZWEITE SAISON

Es bedurfte keiner hellseherischen Fähigkeiten, um zu wissen, dass den VfL eine klassische Übergangssaison erwartete. Die wenigen verbliebenen Meisterspieler wie Schäfer, Josué, Makoto Hasebe oder Alexander Madlung waren älter geworden, Josué hatte große Verletzungsprobleme. Auch Diego trainierte wieder mit; trotz des Vorfalls von Hoffenheim machte er keinerlei Anstalten, sich um einen neuen Verein zu bemühen.

„Die Art, wie sich Diego mir gegenüber gab, ließ bei mir den Gedanken aufkeimen, dass ihm von oben irgendeine Art von Unterstützung zugesichert worden war, und es erwies sich als Fehler, ihn wieder in die Mannschaft aufzunehmen. Das Band zwischen uns war zerschnitten.

Von Hoeneß’ Winterverpflichtungen hatten sich einige schon wieder verabschiedet, ich musste neue Spieler holen. Allzu viel Geld allerdings konnten wir nicht ausgeben, und nachdem ich wusste, dass es so oder so eine wacklige Übergangssaison werden würde, setzte ich auf Profis, die wenig kosteten und somit für den Verein kein finanzielles Risiko darstellten.

Bei Aliaksandr Hleb etwa, der noch vom FC Barcelona bezahlt wurde, stand fest, dass er mir nach einer Verletzung zu Saisonbeginn nicht zur Verfügung stehen würde. Er brachte den 2023 verstorbenen früheren Weltklasse-Stabhochspringer Tim Lobinger als persönlichen Fitmacher mit und versprach erst auf Sicht ein großer Gewinn zu werden. Auch Hasan Salihamidzic hatte zuletzt in Turin fast ein Jahr lang nicht gespielt, und wer bei einem Verein wie Juventus oder Real nicht zur ersten Garde zählt, erfährt dort auch kein intensives Training. Ein Armbruch, den er sich in einem unserer Testspiele im Juli zuzog, warf ihn noch weiter zurück, erst gegen Ende der Saison fand er auch dank der intensiven Arbeit Leuthards langsam Anschluss.

Aus Liverpool holte ich Innenverteidiger Sotirios Kyrgiakos, ebenfalls ein Mann mit großen Qualitäten. Nur hatte der Grieche in England offenbar so viel Geld verdient, dass in seinem Kopf vor allem Ferraris und kaum noch Fußbälle umherschwirrten. Und auch Thomas Hitzlsperger nahm ich unter Vertrag. Gerüchte um die Homosexualität des Nationalspielers hatten in der Szene schon länger die Runde gemacht; nach Ende der Saison stieg er aus seinem Vertrag beim VfL aus, ein Jahr später beendete er seine Profikarriere, wenige Monate danach outete er sich in einem ZEIT*-Interview als homosexuell. Daher bin ich sicher, dass ihn die Frage, ‚wie mache ich's, wie stelle ich es an, ob und wann soll ich mich outen?', schon 2011/12 das ganze Jahr über beschäftigte. Wer ständig ein ungelöste Frage mit sich herumträgt, wird es sehr schwer haben, auf höchstem Niveau Leistung zu bringen. Im Training hinterließ er einen hervorragenden Eindruck, im Spiel aber enttäuschte er immer wieder. ‚Was ist bloß mit Thomas los?', fragte ich mich damals. Heute ist der Fall für mich klar.“*

Vier Beispiele von vielen, die erklären, warum die Saison noch holpriger verlief, als es Magath ohnehin erwartet hatte. Zur Halbzeit krebsten die Wolfsburger auf Rang zwölf herum; nach der Winterpause, mit abermals acht neuen Spielern wie dem jungen Verteidiger Ricardo Rodriguez, den Magath für 7,5 Mio. Euro vom FC Zürich kaufte und für den der VfL bei seinem Wechsel zum AC Mailand 2017 die doppelte Summe erlöste, nisteten sie sich im Mittelfeld ein. Vor dem letzten Spieltag hatten sie sogar noch die Chance, durch einen Sieg in Stuttgart auf Platz sieben vorzustoßen, der zur Qualifikation für die Europa League gereicht hätte. Trotz einer 2:0-Führung bis zur 73. Minute unterlagen sie 2:3 und verpassten den europäischen Wettbewerb knapp.

„Unbestritten, dass ich 2011/12 mit 36 eingesetzten Spielern einen neuen Bundesliga-Rekord aufgestellt habe. Wenn ich jedoch im Nachhinein lese, wie viel Geld ich in jener Saison ausgegeben haben soll, dann wurden wohl die Spieler, die Dieter Hoeneß kurz vor meinem Amtsantritt in der Winterpause verpflichtet hatte, auch noch hinzugezählt. Vergessen wird aber, dass ich damals das Grundgerüst für Dieter Heckings Pokalsiegermannschaft von 2015 aufgebaut und dem 17-jährigen Maximilian Arnold zu seinen ersten Bundesliga-Einsätzen verholfen habe. Heute ist er mit über 300 Pflichtspielen Rekordmann des VfL.

Wie fast immer nach dem Ende einer Saison wurde ich auch diesmal krank. Nicola und ich flogen über New York nach Puerto Rico, wo ich mit einer Erkältung 14 Tage lang flachlag. Erholt hatte ich mich nun wahrlich nicht in dem Jahr und psychisch gesund fühlte ich mich nach wie vor nicht, doch natürlich machte ich weiter.

Ich glaubte, vor der nächsten Saison etwas Neues versuchen zu müssen. Mit Blick auf seine schon 32 Jahre ließ ich Grafite zu Al-Ahli Dubai in die Vereinigten Arabischen Emi-

rate ziehen – ein Fehler, zumal sich mit Mandzukic auch unser zweiter Torjäger Richtung FC Bayern verabschiedete und sich Patrick Helmes schon in der Vorbereitung verletzte. Wir verpflichteten Ivica Olic vom FC Bayern, den Niederländer Bas Dost, Naldo von Werder Bremen und mit Fagner einen weiteren Brasilianer, dazu den Österreicher Emanuel Pogatetz und, nicht zu vergessen, Kevin Pannewitz aus Rostock. Der konnte perfekt mit dem Ball umgehen, nur aß er zu gerne und zu viel. Ich dachte, ich kriege ihn hin, bis er sich, angeblich wegen einer Grippe, für eine Woche vom Training abmeldete. Acht Tage später trudelte er mit vier Kilo mehr auf den Rippen wieder ein, und ich gab auf."

Um es kurz zu machen: Der VfL legte einen kapitalen Fehlstart hin. Zwar gelang zum Auftakt in Stuttgart nach einem Dost-Treffer ein 1:0-Sieg, danach aber gewannen die Wölfe kein Spiel mehr, nicht einmal zu Hause gegen Aufsteiger Greuther Fürth. Nach dem achten Spieltag und einer 0:2-Heimniederlage gegen Freiburg rutschten sie auf den letzten Tabellenplatz ab; ganze zwei Tore hatten sie bis dahin erzielt, 15 kassiert. In der Woche danach trennte sich der Verein von seinem Trainer.

„Seltsame Geschichten wurden auch dort erzählt. So wurde zum Beispiel die Story um die Wasserflaschen in unglaublicher Weise aufgebauscht und verfälscht. Nach einem Waldlauf hätte ich in einer Strafaktion Getränkeflaschen ausgekippt, sodass die erschöpften Spieler nichts zu trinken hatten, hieß es. Richtig ist, dass ich mich am Vortag über die Mannschaft geärgert hatte. Bei unserem 0:3 in München war Benaglio von Arjen Robben am Kopf getroffen worden; längere Zeit wurde er auf dem Rasen behandelt, doch keiner seiner Mitspieler kümmerte sich um ihn. Um zu veranschaulichen, dass auch ein Profi Mannschaftssinn entwickeln muss,

schüttete ich beim Auslaufen am Tag darauf die Hälfte der Flaschen aus, sodass sich je zwei Spieler eine Flasche teilen mussten. Sofort danach fuhren wir mit dem Bus zurück ins Stadion, dort konnte zehn Minuten später jeder trinken, so viel er wollte. ‚Magath rastet aus', schrieben die Zeitungen.

‚Gut, dass es vorbei ist', dachte ich mir. Im Rückblick muss ich jedoch einräumen, dass ich bei diesem zweiten Mal in Wolfsburg auch an mir selbst gescheitert bin. Die Demut, die du brauchst, um erfolgreich zu sein, hat mir damals gefehlt."

München, April 2023

Von zwei Seiten fällt Licht in den Raum. In der Karaffe mit Wasser schweben drei Limonenscheiben auf der Oberfläche.
Bundesligatrainer zu sein, das ist kein normaler Beruf. Lange Laufzeiten bei Trainerverträgen sind Ausnahmen. Wie hat der Mensch Magath das ausgehalten? Kommt der Bayern-Trainer Felix M. nach Hause, und seine Frau sagt: „Felix, das musst du dir nicht antun!" Oder trennt er Beruf und Privatleben komplett?
„Ja gut, ich rede natürlich zu Hause mit meiner Frau über alles. Wenn ich nicht in München arbeite, kriegt sie vieles nicht so deutlich mit, nur über Telefongespräche. Aber sie ist am Wochenende häufig zu unseren Spielen gekommen, mit dem Auto gefahren oder geflogen, egal ob Wolfsburg, Gelsenkirchen oder auch London. Die Kinder eingepackt, und dann waren auch die häufig dabei."
Und wie geht Magath damit um, wenn er spürt, dass es dem Ende entgegengeht?
„Wenn Sie Wolfsburg nehmen, beim zweiten Mal, daran hatte ich schon zu knabbern. Ich bin eben auch ein Mensch. Ich wollte nur Erfolg! Und ich bin so naiv zu glauben, dass alle den Erfolg wollen. Deswegen hat mich das nie so interessiert, ob ich beliebt war oder nicht so beliebt in einem Verein. Ich habe immer gearbeitet, um möglichst viel Erfolg zu haben."
Und dann ist Magath in seinem Element. „Beruflich war Leistung für mich immer das Entscheidende, da bin ich Ostpreuße. Privat bin ich Karibik. Da ist mir vieles egal, da bin ich unorganisiert und chaotisch. Wenn es um die Erziehung der Kinder ging, habe ich nicht den großen Einfluss nehmen können. Da habe ich akzeptiert, dass meine Frau es so macht, wie sie es für richtig hält. Ich habe nie versucht, ihr da reinzugrätschen. Trotzdem habe ich natürlich auch versucht, meinen Kindern etwas mitzugeben."
Ein Kraftwerk, Energie der Emotionen, die aber immer kontrolliert über den Kopf, mitgeteilt werden – fast immer.

FC Fulham
2014

Anfragen gab es immer wieder, und auch einige konkrete Angebote flatterten ins Haus in München-Harlaching in den rund eineinhalb Jahren nach Magaths Entlassung in Wolfsburg. So sprach er zu Beginn des Jahres 2014 mit dem Aufsichtsrat des Hamburger SV über eine Berufung zum neuen Trainer und Sportdirektor. Als eine klare Aussage von Seiten des Vereins ausblieb, entschied er sich für eine andere Offerte: Mitte Februar gaben Shahid Khan, Eigentümer des englischen Premier-League-Klubs FC Fulham, und sein CEO Alistair Mackintosh bekannt, dass Magath mit sofortiger Wirkung der erste deutsche Cheftrainer in der englischen Premier League werden und als Nachfolger des Niederländers René Meulensteen einen 18-Monatsvertrag erhalten würde.

Der FC Fulham war mit Trainer Martin Jol und dem Ziel „europäischer Wettbewerb“ in die Saison gegangen, hatte den Niederländer dann Anfang Dezember entlassen und durch seinen Assistenten Meulensteen ersetzt. Mit einer Mannschaft ohne jede Struktur – Jol arbeitete gern mit älteren Profis, Meulensteen hatte im Winter nur jüngere Spieler geholt – hatten die Londoner seit dem Neujahrstag kein Punktspiel mehr gewonnen, wichtige Abstiegsduelle gegen den FC Sunderland und bei Swansea City verloren und krebsten bei zwölf noch ausstehenden Spielen auf dem 20. und letzten Rang herum, mit vier Punkten Rückstand auf Nichtabstiegsplatz 17 und der miserablen Tordifferenz von minus 32.

„Mit drei Unterstützern nahm ich die Arbeit am Motspur Park im Westen der englischen Hauptstadt auf – mit Tomas Oral als Assistenten, Konditionstrainer Werner Leuthard und Torwarttrainer André Lenz. Ich traf Sascha Riether und Ashkan Dejagah wieder, mit denen ich 2009 in Wolfsburg die Meisterschaft gefeiert hatte, dazu den früheren Schalker Nationalspieler Lewis Holtby und den als Jugendlicher für den MSV Duisburg und Borussia Mönchengladbach stürmenden griechischen Angreifer Kostas Mitroglou, der bis zu meinem Amtsantritt noch keine Minute für Fulham gespielt hatte.

In meinem Premierenspiel bei West Bromwich Albion führten wir durch einen Treffer Dejagahs bis zur 86. Minute, ehe West Brom noch ausglich und uns zwei wertvolle Punkte raubte. Am 30. Spieltag gelang uns durch ein 1:0 gegen Newcastle United der ersehnte erste Erfolg. Es ging aufwärts, und nachdem wir im April bei Aston Villa und gegen Norwich City zwei Siege in Folge einfuhren, trennten uns nur noch zwei Punkte vom rettenden Ufer.

Der beste Torschütze des Vereins hieß Steven Sidwell, der unter Jol und Meulensteen sechsmal getroffen hatte; der Vertrag des englischen Mittelfeldspielers lief zum Saisonende aus. ‚Willst du bei uns bleiben?', fragte ich ihn. ‚Auf jeden Fall, Trainer', antwortete er, und diese Information reichte ich sofort an Mackintosh weiter. ‚Wir müssen seinen Vertrag verlängern', sagte ich zu ihm, ‚um ein Zeichen zu setzen, dass wir noch an den Klassenerhalt glauben.' Weil ich nichts weiter hörte, fragte ich vier Wochen später bei Mackintosh nach, ob alles unter Dach und Fach sei. Der CEO antwortete, er habe mit Sidwells Berater gesprochen, ‚doch der Spieler will nicht verlängern'. Nach der Saison wechselte Sidwell zu Stoke City und erklärte öffentlich, er wäre gerne geblieben, habe aber kein neues Angebot Fulhams erhalten. Das sind Dinge, die mich manchmal am Profifußball verzweifeln lassen, denn unabhängig davon, ob nun der CEO, der Berater oder der Spieler mit falschen Karten gespielt haben: Ausbaden mussten es die Mannschaft und der Verein.

In den letzten beiden Spielen des April unterlagen wir bei Tottenham Hotspur und erreichten zu Hause gegen Hull City nach einer 2:0-Führung nur ein 2:2 – erneut kassierten wir den Ausgleichstreffer in der 87. Minute –, während unser Konkurrent FC Sunderland von Sieg zu Sieg eilte. Am vorletzten Spieltag hätten wir in Stoke gewinnen, gleichzeitig Sunderland zu Hause gegen West Brom verlieren müssen, um unsere Hoffnungen auf den Klassenerhalt zu wahren. Doch wir verloren 1:4, am Ende fehlten uns vier Punkte zum rettenden Platz 17.

Zum ersten und einzigen Mal in meiner rund 30-jährigen Trainerkarriere stieg ich mit meiner Mannschaft ab. Klar, du hast halt nicht mehr viele Möglichkeiten, wenn du so spät in der zweiten Saisonhälfte einen Verein übernimmst. Das Absurde ist, dass ausgerechnet der Trainer, der am Schluss auf der Bank sitzt und somit die schlechteste Ausgangsposition von allen hat, für den Abstieg verantwortlich gemacht wird. Die Hauptverursacher, die die Mannschaft zusammengestellt haben, bleiben oft außen vor.

Aber ich will gar nicht drum herumreden: Ich bin in Fulham auch über mich selbst gestolpert – über mein schlechtes Englisch. Bis dahin hatte ich fast ausschließlich mit meinem Vater Englisch gesprochen, nun musste ich plötzlich mit der Vereinsführung, den Spielern und der Presse auf Englisch kommunizieren. In den Monaten in London habe ich mich sicherlich verbessert, aber ein Sprachtalent werde ich nicht mehr werden. Und wenn du die Sprache nicht gut beherrschst, bekommt du vieles von dem, was im Umfeld der Mannschaft und des Vereins passiert, erst sehr spät mit – manchmal zu spät.

Den schwarzen Fleck des ersten Abstiegs meiner Karriere wollte ich schnellstmöglich ausradieren, zumal ich mich in London so wohlfühlte wie kaum zuvor auf meinen Trainerstationen. Ich wohnte in Kingston in einem sehr schönen Haus mit einem sehr schönen Garten, einem netten portugiesischen Gärtner und einer netten Haushälterin. Zum Training fuhr ich mit dem Fahrrad, bei den Heimspielen im Craven Cottage herrschte eine tolle Stimmung, und am Wochenende kamen Nicola und die Kinder zu Besuch und wir erkundeten die Weltstadt London. Mein Sohn Raffael spielte in seinen Ferien beim FC Fulham in einer Schülermannschaft, in deren Tor der Sohn José Mourinhos stand, und stellte nach seinem ersten Turnier vor allem eines fest: ‚Die jungen Engländer treten und treten, bevor sie anfangen zu spielen.'

Eigentlich passte alles, und wir hatten sogar das Angebot, das wunderschöne Haus zu kaufen. Nur, was soll ich mit einem Haus in London, wenn ich ein paar Monate später vielleicht schon wieder entlassen werde?"

Zunächst aber sprach die Vereinsführung dem Trainer das Vertrauen aus. Magath unterbreitete Mackintosh einen Vorschlag, wie der Kader für die neue Saison aussehen könnte, und nahm gleich acht Spieler aus Fulhams Juniorenmannschaft, die im Vorjahr bis ins Finale der Nachwuchsrunde gegen den FC Chelsea vorgedrungen war, in seinen Kader auf. Dazu legte er dem CEO eine Liste von Spielern vor, für die eine Ablösesumme fällig würde, mit denen aber der sofortige Wiederaufstieg angepeilt werden könnte.

Erneut klappte vieles nicht. Magath musste mehrmals umplanen, auf der Torhüterposition etwa, für die er schließlich Gabor Kiraly von München 1860 verpflichtete. Oder in der Sturmspitze: Hier hatte er Ross McCormack auf der Liste, der in der Vorsaison 28 Tore für den Zweitligisten Leeds United erzielt hatte und nun auf dem Transfermarkt angeboten wurde. „Den brauchen wir sofort", sagte er zu Mackintosh, doch es passierte zunächst einmal nichts. Erst in der zweiten Julihälfte, am Ende einer intensiven Saisonvorbereitung, stieß McCormack zur Mannschaft – mit fast zehn Kilogramm Übergewicht.

Mit den aus der Bundesliga bekannten Neuzugängen Adil Chihi, Tim Hoogland, Thomas Eisfeld und Konstantinos Stafylidis startete Fulham in die neue Championship-Saison, die mit einer unglücklichen 1:2-Niederlage bei Ipswich Town begann, und auch das erste Heimspiel gegen den FC Millwall ging 0:1 verloren. Im fünften Spiel gelang beim 1:1 gegen Cardiff City der erste Punktgewinn – es sollte Magaths letzter in England bleiben. Nach einem 3:5 bei Spitzenreiter Nottingham Forest und sechs Niederlagen in sieben Spielen wurde er Mitte September beurlaubt.

„Die Entlassung überraschte und enttäuschte mich. Obwohl wir auf dem letzten Platz lagen, hatte ich bis zuletzt gehofft, weiter am Umbruch des Vereins arbeiten zu dürfen, denn ich war überzeugt, den Niedergang mit dem Aufbau einer neuen, jungen, hungrigen Mannschaft gestoppt zu haben. So fiel es mir alles andere als leicht, Kingston zu verlassen und nach Deutschland zurückzukehren."

Shandong Luneng Taishan
2016–2017

Eineinhalb Jahre zogen ins Land, ehe Magath im Frühjahr 2016 einen Anruf aus China erhielt. Hao Junmin, ein Mittelfeldspieler, den er einst zu Schalke 04 geholt hatte und der nun bei Shandon Luneng in der Chinese Super League unter Vertrag stand, hatte seinen Namen dort als Nachfolger des früheren brasilianischen Nationaltrainers Mano Menezes ins Spiel gebracht.

„Für den Fußball im Reich der Mitte interessierte ich mich seit 2002, als die chinesische Nationalmannschaft erstmals an einer Weltmeisterschaft teilgenommen und nach den Gruppenspielen punkt- und torlos die Heimreise angetreten hatte. Der Shandong Luneng Taishan Football Club mit der Heimat in Jinan, einem Acht-Millionen-Einwohner-Moloch in der Provinz Shandong im Osten Chinas, hatte 2015 den dritten Platz in der Meisterschaft ergattert, war nach elf Spielen der neuen Saison jedoch mit nur neun Punkten auf den letzten Platz der 16er-Liga abgerutscht.

Nach kurzer Überlegung sagte ich zu. Der Verein stellte mir neben einem chinesischen Co-Trainer einen Fahrer sowie zwei Dolmetscher zur Verfügung – einen Mann namens Peng, der in Mannheim studiert und Deutsch gelernt hatte, und Herrn Ming. Gleich am ersten Tag zeigte mir Peng einen Film, den er 2011 im Stadion in Sinsheim bei unserem ‚Endspiel' mit Wolfsburg gegen Hoffenheim mit seinem Handy aufgenommen hatte.

Wir Trainer wohnten in einem Hotel in der Innenstadt, eine halbe Fahrstunde vom Trainingsgelände entfernt. Die Firmengruppe Shandong Luneng hatte von der Regierung ein Stück Land erhalten, auf das das Immobilienunternehmen Wohnhäuser, ein Einkaufszentrum und ein Stadion gebaut sowie eine Parkanlage angelegt hatte. Den größten Teil des Tages verbrachte ich auf den Trainingsplätzen, die Abende im Hotel.

Die Arbeit machte mir Spaß, auch wenn sie so völlig anders aussah als die in Deutschland oder England. Neben dem Co-Trainer und dem Dolmetscher stand vom ersten Tag an auch der Manager unseres Vereins bei jeder Trainingseinheit dicht neben mir und notierte akribisch jede Einzelheit unserer Übungseinheiten auf einem Block. Auch mit anderen Überraschungen musste ich zu leben lernen. Eines Abends, kurz vor 23 Uhr, glaubte ich in der Hotellobby den früheren Nationalspieler Karl-Heinz Riedle vorbeihuschen zu sehen. Obwohl, konnte ja nicht sein, oder? Ich ging auf den Mann zu und wirklich – es war Riedle! ‚Kalle, was machst du hier?', fragte ich ihn bass erstaunt. Er antwortete, dass er gerade mit unserer Vereinsführung zu Abend gegessen und eine Kooperation zwischen Shandong Luneng und der Dortmunder Borussia vereinbart habe, für die er seit ein paar Jahren als internationaler Markenbotschafter arbeitete.

Eines anderen Tags lief ich über das Trainingsgelände, als mich jemand auf Deutsch begrüßte: ‚Guten Tag, Herr Magath, ich möchte mich vorstellen: Ich bin der neue Manager des Vereins!' Der junge Mann hieß Daniel Stenz, Neffe des früheren Bundesliga-Trainers Reinhard Saftig. Er hatte zuvor bei den Vancouver Whitecaps und in Ungarn als Chefscout bezie-

hungsweise Analyst gearbeitet und nun offenbar sein Amt als Technischer Direktor bei Shandon Luneng angetreten. Ich wusste davon nichts.“

Zu den fünf erlaubten Ausländern im Kader zählte neben drei Brasilianern und dem italienischen Nationalstürmer Graziano Pelle auch der frühere Freiburger Papiss Demba Cissé, den jedoch Probleme mit dem Knie plagten. Magath versuchte, den Österreicher Martin Harnik nach Jinan zu lotsen, dessen Berater Jürgen Milewski er aus Hamburg bestens kannte. Wochenlang setzte er sich bei der Vereinsführung, die sich einen größeren, bekannteren Neuzugang wünschte, für Harnik ein, bis er Ende Mai grünes Licht erhielt. Mitte Juni erschien der Angreifer denn auch zu Gesprächen im Trainerhotel, wenig später sagte er dem Klub trotz des angebotenen Zweieinhalbjahresvertrags mit einem Jahresverdienst von rund fünf Mio. Euro netto ab. Doch auch ohne ihn ergatterte Shandon in den 19 verbleibenden Spielen 25 Punkte und schaffte den Klassenerhalt.

„Im Januar 2017, vor meiner im März beginnenden zweiten Saison, flog ich mit der Mannschaft und meinem neuen Co-Trainer Zvonimir Soldo in zwei Trainingslager nach Spanien und Dubai. Sehr kurzfristig hatte der Verband die Vereine der Super League verpflichtet, in jedem Spiel zwei einheimische U-23-Profis in den Kader zu berufen und mindestens einen von ihnen auch einzusetzen, um den chinesischen Talenten mit Blick auf die Olympischen Spiele 2020 in Tokio Spielpraxis zu verschaffen. Der chinesische Jungnationalspieler, den ich im ersten Spiel einwechselte, machte seine Sache so gut, dass ich ihn auch in der zweiten Partie wieder bringen wollte. Mitte der Woche aber sagte er mir, er müsse zur Nationalmannschaft reisen und sei dann erst mal weg. Nach vier Wochen fragte ich bei der Vereinsführung erstmals vorsichtig

nach, wann ich denn wieder mit dem Spieler rechnen könne; eine konkrete Antwort erhielt ich nicht. Erstmals wiedergesehen habe ich den Jungen dann übrigens am 26. August …

Bei meiner Vertragsunterschrift hatte man mir mündlich zugesichert, dass die Verpflichtung neuer nicht-chinesischer Spieler nur in Abstimmung mit mir ablaufen würde. Mein Plan, zunächst zwei Brasilianer zu verkaufen, um zwei Ausländerplätze im Kader freizuschaufeln, wurde vom Klub jedoch verworfen, weil die beiden angeblich zu viel verdienten und somit kein neuer Verein für sie zu finden sei. Als die Führungsriege Shandongs auch noch drei der besten einheimischen Spieler transferierte, startete ich höchst unzufrieden in die neue Saison und beschloss, dass diese erste komplette Spielzeit in China auch meine letzte bleiben würde. Obwohl wir in der Meisterschaft auf einem guten sechsten Platz landeten, verlängerte ich meinen Vertrag nicht und kehrte nach Deutschland zurück.“

Würzburger Kickers
2020–2021

Das war’s dann wohl, dachte sich Magath, so könnte es aussehen, das Ende einer langen Karriere im Fußball. Doch dann kam um den Jahreswechsel 2019/20 ein attraktives Angebot der anderen Art: Thorsten Fischer, Firmenchef von Flyeralarm, einer fränkischen Onlinedruckerei, die als Namenssponsor der deutschen Frauen-Bundesliga auftritt und als Hauptsponsor in Deutschland die Würzburger Kickers und in Österreich Admira Wacker Mödling finanziell unterstützt, bot ihm die neu geschaffene Position des Head of Global Soccer an.

> *„Nach ein paar Tagen Bedenkzeit nahm ich die Offerte an. Meine ostpreußischen Gene machten sich wieder bemerkbar: Ich wollte arbeiten. Da saß ich dann im siebten Stock der Firmenzentrale am Würzburger Stadtrand und konnte meinen Blick schweifen lassen über die umliegenden Weinberge, wo vor allem Weißwein angebaut wird, bevorzugt Silvaner und Müller-Thurgau. Meine Ziele blieben die gleichen, wie ich sie auch als Trainer stets gehabt hatte: Ich wollte die beiden Vereine entwickeln und sportlich vorankommen, vor allem aber plante ich, jungen Talenten eine bessere Ausbildung anzubieten als beim DFB und in manchen Nachwuchsleistungszentren der deutschen Profiklubs.*

Schon nach wenigen Tagen aber konnte ich dieses Vorhaben vergessen: Im Februar wurde Deutschland von der Corona-Pandemie erfasst, es gab keine Jugendspiele und kein geregeltes Training mehr. Eine gezielte Förderung unserer Nachwuchsmannschaften wurde dadurch nahezu unmöglich.

Wohl oder übel beschäftigte ich mich in erster Linie mit der Würzburger Drittligaelf, die bei meinem Amtsantritt mit sechs Punkten Rückstand auf einen Aufstiegsplatz Rang 13 belegte. Erstmals hatte ich mir die Mannschaft kurz vor Weihnachten im Spiel bei der zweiten Mannschaft des FC Bayern angesehen, in dem die Kickers trotz einer 50-minütigen Überzahl am Ende froh über das 1:1 sein mussten. Meine Überzeugung, dass es dennoch möglich sein müsste, noch in derselben Saison ganz vorne mitzumischen, bestätigte sich: Ein verwandelter Elfmeter zum 2:2 in der Nachspielzeit der letzten Partie gegen den Halleschen FC reichte nach einer guten Rückrunde zum Sprung in die 2. Bundesliga. Ein glücklicher Aufstieg – schon in diesem Jahr war so gut wie nichts in die Mannschaft investiert worden.

Aus den Personalplanungen vor der neuen Saison hielt ich mich weitgehend raus. Mit Kapitän Sebastian Schuppan, Fabio Kaufmann und Luca Pfeiffer verließen drei der besten Spieler den Verein. Trainer Michael Schiele holte einige neue Spieler dazu, doch als ich seine Neuverpflichtungen den Abgängen gegenüberstellte, stellte ich intern die Frage, wie man mit dieser Mannschaft den Klassenerhalt schaffen wolle.

Leider täuschte ich mich nicht, wir verloren die ersten drei Pflichtspiele, im DFB-Pokal gegen Hannover sowie in der Liga gegen Aue und in Düsseldorf – die Konsequenz: die Klubführung trennte sich von Schiele. Doch egal, mit wem wir es auf der Trainerposition danach versuchten, ob mit Marco Antwerpen, Bernhard Trares oder Ralf Santelli, dieser Kader konnte in der 2. Bundesliga nicht bestehen. Mit acht Punkten

Rückstand auf Relegationsplatz 16 stiegen die Kickers sang- und klanglos ab.

Immer deutlicher erkannte ich, dass ich mit meiner neuen Aufgabe nicht glücklich werden würde. Das Stadion und die Infrastruktur genügten den Anforderungen eines Zweitligisten längst nicht mehr, und ich wusste nun auch, dass die Stadt Würzburg kein gesteigertes Interesse zeigt, einen ihrer Vereine auf dem Weg in die höheren Gefilde des deutschen Profifußballs zu unterstützen.

Schon im März 2021 war ich von meinem Posten bei Admira Wacker zurückgetreten, weil ich deutlich zu spüren bekommen hatte, dass der Verein mit seinen ebenfalls nicht mehr zeitgemäßen Strukturen aus meiner beratenden Funktion heraus nicht zu führen war. Ende Mai erklärte ich meinen Ausstieg aus dem Vertrag mit Flyeralarm.“

Hertha BSC
2022

„Ich saß wieder daheim in München, in dem Haus, in dem wir uns als Familie seit meinem Wechsel zum FC Bayern immer sehr wohlgefühlt haben. Obwohl ich im organisatorischen Bereich, sagen wir mal, ausbaufähige Begabungen habe – hier kommen eher meine kreative Seite und meine karibischen Wurzeln zum Tragen –, kümmerte ich mich um unsere Finanzen, ging weiterhin täglich im Perlacher Forst laufen, freute mich, Zeit mit meiner Frau und meinen Kindern verbringen zu können, besuchte am Wochenende das eine oder andere Bundesligaspiel, fuhr auf meinem Holland-Rad durch Harlaching oder traf mich mit Freunden im Café ‚Amandines et Chocolats' und trank dort einen Kakao oder einen Tee.

Ich mag auch gerne Wein, am liebsten italienischen Primitivo, der ist angenehm, mit wenig Tanninen, oder spanischen Rioja, wie er immer bei meinem Vater aufgetischt wurde. Lange Zeit trank ich auch einen kräftigen Bordeaux sehr gerne, doch die Weine mit zu viel Säure vertrage ich heute nicht mehr – vermutlich eine Folge meines Alkoholkonsums in der Aschaffenburger Sturm-und-Drang-Zeit.

Auf die Bundesliga verspürte ich keine Lust mehr. Auf den Profifußball in unserem Land, in dem das Nebensächliche, das Unbedeutende hochgejubelt wird, als wäre es das

Wichtigste. Aber dann, aus heiterem Himmel, rief mich Herthas Sportgeschäftsführer Fredi Bobic eines Freitagabends im März 2022 an und meinte: ‚Felix, wenn wir morgen in Mönchengladbach verlieren, müssen wir handeln. Würdest du dir zutrauen, uns in der Bundesliga zu halten?' Ich müsste lügen, wenn ich sagen würde, dass ich nicht überrascht war. ‚Natürlich traue ich mir das zu', antwortete ich dann. ‚Gut', sagte Fredi, ‚vielleicht melde ich mich.'"

Am Samstagabend, Hertha hatte 0:2 verloren, rief Bobic erneut an; am Sonntagabend saßen die beiden in Berlin zusammen, und schon am Montag stand Magath auf dem Trainingsplatz der Hertha. Zurück in der Bundesliga nach exakt 3.426 Tagen: Magaths alter Bekannter Andi Gross, ein Schweizer Jurist und Berater, der schon seinen Wechsel nach Fulham 2014 eingefädelt hatte, hatte seinen Namen bei Bobic ins Spiel gebracht und den Transfer schließlich mit ihm eingetütet.

Die Hertha schwebte nach dem 26. Spieltag als Tabellenvorletzter mit zwei Punkten Rückstand auf Rang 15 in akuter Abstiegsgefahr und hatte im Jahr 2022 noch kein einziges Pflichtspiel gewonnen. Wieder einmal hatte Magath nur acht Spiele Zeit, wieder einmal konnte er personell nicht mehr nachlegen.

Von dem Augenblick, an dem er Bobic zusagte, wusste Magath, dass in Berlin eine der schwierigsten Aufgaben seiner gesamten Trainerkarriere auf ihn wartete. Er traf auf eine Mannschaft, die genauso war wie der gesamte Verein: viele Einzelteile, aber nichts, was zusammenpasste, nichts, was zusammenarbeitete.

Gemeinsam mit seinem Assistenten Mark Fotheringham, den er als Spieler in Fulham kennen und schätzen gelernt hatte, machte er sich zunächst daran, die Defensive zu stabilisieren, die in den 26 Begegnungen bis dahin 60 Gegentore zugelassen hatte. Mit Fotheringham auf der Bank – Magath saß mit einer Corona-Infektion im Hotel – gewannen die Berliner Spiel eins nach dem Trainerwechsel gegen Hoffenheim mit 3:0 und schoben sich an Bielefeld vorbei auf Rang 16.

Schon rechneten viele mit einer schnellen Rettung, ehe die Hertha in Leverkusen 1:2 und, besonders bitter, auch das Derby gegen Union im Olympiastadion mit 1:4 verlor. Doch nach sieben Punkten aus den drei Partien in Augsburg, gegen Stuttgart und in Bielefeld hätte ein Sieg im Heimspiel gegen Mainz am 33. Spieltag gereicht, um den Klassenerhalt vorzeitig festzuzurren.

„Durch eine 1:2-Heimniederlage vergaben wir den ersten Matchball. Nach dem Schlusspfiff schwante mir, was kommen würde – die Relegation gegen ‚meinen' HSV. Unser Konkurrent im Kampf um Platz 15, der VfB, trat zwar erst am Tag darauf in München an, und auch bei einem Sieg des FC Bayern wären wir durch gewesen. Doch beim 1:3 der Münchner in Mainz eine Woche zuvor schien es so, dass einige Spieler angesichts der schon perfekten Titelverteidigung nicht mehr alles gaben. Robert Lewandowski etwa hatte offensichtlich keine Lust mehr, lief nur sehr wenig und winkte schon mal ab, wenn ihn die Mitspieler nicht wie gewünscht in Szene setzten. Von daher hatte ich wenig Vertrauen in die Bayern und es überraschte mich nicht, dass der VfB in der Allianz Arena mit einem 2:2 den Punkt holte, der uns weiter zittern ließ.

Mit drei Punkten Vorsprung, doch mit einer um 14 Treffer schlechteren Tordifferenz gegenüber dem VfB gingen wir ins Saisonfinale, das uns nach Dortmund führte. Die Borussia hatte ihr vorangegangenes Heimspiel gegen Bochum 3:4 verloren, was die Aufgabe für uns nicht eben leichter machte. Durch einen von Ishak Belfodil verwandelten Elfmeter führten wir lange mit 1:0, unterlagen am Ende aber 1:2, während die Stuttgarter zu Hause gegen Köln in allerletzter Minute 2:1 gewannen.

Ich hatte es gespürt nach der Niederlage gegen Mainz: Es ging in die zwei Relegationsspiele gegen den HSV, den Verein, dessen Rückkehr in die Bundesliga ich mir seit dem Abstieg 2018 jedes Jahr aufs Neue gewünscht hatte. Nun musste ausgerechnet ich den Wiederaufstieg verhindern.

Als Bundesligist traten wir zunächst zu Hause an, doch mir war klar, dass die entscheidende Partie erst fünf Tage später in Hamburg stattfinden würde. Wir verloren im Olympiastadion 0:1, und viele gaben danach keinen Pfifferling mehr auf uns. Ich fand dieses Ergebnis weniger tragisch, noch hatten wir alle Chancen.

Natürlich mussten wir nun im Rückspiel alles auf eine Karte setzen, nach vorne gehen und den HSV mit einer aggressiven Spielweise überraschen. Dies gelang uns eindrucksvoll; angetrieben von einem überragenden Kevin-Prince Boateng lieferten wir das beste Spiel unter meiner Regie. Durch einen Treffer von Dedryck Boyata führten wir schon nach vier Minuten und versetzten dem Gegner einen Schlag, von dem er sich nicht mehr erholte. Marvin Plattenhardt, dessen Standards sich als unsere größten Trümpfe erwiesen, erzielte mit einem direkten Freistoß in der 63. Minute das 2:0, das Hertha in der Bundesliga hielt und mir meine weiße Weste rettete: Obwohl ich in meiner Trainerkarriere so manches Himmelfahrtskommando übernommen habe, bin ich nie aus der Bundesliga abgestiegen. Glücklicherweise hatte ich wieder eine anspruchsvolle Aufgabe, bei der jeder kleine Fehler vielleicht schon das Aus bedeutet hätte, erfolgreich gelöst.“

München, Mai 2023

Werksstudentin Bianca nimmt den fast vollen Teller mit den dreieckigen Sandwiches mit hinaus. Magath gönnt sich maximal einen Keks an diesem Tag – und keine Ablenkung. Die Anrufer auf seinem Telefon lässt er stumm ausklingeln.

Hingabe. Für eine Aufgabe alles geben, das ist sicher preußisch, das ist aber auch ganz sicher eine Magath-Maxime. Es erfüllt ihn, macht ihn zufrieden, nicht als Selbstzweck, sondern als höhere Aufgabe – mit der Tendenz zum Süchtigwerden.
„Ich glaube, dass es meine Stärke ist, immer für etwas zu arbeiten und niemals gegen jemanden."

Jemand, der für sich selbst arbeitet, steht nach Magaths Einschätzung viel mehr unter Druck. Er kämpft für sich, verliert für sich. Wer sich für etwas Größeres einsetzt, verliert nie als Person. Ein psychischer Trick, um Druck auszugrenzen?
„Ich muss mir das nicht einreden, ich bin so. Ich engagiere mich für etwas Drittes, einen Verein, einen Menschen, eine Idee. Und dann fühle ich mich verpflichtet, das zu tun. Ich persönlich habe dann nicht so viel Druck – ich tue es für den Verein."
Magath lächelt, erinnert sich, dass der große Ernst Happel einmal meinte, er, Felix Magath, sei ein *Christkind*.
„Er hat nicht viel geredet, aber schon früh erkannt, dass ich nie etwas nur für mich getan habe. Er meinte damit: Der tut das für die Mannschaft, der will nichts nur für sich."

Da sitzt jener Mann, der mehr erreicht hat als die meisten Kollegen. Als Spieler, als Trainer. Meisterschaften, Pokale, inklusive kleiner Wunder wie damals der Meistertitel in Wolfsburg. Kann man so erfolgreich sein, ohne als Egoist zu leben?
Doch Magath trägt in sich tatsächlich eine ehrliche Demut, er glaubt nicht, dass er ein besserer Mensch ist als andere. Er weiß, dass seine preußische Disziplin und seine karibische Kreativität ein Geschenk sind – ein Geschenk, dass er genutzt hat.
„Ich habe auch Glück gehabt, weil ich das machen konnte, was ich gerne machen wollte: Fußball spielen. Und dafür bin ich sehr dankbar."

Blick zurück nach vorn

„Der Fußball hat mein Leben stets bestimmt, und ich habe ihm unglaublich viel zu verdanken. Wenn ich heute zurückblicke, ist mir bewusst, dass ich durch den Fußball alles erlebt habe, was ich mir jemals hätte wünschen können. Doch gerade weil der Sport in meinem Leben eine so große Rolle gespielt hat, kann ich nicht anders, als die aktuellen Entwicklungen auch mit einem kritischen Auge zu betrachten: Der deutsche Fußball hat international den Anschluss verloren, weil weder die Jugendspieler noch die Trainer gut genug ausgebildet werden.

‚Die deutsche Nationalelf hat ihre Seele verloren', hat Roger Milla, Kameruns WM-Held von 1990, einmal gesagt. Doch in den Verbänden gibt es keinerlei Bereitschaft, an diesen Missständen etwas zu ändern. Die Medien jubeln demjenigen zu, der oben ist und gewinnt, und dabei spielt es keine Rolle, ob es dazu einer außergewöhnlichen Leistung bedurfte oder nicht.

Genauso ungerecht ist es, die Qualität eines Trainers nur an der Zahl seiner Titelgewinne zu messen – genau dies aber geschieht. So wird auch der Mann, der für mich die größte Trainerleistung überhaupt erbracht hat, gerade von manchen Medien nicht in entsprechender Weise respektiert. Mit dem Gewinn der Europameisterschaft 2004 hat Otto Rehhagel für eine der größten Sensationen im Fußball gesorgt, denn mit Griechenland kannst du eigentlich nicht Europameister werden, das ist unmöglich. Otto hat es geschafft mit seinem Konterspiel, und doch wurden er und seine Arbeit oftmals kleingeredet.

Die Hauptaufgabe eines Trainers besteht darin, einen bis zu 30 Mann starken Kader zu einer funktionierenden Mannschaft zu formen und dem Einzelnen darin die beste Position zuzuteilen. Daneben sollte der Trainer Spieler in ihrer Leistungsfähigkeit entwickeln, was heute leider viel zu selten geschieht. Wer entwickelt denn bei Paris Saint-Germain noch einen Spieler weiter? Für die französische Meisterschaft mag das ja noch reichen – aber international? Da gewinnen sie nichts, wie auch das diesjährige Aus gegen den FC Bayern im Champions-League-Achtelfinale wieder gezeigt hat.

Im Herzen bin ich Sportler, ich konnte und kann bis heute nicht verlieren und ein Sieg, egal ob groß oder klein, gibt mir immer die gleiche Zufriedenheit. Als ich 1981 in meiner Heimatstadt Aschaffenburg mit dem TV 1860 die B-Klasse, die damals zweitniedrigste Spielklasse im deutschen Fußball, gewonnen habe, hielten die Feierlichkeiten eine Woche lang an. Danach habe ich nie wieder einen Titelgewinn so lange gefeiert. Damit will ich ausdrücken: Für mich zählt nur der Erfolg, der Fußball stand immer im Vordergrund. Heutzutage aber ist das Geld wichtiger als der Sport.

Ich habe als Spieler in der zweitniedrigsten Spielklasse angefangen. Ich konnte in der Bundesliga und im internationalen Klub-Fußball Erfolge feiern und habe mit dem Finale der Fußball-Weltmeisterschaft 1986 meine aktive Spielerkarriere beendet. Als Trainer habe ich mich bewusst dazu entschieden, in der vierten Liga einzusteigen. Über einen Job als Bundesliga Co-Trainer und als Trainer einer Amateurmannschaft bin ich bis in die Bundesliga gekommen, um danach über 25 Jahre bei verschiedenen Vereinen vom Abstiegs- bis zu Meisterschaftskampf alles mitzuerleben. Ich habe in allen deutschen Ligen gespielt und in unterschiedlichen Positionen und Klubs auch international gearbeitet. Dabei habe ich einen außergewöhnlich großen Erfahrungsschatz gesammelt, den ich immer gerne weitergegeben habe und auch weiterhin weitergeben möchte.

Selbstverständlich kenne ich meine Grenzen. Aber in den gut zwei Monaten bei Hertha BSC, wo ich eine äußerst schwierige Aufgabe erfolgreich lösen konnte, habe ich gezeigt, was ich auch heute noch zu leisten in der Lage bin; und dass Erfahrung in diesem Beruf ein hoher Wert ist. Leider werden viele Trainerpositionen heute lieber an junge Fußballlehrer vergeben als an erfahrene, und kaum mehr an frühere Bundesligaspieler. So geht dem deutschen Fußball unglaublich viel Wissen verloren.

Am 25. Mai 2023 hat sich mein größter Erfolg als Spieler zum 40. Mal gejährt, mein Tor im Europapokalfinale gegen Juventus. Nun kündigt sich mein 70. Geburtstag an. Da ich immer versucht habe mein Bestmögliches zu geben, fällt es mir nicht leicht zu akzeptieren, dass meine körperliche Leistungsfähigkeit mittlerweile etwas nachgelassen hat. Ich weiß, dass ich in meinem Leben einerseits oft vom Glück geküsst worden bin. Andererseits habe ich dieses Leben, das mir so viel gegeben hat und immer noch gibt, auch so leben können, weil ich hart dafür gearbeitet habe.

Im Grunde ist das Älterwerden das einzige Problem in meinem Leben. Denn du kannst machen, was du willst, dagegen hast du keine Chance. Als Trainer habe ich es über die Jahre gar nicht mitbekommen, wie ich älter wurde, weil ich stets mit jungen Menschen zu tun hatte, auch meine engere Umgebung habe ich als zeitlos wahrgenommen; obwohl meine Kinder sich natürlich auch entwickelt haben und erwachsen wurden. Seit ich nicht mehr tagtäglich mit der Jugend zusam-

menarbeite, meine Eltern und Menschen aus meinem engeren Umfeld verloren habe, spüre ich das Älterwerden bewusster.

In meinem Leben ging es immer um Leistung, und für mich war es eine Freude und nie eine Last Leistung zu bringen. Ich glaube auch sagen zu können, dass ich diese Leistung immer erbracht habe – als Profi, als Manager und als Trainer. Ich habe Triumphe gefeiert, auf die ich stolz sein kann, Erfolge, wie sie nur wenige im deutschen Fußball vorzuweisen haben; auch wenn gerade im Nationaltrikot nicht alles nach meinen Wünschen verlief.

Mein Leben war Fußball und ist es immer noch. Auch wenn ich einigen Entwicklungen der letzten Jahre und Jahrzehnte kritisch gegenüberstehe, so bleibt der Sport weiterhin meine große Leidenschaft, und ich hätte auch jetzt noch Lust, mich einer anspruchsvollen Aufgabe mit voller Kraft zu verschreiben.

Meine große Motivation, das, was mich Zeit meines Lebens angetrieben hat, war der Ball, die Liebe zu dem großen Spiel, das sich Fußball nennt. Natürlich habe ich auch gut verdient, wenn ich Fußball gespielt, Vereine geführt und Mannschaften trainiert habe, doch für mich stand immer der Sport im Vordergrund, nicht das Geld. Dank des Fußballs konnte ich ein Traumleben führen. Ich weiß, dass ich dieser runden Kugel alles zu verdanken habe – ob sie nun aus Kunststoff, aus Leder oder einfach nur aus Plastik war, so wie auf jenem unscharfen, quadratischen Schwarz-Weiß-Bild mit den Zacken an den Rändern, von dem ich nicht einmal mehr weiß, ob es je existiert hat.“

Eine Karriere in Zahlen

Geboren am 26. Juli 1953 in Aschaffenburg.

DER SPIELER

1960–1964	VfR Nilkheim
1964–1972	TV 1860 Aschaffenburg
1972–1974	Viktoria Aschaffenburg
1974–1976	1. FC Saarbrücken
1976–1986	Hamburger SV

Zwischen 1977 und 1986 absolvierte Felix Magath 43 Länderspieleinsätze (3 Tore) für die deutsche A-Nationalmannschaft.

Erfolge:	1976	Aufstieg in die Bundesliga
	1977	Europapoakal der Pokalsieger
	1979	Deutscher Meister
	1980	Europameister
	1982	Deutscher Meister
	1983	Europapokal der Landesmeister
		Deutscher Meister

DER TRAINER

1992–1993	FC Bremerhaven
1993	Hamburger SV (Amateure)
1993–1995	Hamburger SV (Co-Trainer)

1995–1997	Hamburger SV
1997–1998	1. FC Nürnberg
1998–1999	Werder Bremen
1999–2001	Eintracht Frankfurt
2001–2004	VfB Stuttgart
2004–2007	FC Bayern München
2007–2009	VfL Wolfsburg
2009–2011	FC Schalke 04
2011–2012	VfL Wolfsburg
2014	FC Fulham
2016–2017	Shandong Luneng Taishan
2022	Hertha BSC

Dreimal wurde Felix Magath zum „Trainer des Jahres“ in Deutschland gekürt (2003, 2005, 2009).

Erfolge:	1996	UEFA-Cup-Qualifikation
	1998	Aufstieg in die Bundesliga
	2002	UI-Cup-Qualifikation
		UI-Cup-Sieger
	2003	Champions-League-Qualifikation
	2004	DFL-Ligapokalsieger
		UEFA-Cup-Qualifikation
	2005	Deutscher Meister
		DFB-Pokalsieger
		Champions-League-Qualifikation
	2006	Deutscher Meister
		DFB-Pokalsieger
		Champions- League-Qualifikation
	2008	UEFA-Cup-Qualifikation
	2009	Deutscher Meister
		Champions-League-Qualifikation
	2010	Champions-League-Qualifikation

Zum Autor

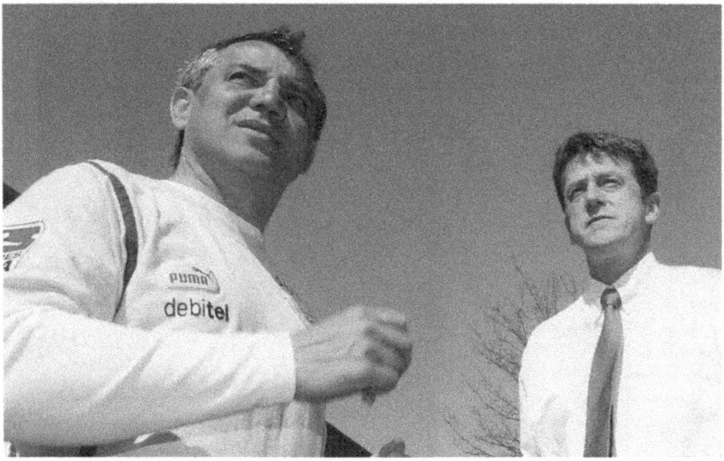

Der Autor (rechts) mit Felix Magath

Harald Kaiser, geboren 1957 in Nürnberg, arbeitete fast vier Jahrzehnte lang als Redakteur und Reporter beim Fachmagazin *kicker* und berichtete von zehn Welt- und Europameisterschaften. Felix Magath und er lernten sich 2001 kennen, als der Fußballlehrer den VfB Stuttgart übernahm. Dass sich die beiden vom ersten Tag an gut verstanden, verriet Kaiser bereits in der Geschichte „Die Brille“ aus seinem 2019 im Verlag Die Werkstatt erschienenen Buch „Ronaldo, Matthäus und ich“. Zuletzt veröffentlichte Kaiser ebenfalls im Verlag Die Werkstatt „Der Club ist ein Depp – aber nicht immer“.